새 말씀 새 부대 새 노래

김양재 목사의 큐티강해
마태복음 2

새 말씀 새 부대 새 노래

지은이 **김양재**

QTM

이 책을 펴내며

창세기 4장에 등장하는 가인의 자손은 가축을 치는 자의 조상과 음악의 조상과 기계 문명의 조상이 되어 화려한 부와 발전을 이루고 살아갑니다. 5장으로 넘어가면, 별다른 업적도 없이 "낳고, 죽었더라"의 삶을 살다 간 셋 자손의 계보가 나옵니다. 게다가 셋 자손 중에 하나님과 동행한 에녹은 짧은 생의 상을 받았고(창 5:24), 안위의 아들 노아는 남들은 백 살쯤에 낳는 아들을 오백 살이 되어서야 낳았습니다(창 5:32).

가인과 셋의 자손을 보면 어떤 계보에 이름을 올리고 싶습니까? 아벨을 죽인 죄를 회개하지 않고 하나님을 떠나서 가축을 치는 자의 조상으로 스테이크를 썰며, 고상한 음악을 듣고, 최신 성능의 자동차를 굴린 가인의 자손으로 살고 싶습니까? 내세울 것 없는 평범한 삶을 살면서 자식을 '낳고' 때가 되면 '죽었더라'의 단순한 인생이지만, 하나님과 동행하며 안식을 누린 셋의 자손으로 살고 싶습니까?

창세부터 지금까지 환경이 좋으면 하나님을 찾기 어렵고, 환경이 힘들수록 하나님을 찾고 의지하는 것이 성경이 보여 주는 진리입니다. 그래서 예수님은 화려한 가인의 계보가 아니라 평범하다 못해 고단하기까지 한 셋의 계보를 통해 이 땅에 오셨습니다.

제가 우리들교회와 큐티선교회 사역을 하면서 만나는 사람들은 대부분 셋의 자손 같은 분들입니다. 일부러 그런 사람만 찾아다닌 것이 아닙니다. 하나님을 사모하며 하나님의 말씀에 반응하는 사람은 언제나 평범하면서도 고단한 인생을 살아가는 분들이었습니다. 그들이 있었기에 지금의 저와 우리들교회가 있습니다. 그들이 있었기에 이제 또 한 권의 책을 출간하게 되었습니다.

마태복음 큐티강해 2권인 이 책은, 수고하고 무거운 짐 진 자들을 초청하시는 주님의 노래입니다. 힘든 환경 가운데서도 새 부대의 새 말씀으로 새 노래를 부르게 하시고 쉬게 하시는 예수님의 이야기이자 그 안식을 경험한 우리의 고백입니다. 때로 대면하기 힘들 만큼 아픈 고백이지만, 고의든 자의든 피해 갈 수 없었던 인생의 문제가 그 속에 담겨 있기에 생생하게 전하고자 했습니다. 당사자에게 누가 되지 않도록 일부 가명을 사용하였음을 미리 알려 드립니다.

책이 나오기까지 항상 수고하는 모든 분에게 감사와 사랑을 전합니다. 연약한 저와 우리를 제자로 부르시고, 이토록 주님을 사모하게 하시는 은혜에 영광과 감사와 찬양을 드립니다.

2008년 9월
우리들교회 담임목사 김양재

CONTENTS

Part 1

말씀대로 행하라

1

밝히 보는 그리스도인

마태복음 7:1~6

하나님 아버지, 오늘도 부딪히는 많은 사건 속에서
하나님의 시각으로 그 사건을 밝히 볼 수 있도록
말씀하여 주옵소서. 듣겠습니다.

"아니, 대체 오늘 방 청소는 한 거야!"

외출을 하고 돌아왔더니 그 사이에 귀가한 남편이 야단을 합니다. 점심 약속으로 잠깐 나간다고 나갔는데 집에 오니 어느새 저녁이 됐습니다. 그래서 남편이 운동하러 간 사이 얼른 저녁 준비를 해 놓았는데, 운동하고 돌아와서는 대뜸 다시 야단을 치는 겁니다. 남편은 한 가지에 화가 나면 온갖 것이 다 올라오는 사람이었습니다.

"도대체 살림하는 게 하나도 맘에 드는 게 없어. 내가 비염에 알레르기가 있는데 이 따위로 살림을 하니까 그게 나을 턱이 있겠어? 당신, 행주는 삶는 거야? 베갯잇은 이틀에 한 번은 빨아야 될 거 아냐! 애들 운동화도 일주일에 한 번은 빨아 줘야지. 그 꼴이 뭐야!"

우리들교회 어느 집사님네 풍경입니다. 결혼해서 10년 동안 그런 야단을 맞고 있습니다. 처음 5년은 남편이 죽이고 싶도록 미웠고, 그다음 5년은 잘못을 인정하고 고치려고 노력도 했답니다. 그런데 잘 안 돼서 싸우고 야단을 맞든지 아니면 '나는 왜 살림을 이렇게밖에 못할까!' 하면서 자기 연민에 빠져 힘들어했다고 합니다. 조금만 흠이 잡히면 "너는 기본이 안 됐어. 제대로 배운 게 없어" 하고 폭언을 하니, 속으로 '내가 잘못했지' 하다가도 '아니지, 저 사람이 너무 심한 거야. 진짜 저 남자는 이상한 사람이야' 이렇게 두 마음이 왔다 갔다 하는 겁니다.

하루에도 몇 번씩 마음이 오락가락하고 누가 옳은지, 무엇이 옳은지 모를 이런 상황에서 어떤 지혜가 필요할까요? 어떻게 하면 밝히 볼 수 있을까요?

비판하지 않는 눈

> 1 비판을 받지 아니하려거든 비판하지 말라 2 너희가 비판하는 그 비판으로 너희가 비판을 받을 것이요 너희가 헤아리는 그 헤아림으로 너희가 헤아림을 받을 것이니라_마 7:1~2

우리의 인생은 염려 아니면 비판입니다. 약한 자는 염려하고, 강한 자는 비판합니다. 없을 때는 염려하고, 있을 때는 비판합니다.

주님은 염려하지 말고 하나님의 나라와 의를 구하라고 하셨습니다. 하나님의 나라와 의를 구하는 구체적인 적용이 예배와 공동체에 들어가는 것이었는데, 공동체에 들어가니 인간관계 속에서 문제가 터지기 시작합니다.

항상 내 이야기를 들어 주는 지체만 있으면 좋을 것입니다. 하지만 믿음의 종류도 분량도 다르기 때문에 문제가 없는 공동체는 없습니다. 부부지간에도 부모 자식 사이에도 문제가 있는데 하물며 교회 안에, 소그룹

에 문제가 없겠습니까? 지상의 교회가 완전하지 않듯이 우리들교회도 소그룹도 완전한 공동체가 아닙니다. 문제없이 완전한 공동체는 세상에 존재하지 않습니다. 그래서 집에서도 교회에서도 늘 비판할 일이 우리 앞에 놓여 있습니다.

"연예인 아무개가 사업하다 사기를 쳤대. 어떻게 그럴 수 있지?"

"저 집 남편은 여자 문제로 속을 썩인다는데 부인이 잘했으면 남자가 바람을 피웠겠어?"

우리는 남의 일에 대해 이야기하기를 즐기고 쉽게 비판을 합니다. 모든 사람이 비판과 험담이 주는 짜릿한 유혹에서 자유롭지 못합니다.

그러나 아무리 그래도 남이 비판하는 건 견디기 쉽습니다. 가장 아픈 것은 내 손가락입니다. 내 가족, 배우자, 부모, 자녀가 나를 비판할 때 그것이 가장 아프고 힘들기 마련입니다. 오죽하면 주님이 "사람의 원수가 자기 집안 식구"라고 하셨겠습니까(마 10:36)!

어떤 청년이 작은 죄를 저질렀습니다. 그 청년은 동네 사람들이 자신에게 돌을 던지는 것을 달게 받았습니다. 거기에는 무너지지 않았습니다. 그런데 그 자리에 있던 그의 스승이 마을 사람들에게 동조하는 시늉을 하려고 돌 대신 장미 한 송이를 던졌습니다. 장미는 돌과는 비교도 안 되게 가벼운 것인데 청년은 스승이 던진 그 장미를 맞고 쓰러졌답니다.

나를 잘 아는 사람, 가까운 사람에게 받는 비판은 견딜 수가 없는 것입니다. 남이 와서 청소 좀 하라고 하면 뭐 죽이고 싶기까지 하겠습니까. 남편이 그런 소릴 하니까 견딜 수가 없는 거죠.

미국의 복음주의 신학자 찰스 스윈돌(Charles Swindoll)이 비판하지 말아야 할 일곱 가지 이유를 말했습니다.

첫째, 우리는 모든 사실을 다 알지 못한다.

둘째, 우리는 그 동기를 완전히 이해하지 못한다.

셋째, 우리는 완전히 객관적으로 사고할 수 없다.

넷째, 그 상황에 있지 않으면 정확하게 알 수 없다.

다섯째, 우리가 보지 못하는 부분이 있다.

여섯째, 우리에게는 편견이 있고 그래서 시야가 흐려질 수 있다.

입곱째, 우리는 불완전하고 일관성이 없다.

편견에 대해서 이런 이야기를 읽었습니다. 어떤 두 사람이 싱싱하고 좋은 포도로 만들었고 오랫동안 발효했기 때문에 당연히 최상급으로 여겨지는 포도주를 시음했습니다. 한 사람은 포도주를 마시더니 곰곰이 생각한 뒤에 "가벼운 가죽 맛만 없다면 아주 대단한 포도주야"라고 이야기했습니다. 그리고 다른 사람은 "조금의 쇠 맛만 없으면 너무 훌륭한 포도주야"라고 말했습니다.

그러나 두 사람은 그 판단 때문에 조롱을 받았습니다. 믿을 수 있는 포도주에서 가죽 맛과 쇠 맛이 난다고 하니까 비웃음을 당했습니다. 그런데 포도주 통을 다 비웠을 때 바닥에서 뭐가 나왔을까요? 통을 비우고 나니까 바닥에서 가죽 끈이 달린 열쇠 하나가 발견되었습니다! 바른 판단을 위해서는 편견을 버려야 합니다.

지식이 늘어가면서 비판도 늘어갑니다. 하나님을 아는 것이 지혜의 근본이지만, 예수님을 믿는다는 사람이 늘어도 하나님을 경외하는 사람이 줄어든 것은 아는 것만 많아졌기 때문입니다. 자연 현상을 보고도 감사하기보다 과학적으로 분석을 합니다. 달에 대해 시를 쓰고 동화를 짓고 찬미하다가, 달 탐사선이 가고 그 표면을 분석해 보고는 "토끼는 무슨 토

끼냐. 달에는 먼지밖에 없더라" 하면서 신비감이 없어집니다. 달을 지으신 하나님을 생각하지 않고 달에 대해 안다고 하면서 분석과 비판을 일삼습니다.

비판을 국어사전에서 찾아보면, '옳고 그름을 검증하며 평가하는 것'이라고 돼 있습니다. 그런데 우리는 거기에서 더 나가서 정죄를 합니다. 주님은 사람을 구분하고 구별하는 비판 행위를 하지 말라고 하셨습니다. 세상과 하나님의 선악의 기준이 다르기 때문에 비판의 기준도 다릅니다. 성별, 피부색, 학력, 지위, 빈부, 성격으로 사람을 구분하고 차별하는 것은 불신자의 기준입니다. 단지 영화에서 나온 이야기 때문에 혈액형도 차별이 생겨서 중매시장에서 O형인 사람들을 더 선호한다고 합니다. 만약 내가 하나님을 믿는다고 해서 안 믿는 자들을 다 사탄이라고 구분한다면 그것이야말로 이단입니다.

우리가 그렇게 습관적으로 비판을 일삼고 있으니까 주님이 "비판하지 말라"고 현재명령형으로 말씀하셨습니다. 현재명령형은 새로운 생활 습관과 기준을 제시할 때 사용됩니다. 습관적으로 계속해 왔던 비판을 '당장' 그만두라는 것입니다. 집에서도 직장에서도 교회에서도 서로 비판을 금하고 새로운 생활 기준을 가지라는 촉구입니다.

◆ 교회에 와도 비판하기 바쁘고 은혜가 없습니까? 외모로 남을 쉽게 비판하는 사람은 자신이 외모로 비판받는 것을 두려워하는 사람입니다. 또한 무식하다고 비판하는 사람은 자신이 무식해 보일까 봐 두려워하는 사람입니다. 내가 쉽게 비판하는 것이 내가 두려워하는 죄와 상처의 실체인 것을 알고 있습니까?

나 자신을 바로 보는 눈

3 어찌하여 형제의 눈 속에 있는 티는 보고 네 눈 속에 있는 들보는 깨닫
지 못하느냐 4 보라 네 눈 속에 들보가 있는데 어찌하여 형제에게 말하
기를 나로 네 눈 속에 있는 티를 빼게 하라 하겠느냐 5 외식하는 자여 먼
저 네 눈 속에서 들보를 빼어라 그 후에야 밝히 보고 형제의 눈 속에서
티를 빼리라_마 7:3~5

얄팍한 지식은 형제의 단점만 보게 합니다. 잘 보십시오. '형제'라고
했습니다. 우리는 지식을 가지고 '원수'의 단점을 보지 않습니다. 형제의
단점을 봅니다. 먼 사람이 아니라 가까운 사람의 단점을 보려고 공부를 열
심히 하고 성경을 열심히 봅니다. 말씀이 생명의 검이 아닌 비판의 칼이
됩니다. 날마다 형제 눈의 티를 빼야 한다는 사명감에 불타고 있습니다.

그래서 주님은 '보라'고 하십니다. 자신의 눈 속에 있는 들보를 먼저
보라는 것입니다. 티는 가시이고 들보는 통나무입니다. 들보는 율법의 기
초를 이루는 '사랑하라', '용서하라'와 같은 큰 계명이라고 한다면 티는 장
로들의 전통 중에서도 가장 작고 세미한 조항들을 가리킵니다. 그런데 자
신은 율법의 큰 덕목을 어기면서 형제가 전통 조항 중에 세미한 것을 어
길 때 가혹한 비판을 하는 자는 들보를 보지 못하는 사람입니다. 형제를
사랑하지 못하면서 안식일에 손 안 씻는다고 비판하는 바리새인의 모습
이 형제의 티만 보는 것입니다.

형제의 티를 빼려면 내 시력이 건강해야 하는데, 내 눈에 들보가 있
다면 어떻게 티를 빼겠습니까? 내가 잘 못 보기 때문에 티를 빼겠다고 하
면서 엉뚱한 데만 건드리는 것입니다. 아무리 지식을 가져도 내 눈에 들

보가 있기 때문에 날마다 가까운 사람에게 상처를 줍니다. 나는 바른 소리를 한다고 하지만 초점을 맞추지 못하기 때문에 상처만 줍니다.

주님은 들보를 뺀 후에야 밝히 본다고 하셨습니다. 내 들보를 보지 못하면 형제의 티를 뺄 자격이 없습니다. 내 들보를 먼저 빼는 것이 형제의 티를 뺄 수 있는 자격이고 조건입니다. '밝히 보고'는 관심을 가지고 똑똑히 보는 것입니다. 관심과 사랑을 가지고 보는 것입니다. 먼저 자신을 바로 보고 나서 형제의 눈 속의 티를 빼는 것이 사랑의 충고라고 할 수 있습니다.

눈에 티 하나만 들어가도 아파야 하는데, 눈에 들보를 두고도 아픔을 느끼지 못하는 것이 문제입니다. 내 눈에 있는 들보의 아픔을 인정하지 않으면서 아픈 것을 다 비판으로 내보냅니다. 이것은 너무 큰 장애입니다.

세상의 장애 중에서 가장 불행하다고 생각하는 것은 보지 못하는 것입니다. 그런 사람은 부딪히고 넘어지고 불편하기 짝이 없습니다. 하지만 그것보다 더 슬픈 것은 자신을 못 보는 사람입니다. 그런 사람은 자신의 더러움을 모르기 때문에 회개할 줄도 모릅니다.

내가 시각장애인이었다가 눈이 밝아진다면 제일 먼저 뭐가 보고 싶겠습니까? 자신의 모습 아니겠습니까? 그런데 눈을 뜨고서 남의 모습만 보고 싶고, 남의 모습만 보고 있다면 이상한 사람 아닙니까? 영의 눈이 뜨였다면 나 자신이 보이고 내 죄부터 보는 것이 은혜입니다. 남의 모습만 보이고 남의 죄만 보인다면 이상한 것입니다. 내 속의 티와 들보가 보이도록 기도해야 합니다. 남의 죄를 보기보다 내 죄를 들보처럼 보기를 기도해야 합니다.

남편에게 야단을 맞은 집사님은 자기 죄를 보았다고 합니다. 자신이 게으르다는 것을 인정하지 않고 위염으로 몸이 아프다고, 연년생 아이들을 셋이나 키우기 때문에 치워도 끝이 없다고 변명하는 죄가 있었습니다. 하나님은 게으름을 기뻐하지 않으시는데, 자신이 죄를 짓고 있음을 깨달았다고 했습니다. 친정 식구들도 게으름이 심각한데 자신이 먼저 게으름을 버리도록, 그리고 아이들이 그 죄를 대물림하지 않도록 사람들에게 기도를 부탁했습니다.

꼭 제 이야기를 듣는 것 같습니다. 남편이 늘 저를 보고 제대로 하는 일이 없다고 야단을 치는데 저는 시간만 있으면 책을 봤습니다. 남편은 시간만 있으면 청소를 하라고 하는데, 저는 그 일이 가치가 없어 보였습니다. 친정 분위기가 딸들에게 살림을 시키지 않았기 때문에 지금도 모이면 밥 차리고 설거지하는 딸들이 없습니다.

사실 제가 뭐 그리 게으르겠습니까! 성경 읽고 책 보고 기도하면서 헛된 시간을 안 보내려고 애쓰지만, 이상하게 설거지하고 청소하고 이런 일에는 무관심하게 되는 겁니다. 할 수 없이 하는 것이지 그런 일에 시간을 들이는 것이 아까웠습니다. 그래서 처음에는 남편이 이해가 안 됐는데, 예수님을 만나고 나서는 그것이 조상으로부터 내려오는 게으름의 죄라는 것을 깨닫고 회개했습니다.

내 들보를 보아야 상대방의 변화를 기대할 수 있습니다. 자기 들보를 아는 것이 기본입니다. 자기 들보를 모르고 비판하면 상처밖에 줄 수가 없습니다. 여러분이 작은 충고라도 하려면 내 들보부터 내놓으시기 바랍니다. 내 들보를 안 내놓으니까 상대방이 말을 안 듣는 것입니다.

◆ 어떤 들보가 나의 눈을 가리고 있습니까? 거절의 들보 때문에 누가 나를 버릴까 봐 두려워합니까? 불신의 들보 때문에 하나님을 못 믿고 사람도 못 믿습니

까? 말씀을 통해 나의 들보를 찾고 제거하며 다른 사람의 티와 들보에 대해 비판이 아닌 분별을 하고 있습니까?

거룩함을 분별하는 눈

거룩한 것을 개에게 주지 말며 너희 진주를 돼지 앞에 던지지 말라 그들이 그것을 발로 밟고 돌이켜 너희를 찢어 상하게 할까 염려하라_마 7:6

'거룩한 것'이란 하나님께 드렸던 모든 것, 그리고 복음을 의미합니다. '개'는 배교자, '돼지'는 부정한 짐승, '진주'는 아주 귀한 것을 가리킵니다. 개와 돼지는 귀한 진주를 콩이나 도토리인 줄 알고 먹으려다 못 먹게 되면 신경질이 나서 짓밟고, 먹지 못할 것을 주었다고 주인을 물어뜯어 상하게 합니다. 진주의 가치를 모르고, 오직 먹는 것만 알기 때문입니다.

내 들보를 내놓고 회개한다고 해서 아무 사람 앞에서나 회개하면 말씀을 오해할 수 있습니다. 나의 들보를 보고 회개하고 상대방의 티를 빼내기 위해 사랑하는 마음으로 충고를 해도 개돼지처럼 달려들어서 나를 찢는 사람이 있다는 겁니다.

예를 들면, 내가 죄를 회개하고 남편에게 "내가 게을렀어요. 우리 집안에 내려오는 게으름의 죄가 있어요" 이렇게 고백했습니다. 그랬더니, 남편이 시댁에 가서 "저 사람이 본인이 게으르다고 스스로 인정을 했다니까" 이러는 겁니다.

자꾸 다른 남자를 쳐다본다고 다그쳐서 "인간이 100% 죄인인데 저에게도 음욕이 있나 봐요" 하면 "그래, 너도 인정하지? 네가 그렇게 음란한 여자야!" 이러면서 나를 찢는 겁니다.

날마다 죄를 회개하기 위해 "여보, 나는 정말 죄투성이야. 나는 정말 잘한 게 없어" 이랬다가 "네가 그런 줄 이제 알았냐" 하고 말꼬리를 잡혀서 싸우는 집이 한두 집이 아닙니다.

그러니까 거룩한 것을 개, 돼지에게 주지 말라는 것입니다. 거듭나지 않은 사람과는 말이 통할 수 없습니다. 우리가 개돼지를 보고 큐티하자고 할 수는 없지 않습니까? 하나님을 몰라서 회개가 무엇인지도 모르는 사람에게 내 들보를 빼 주고는 상처받지 말라는 겁니다.

외적으로는 성경책을 우습게 여겨서 깔고 앉거나 찢는다든가, 교회와 목사를 우습게 여겨서 함부로 말한다든가 하지 않도록 정확하게 적용을 해야 합니다. 그런 것들을 아무렇지 않게 여기면 자녀들을 찢기고 상하게 하는 일을 만들 수 있습니다.

또 교회의 직분을 아무에게나 주는 것도 삼가야 합니다. 직분 자체가 거룩한 것은 아니지만 교회가 하나님의 공동체이기 때문에 분란을 일으키고 비판만 일삼는 사람에게 직분을 주어서는 안 됩니다. 분별없이 세우지 말아야 할 사람을 교회 일꾼으로 세우면 공동체를 찢어 상할 일이 있게 됩니다.

우리에게는 분별이 필요합니다. 밝히 보는 눈이 있어야 합니다. 하나님은 자신의 들보를 보는 사람에게 밝히 보는 눈을 주십니다. 개돼지를 분별한다고 해서 회개를 안 하겠습니까? 날마다 비판을 일삼는 식구가 나를 찢어 상하게 한다고 해서 회개를 안 하면 되겠습니까. 그렇게 적용하는 건 아닙니다.

나의 들보를 보는 마음이 거룩한 것이고 진주입니다. 그것을 개돼지에게 주어서 상대방이 나를 찢어 상하게 할지라도, 내가 거룩한 진주라면 나는 상하지 않습니다. 내가 이해타산 때문에, 먹을 것을 위해 한 것이 아니기 때문에 그들이 나를 상하게 해도 나는 찢어지지 않는다는 겁니다.

신문에서 이런 글을 읽었습니다. 한 여인이 성폭행을 당했는데, 그때 임신을 해서 아이를 낳았습니다. 그녀는 아이를 입양 보낸 후 하나님께 헌신해서 목사님이 됐습니다. 그런데 26년이 지난 어느 날 입양시켰던 딸이 전화 연락을 해 왔습니다. 자신이 성폭행으로 태어난 불행한 아이라는 것을 양부모에게 들어서 알고 있다고, 다행히 훌륭한 양부모님을 만나서 대학도 졸업하고 이제는 결혼해서 딸도 낳았다고 했습니다.

그런데 이 여자 목사님은 딸의 연락이 기쁘지 않았습니다. 딸을 만나기가 싫었습니다. 26년 전 성폭행을 당한 상처가 생각났기 때문입니다. 그렇다고 해서 이 분이 개돼지일까요? 딸이 기특하게 연락을 했는데 만나기를 싫어한다고 해서 입양된 딸이 거룩한 것을 개에게 주었다고 할 수 있을까요? 그렇지 않습니다.

딸은 진심으로 엄마에게 이야기했습니다. 그 어려운 상황에서 낙태하지 않은 것이 너무 감사하다고, 어머니도 내가 믿는 예수님을 꼭 영접하고 구원받으시기 바란다고 했습니다. 자신을 낳은 어머니가 목사가 된 줄 모르고 이야기한 것입니다. 그제야 목사의 마음속에 남아 있던 증오와 상처가 녹아내렸습니다.

나를 버린 부모, 속이는 배우자, 개돼지로 여겨지는 사람이라고 해도 내가 그 사람을 개돼지로 보지 않으면 내 마음이 찢어지지 않습니다. 그래야 내가 자유함을 얻고 평강을 얻는 것입니다. 그래야 역사가 일어납니다.

물론 예수님도 바리새인들에게는 복음을 전하지 않으셨습니다. 그들이 복음을 받아들이지 않기 때문입니다. 복음을 이야기할 사람과 안 해야 할 사람이 있습니다. 하지만 식구들에게는 이것이 적용되지 않습니다. 나는 끊임없이 복음을 전해야 합니다. 회개하는 모습을 보여야 합니다. 그들이 나를 찢어 상하게 할지라도 날마다 말씀으로 때와 상황을 분별하며 지혜롭게 전해야 합니다.

가장 무서운 것은 내 속의 개 같은 악한 마음이고, 내 속의 돼지 같은 부정함입니다. 내 속의 개, 돼지 같은 마음이 나를 찢는 것입니다.

내가 회개하는 것을 하나님은 절대 잊지 않으십니다. 하나님 앞에 드리는 회개와 기도는 헛것이 없습니다. 하나님을 몰라서 개돼지와 같은 내 식구가 나를 발로 밟고 찢어 상하게 해도, 내가 내 들보를 보면 밝히 보는 총명을 주시기 때문에 염려할 것이 없습니다. 내 사건에서 밝히 보는 시력이 있다면 누가 나를 발로 밟겠습니까! 누가 나를 찢겠습니까!

주님은 나에게 기대를 갖고 계십니다. 나를 향한 계획이 있으십니다. 주님이 나를 기대하십니다. 나를 기대하시는 주님으로 인해 나도 내 식구들을 기대할 수 있습니다.

◆ 복음을 받아들이지 않아서 언어가 안 통하는 식구들이 있습니까? 그들의 구원을 위해 지혜가 필요한데 날마다 감정에만 호소하다가 짓밟힙니까? 인간적인 사랑을 넘어 가족을 영적으로 분별하고 있습니까?

우리에게는 분별이 필요합니다.
밝히 보는 눈이 있어야 합니다.
하나님은 자신의 들보를 보는 사람에게
밝히 보는 눈을 주십니다.

말씀으로 기도하기

주님은 무엇이 옳은지 그른지 기준이 모호한 이 땅에서 우리가 어떻게 하면 지혜롭게 밝히 볼 수 있을지를 말씀해 주십니다. 남을 비판하기 전에 먼저 나를 바로 보는 눈을 가지기 원합니다.

비판하지 않는 눈이 필요합니다(마 7:1~2).

내가 하는 비판으로 나도 비판을 받는다고 하십니다. 집에서 교회에서 직장에서 남을 비판하고 정죄하는 저의 죄를 용서해 주시옵소서. 남을 비판하는 것이 내 속의 죄와 상처 때문인 것을 알고 비판을 멈추고 내 모습을 돌아보게 해 주시옵소서.

나 자신을 바로 보는 눈이 있어야 합니다(마 7:3~5).

내 눈 속의 들보를 보지 못하니 날마다 가까운 사람의 티만 보았습니다. 영의 눈이 뜨여 내 속의 티와 들보를 보기를 원합니다. 나의 들보를 보고 회개하여 형제의 티를 빼는 사랑의 충고를 할 수 있게 해 주시옵소서.

거룩함을 분별하는 눈이 있어야 합니다(마 7:6).

내 들보를 보는 자에게 밝히 보는 눈을 주신다고 하십니다. 내 들보를 먼저 보고 회개하게 하옵소서. 복음을 받아들이지 않는 가족이 나의 마음을 찢어 상하게 할지라도 영적으로 분별하는 지혜를 주시고 그들을 구원의 길로 인도하게 하여 주시옵소서.

우리들 묵상과 적용

부모님은 혼인신고도 하지 않은 채 동거하시다 10대 후반에 저를 낳으셨습니다. 어머니는 제가 태어난 지 6개월 만에 친정으로 돌아가 새로 결혼하시고, 아버지는 저를 할머니께 맡기고 평생 떠돌이처럼 사시다 제가 스물네 살 되던 해 거리에서 돌아가셨습니다. 여장부 같으신 할머니는 "너를 입양 보내려다 포기하고 갖은 고생을 해서 키웠다"고 말씀하시곤 하셨는데 정착하지 못한 채 떠돌며 지내는 아버지를 탓하실 뿐 저를 두고 떠난 어머니에 대해서는 어떤 비난도 하지 않으셨습니다. 자라온 환경이 순탄치 않았던 저는 결혼 후 예수님을 만나고, 공동체의 권유로 정신과에 가서야 제게 깊은 우울이 있음을 알게 되었습니다. 3년간 약물치료를 받고 회복돼 약을 끊기도 했지만, 둘째 아이가 임신 5개월에 에드워드증후군 진단을 받고 생후 40일 만에 천국에 가는 사건으로 우울증이 재발하여 다시 약물치료와 상담을 받고 있습니다.

"예수님을 만나서 내 인생이 반짝하고 좋아졌다"고 간증하고 싶지만, 저에게는 어린 시절의 상처로 인한 끈질긴 쓴 뿌리가 여전히 남아 있습니다. 형편없는 저를 볼 때마다 하루에도 수십 번 낙심이 됩니다. 때로는 '나 같은 사람은 이 세상에 없는 게 낫다'는 생각마저 들고, 대인 관계에서 피해의식과 억울함도 여전합니다. 거기에 더해 저의 부족과 죄는 보지 못하고 속으로 남을 비판하며 미워하는 쓴 뿌리가 남아 나도 죽고, 남도 죽이는 지옥을 살 때가 많습니다.

그런데 오늘 주님은 "네 눈 속에서 들보를 빼어라" 하고 말씀하십니다(마 7:5). 예배 때마다 말씀으로 은혜를 받아도 그때뿐, 늘 마음속으로 상대와 나를 정죄하고 비판하며 '받은 은혜'마저 개와 돼지에게 주다시피 했는데(마 7:6) 말씀을 가까이하면서 '나를 이 땅에 태어나 예수 믿게 해 준 부모가 최고의 부모'라는 것을 깨닫게 되었습니다. 아버지에 대한 원망도 점차 사라지며 '철부지 어린 나이에 나를 낳아 아버지가 되었을 테니 얼마나 힘드셨을까' 하는 생각이 들어 아버지께 감사한 마음이 들었습니다. 또 행여 제가 잘못될까 무서워 엄하게 키우신 할머니에게도 감사보다는 의무감만 있었는데 '험한 세상에서 어린 손녀를 키우시느라 얼마나 고되고 두려우셨을까?' 이해가 되며 감사합니다.

　　이제부터라도 좋은 것을 주시는 하나님의 말씀을 온전히 의지하며 살아가고자 합니다. 현재 셋째를 낳아 양육 중인데, 이 시간을 통해 하나님과 더욱 친밀해져 제가 얼마나 귀한 존재인지를 깨닫기 원합니다. 그리고 남을 정죄하고 비판하는 입을 다물고(마 7:1), 사람을 미워하는 쓴 뿌리가 제해지길 기도합니다. 제가 거룩한 진주를 잃을까 봐 염려하시고 말씀으로 가르쳐 주시는 하나님, 감사합니다(마 7:6).

영혼의 기도

하나님 아버지, 우리는 눈만 뜨면 비판을 하고 입만 열면 비판을 하고 생각이 살아 있는 동안 비판을 합니다. 약하면 염려하고 강하면 비판하고……. 염려하고 비판하는 인생이 모여서 살고 있습니다. 비판의 주체는 하나님뿐인데 그것을 모르고 비판하는 우리의 편견과 일관성 없음과 상대방을 이해하지 못하는 교만을 불쌍히 여겨 주옵소서.

겸손하게 상대방을 인정하고 나 자신을 바로 보기 원합니다. 그 후에야 밝히 보고 형제의 티를 뺄 수 있다고 하십니다. 내 들보를 보지 못하면 누구도 고칠 수 없음을 알게 하옵소서. 내 죄를 보기 원합니다. 내 들보를 뺀 후에 사랑을 가지고 형제의 티를 보고 충고하게 하옵소서.

내 들보를 내어놓고 회개했을 때 찢어 상하게 하는 일이 있다고 하십니다. 주님 앞에 드린 나의 회개가 거룩한 것인데 그것으로 나를 상하게 하는 가족이 있다고 하십니다.

그러나 그럼에도 회개는 거룩한 것입니다. 내가 그들을 개돼지로 여기지 않으면, 내가 주님 때문에 죄를 고백하고 회개했다면 나는 어떤 말에도 상하지 않을 것입니다. 어떤 일에도 찢기지 않을 것입니다. 내 속의 개와 돼지와 같은 악한 마음이 나를 찢지 않도록 지켜 주옵소서. 날마다 거룩한 말씀과 회개와 기도로 나를 채워 주옵소서.

그래서 밝히 보는 그리스도인이 되어 내 들보를 볼 때 배우자의 변화를 기대할 수 있습니다. 자녀의 변화를 기대할 수 있습니다. 우리 가정의 변화를 기대할 수 있습니다. 나를 향한 주님의 일을 기대하기 원합니다. 나의 모든 가족들을 향한 하나님의 하실 일을 기대하기 원합니다. 예수님 이름으로 기도하옵나이다. 아멘.

2

성공하는 그리스도인

마태복음 7:7~14

하나님 아버지,
하나님의 자녀된 것을 감사드립니다.
감사에 합당한 삶을 살 수 있도록
말씀하여 주옵소서. 듣겠습니다.

직장암으로 3년 동안 투병하던 우리들교회의 혜옥 자매가 2005년 11월 하나님 품으로 떠났습니다. 나이 서른일곱, 결혼도 하지 않은 화사하고 예쁜 혜옥 자매는 우리들교회에 등록한 지 3주 만에 직장암 말기 선고를 받고, 암 투병 3년 동안 우리를 울리고 웃기다가 천국에 갔습니다.

예수님이 안 계시다면, 혜옥 자매처럼 불쌍한 사람도 없을 것입니다. 하지만 진정으로 성공한 인생은 사람이 아니라 하나님에게 박수를 받는 것입니다. 혜옥 자매는 그래서 성공한 사람입니다. 암으로 아프고 힘들어도 마지막까지 천국을 보이며 우리 모두에게, 하나님에게 박수를 받았기 때문입니다.

끈질기게 구하고 찾고 두드리라

7 구하라 그리하면 너희에게 주실 것이요 찾으라 그리하면 찾아낼 것

이요 문을 두드리라 그리하면 너희에게 열릴 것이니 8 구하는 이마다
받을 것이요 찾는 이는 찾아낼 것이요 두드리는 이에게는 열릴 것이니
라_마 7:7~8

끈질기게 구해서 얻어 내는 성도의 모습을 성경에서 만날 수 있습니
다. 떡 세 덩이를 빌리러 밤중에 찾아온 친구의 이야기도 있고(눅 11장), 개
들도 주인의 상에서 떨어진 부스러기를 먹지 않느냐고 간구했던 가나안
여자도 있습니다(마 15장).

하지만 악한 것이나 하나님이 기뻐하지 않으시는 것을 끈질기게 구
하는 것은 성공이 아니라 패망으로 가는 길입니다. 하나님이 원하시는 것
을 끈질기게 구해야 하는데, 그러려면 먼저 하나님의 뜻을 분별하도록 구
해야 합니다.

'구하는 것'은 나는 아무것도 할 수 없다는 자기 부족의 인식에서부
터 시작합니다. '찾는 것'은 하나님을 사모하고 갈망함으로 스스로 노력
하는 것입니다. '두드리는 것'은 소리 나게 여러 번 치라는 의미입니다. 힘
든 식구들을 보면 천천히 기도가 안 되기 때문에 다급하게 소리치며 기도
할 수밖에 없습니다. 그렇게 주님을 깨우면서 믿음으로 인내하며 기다리
는 것이 바로 두드리는 것이죠.

정신과 의사들 사이에서도 치료 불가 판정을 하는 환자가 있다고 합
니다. 거짓말과 왜곡과 비비 꼬인 동기로 일관된 사람은 치료하기도 어렵
고 그 과정 자체가 고역이라고 합니다.

그리스도인이면서 정신과 의사인 스캇 펙(Morgan Scott Peck)박사에게
도 그런 환자가 있었다고 합니다. 그들은 머리를 산발하고 다니는 망가진
사람이 아니라 엘리트 부부였습니다. 버젓하게 교회를 다니고 사회에서

엘리트로 활동하는 사람들인데도 도무지 진실이라고는 찾아볼 수 없는 사람들이었습니다.

정신 치료로 사람을 돕기 위해서는 환자를 향한 최소한의 긍정적인 감정과 동정심, 그들이 처한 곤경에 대한 공감, 인간으로서 그들에 대한 존중, 그들에 대한 최소한의 희망이 있어야 하는데 그들 부부에게는 전혀 생기지 않았습니다. 몇 주, 몇 달을 함께하면서 그들이 하고 싶은 대로 자신을 내준다는 것이 불쾌했고, 같은 방에 있는 것도 싫고 그들과 함께 있으면 자신까지 더러워지는 기분이 들었다고 합니다. 한마디로 그들은 '치료 불가'였습니다.

그런데 스캇 펙 박사는 남이니까 안 볼 수 있고 치료를 거절할 수 있지만, 그런 사람이 내 남편, 내 아내, 내 자녀라면 어떻게 하겠습니까? 하나님의 도우심으로 해결할 수밖에 없습니다. 우리가 피하고 싶은 어떤 사람도 주님은 거절하지 않으시고 고쳐 주십니다. 이것을 믿으십시오. '치료 불가'인 나 자신, '치료 불가'인 내 가족들을 하나님이 아시기 때문에 간절히 구하고 찾고 두드리라고 하십니다. 구하면 주시고 두드리면 열리고 찾으면 찾아진다고 약속을 하셨습니다. 사실 내 힘으로는, 달라지지 않는 사람을 붙들고 끝까지 인내하며 두드리며 기도할 수가 없습니다. 부모라서, 자식이라서 되는 게 아닙니다. 영혼 구원이 목적이 될 때 간절하게 하나님을 흔들어 깨우며 날마다 구하고 찾고 두드릴 수 있습니다.

◆ 내가 할 수 없다는 것을 인정하고 하나님께 구해야 할 것이 무엇입니까? 갈급하게 찾아야 할 것이 무엇입니까? 우리 집안에 구원의 문이 열리기 위해 끈질긴 묵상과 기도로 하나님의 마음을 두드립니까?

하나님의 선하심을 믿으라

9 너희 중에 누가 아들이 떡을 달라 하는데 돌을 주며 10 생선을 달라 하는데 뱀을 줄 사람이 있겠느냐 11 너희가 악한 자라도 좋은 것으로 자식에게 줄 줄 알거든 하물며 하늘에 계신 너희 아버지께서 구하는 자에게 좋은 것으로 주시지 않겠느냐_마 7:9~11

자식이 밥을 달라고 하는데 몽둥이 들고 갈 부모가 있습니까? 어머니가 차려 주는 밥상을 의심하면서 독이 들었는지 확인하는 자식이 있을까요? 자녀들은 부모가 선하게 대해 줄 것을 믿고 아무런 주저함 없이 '밥 줘. 용돈 줘' 하면서 손을 내밉니다.

내 하나님 아버지에 대해서도 믿는 마음을 가져야 합니다. 생명과도 같은 독생자를 주신 하나님이 나에게 무엇을 아끼시겠습니까! 하나님의 응답에는 "아니요"가 없습니다. 하나님의 응답은 그리스도 십자가 안에서 언제나 "예"입니다. 아버지의 선하심을 믿고, 어머니가 차려 주는 밥상을 의심하지 않는 것처럼 그분을 믿으시기 바랍니다.

하나님의 선하심만을 믿고 끈질기게 구하고 찾고 두드리는 것이 미련해 보일 수도 있습니다. 그러나 하나님은 제 인생에도 너무나 신실하게 응답하셨습니다. 제가 믿음이 좋아서, 기도를 잘해서 그러셨을까요? 제가 주님을 영접하기 전에도, 저에게 말씀이 없고 사랑이 없어도 주님은 모든 일에 신실하게 응답하고 인도하셨습니다. 제가 형편없고 무엇을 구해야 할지 몰라서 어리석은 것을 구할지라도 하나님은 항상 좋은 것을 주셨고 앞으로도 선한 것만 주실 것입니다.

암 선고를 받은 혜옥 자매는 직장암 수술을 하고 인공 장루를 달면서 자신의 죄를 고백했습니다. 죄인 줄 모르고 자신의 육체를 마음대로 내주었다고, 인공 장루 사용법을 배우느라 날마다 간호사들에게 자신의 치부를 드러내면서 수치인 줄도 몰랐던 죄를 깨달았다고, 하기 힘든 간증을 했습니다. 저의 책에도 그 간증을 신도록 허락했습니다.

처녀로서 수치와 죄를 고백한 혜옥 자매의 최소한의 순종 때문에 하나님은 마지막까지 선하게 인도하셨습니다. 혜옥 자매를 통해 우리들교회 모두가 구하고 찾고 두드리는 순례자의 길을 가게 하셨습니다. 암의 통증이 너무 심해서 도중에 힘들어하는 모습도 보았습니다. 하지만 하나님은 하나님의 자녀를 결코 놓지 않으시기 때문에 신실하게 인도하셨습니다.

떠나기 전 날 모르핀 주사를 맞고 의식이 없는 중에도 제가 찾아가서 깨웠더니 "목사님, 할렐루야! 아멘!"으로 대답을 했습니다. 저는 천국에서 만나게 해 달라고, 예수님이 기쁘게 맞아 주시라고 기도했습니다. 그리고 혜옥 자매는 다음 날 천국에 갔습니다.

수치스러운 것, 아픈 것, 연약한 것 모두를 공동체에 내어놓았던 혜옥 자매의 순종을 하나님은 후대(厚待)하셨고, 우리들교회를 후대하셨습니다.

◆ 가정에서 차별과 부당한 대우를 받은 상처로 하나님을 오해하고 있습니까? 내가 죄가 많아서, 하나님이 나를 미워하셔서 내게만 선하지 않으시다고 불평합니까? 무엇이라도 주고 싶어 하시는 하나님을 내가 외면하고 무시하는 건 아닐까요?

남을 대접하라

그러므로 무엇이든지 남에게 대접을 받고자 하는 대로 너희도 남을 대
접하라 이것이 율법이요 선지자니라_마 7:12

남편이 급성 간암으로 세상을 떠나자, 갑작스럽게 아버지를 잃은 제
아들은 사춘기를 지내는 동안 저를 많이 힘들게 했습니다. 공부를 안 하
는 것까지는 괜찮은데 열등감 때문인지 옷이나 신발의 메이커에 집착을
하고, 유난히 잠이 많아서 일상생활에 지장을 주기도 했습니다. 보다 못
해 제가 들어가서 깨우면 "엄마, 정말 싫어. 나 좀 놔두세요!" 하니까 저도
늘 아들이 조심스러웠죠.

그러던 아들이 자라서 유학을 갔는데, 비어 있는 아들 방을 정리하
다가 우연히 중·고등학교 시절 일기장을 보게 됐습니다. 그때 한참 싸워
댔으니 얼마나 엄마 욕을 적어 놨을까 하고 읽어 봤는데 일기장에는 줄곧
"엄마에게 늘 미안한 마음이다. 앞으로는 순종해야겠다" 이런 이야기뿐
이었습니다. 한마디도 엄마가 짜증스럽다든가 싫다는 말이 없었습니다.

자녀가 공부를 안 하고 무시받을 짓을 해도 부모는 자녀를 대접해
야 합니다. 자녀를 대접한다는 것이 '자녀교육 상담, 좋은 부모 되기 상담'
이런 걸 교육받고 기술적으로 하는 게 아닙니다. 일시적인 사탕발림으로
"그래, 네가 하고 싶은 대로 해 봐. 공부도 하기 싫으면 하지 말고 너 하고
싶은 걸 해 봐!" 이렇게 하는 게 아닙니다.

내 자녀에 대한 최고의 대접은 다른 힘든 아이들을 전도하고 상담하
고 양육하는 것입니다. 제가 아들과 실랑이를 하면서 잔소리한 것은 "큐
티해라. 일어나서 학교 가라" 이것밖에 없었습니다. 내 아들만 쳐다보지

않고 매주 집에서 학생, 재수생들 데리고 큐티 모임을 하고 힘든 사람들 상담하고 양육했습니다. 그런 모습을 보고 아들도 저절로 '엄마에게 순종해야지' 하는 마음을 갖게 된 것입니다.

"남을 대접하라"고 하셨습니다. 자식에게 대접받는 부모가 되려면 내가 받고 싶은 그 대접으로 다른 사람을 섬기고 전도하고 양육하면 됩니다. 그리고 내 자식에 대해서는 믿음으로 바라보고 기다리면 됩니다.

내가 대접받고 싶어 한다고 해서 그대로 대접받고 사는 사람은 없습니다. 권력과 돈이 있을 때 잠시는 대접을 받겠죠. 하지만 그것은 너무 일시적인 것입니다.

혜옥 자매의 장례식에는 우리들교회에서 가진 장례 예배 사상 최대 인파가 몰렸습니다. 홈페이지를 통해 큐티 나눔을 하던 지체들이 지방에서 밤을 새워 가며 올라왔습니다. 장례식장 안에 발 디딜 틈이 없어서 복도, 계단까지 서서 예배를 드렸습니다.

혜옥이가 재벌입니까? 권력을 가졌습니까? 돈이 있습니까? 부모가 있습니까? 남편이 있습니까? 자식이 있습니까? 아무것도 없습니다. 인간적으로는 그저 암에 걸린 노처녀였습니다. 장례식장 안에 혈육이라고는 형제 서너 명이 전부였습니다.

내가 잘 먹고 잘살겠다고 실컷 벌어 보십시오. "교회 다닐 시간이 어디 있냐. 돈을 벌어야 된다. 내 자식 잘 가르쳐서 출세시켜야지!" 이렇게 살아 보십시오. 여러분의 장례식에 누가 찾아오겠습니까. 몇 사람이나 진심 어린 마음으로 달려와 주겠습니까!

혜옥 자매는 암에 걸린 후 교회와 공동체의 사랑을 한 몸에 받았습니다. 미혼에 남편, 자식이 없어도 홈페이지에 올린 나눔을 통해서 국제적인 기도와 사랑을 받았습니다.

제가 받고 싶은 대접, 다른 사람에게 할 수 있는 가장 큰 대접은 "저 사람은 팔복대로 사는 사람이야" 하고 말해 주는 것입니다. 가난하고 애통하고 온유하고 긍휼히 여기는 자, 의를 위해 박해받는 자로 남들이 나를 말해 주는 것이 제가 받고 싶은 최고의 대접입니다.

혜옥 자매는 암의 고통을 통해 가난하고 애통한 자가 되었습니다. 아파서 힘들다고, 때로는 하나님을 원망하고 투정했던 모든 것을 날마다 홈페이지에 고했습니다. 그 고백으로 우리를 대접하고 갔습니다.

그러므로 암에 걸린 것도, 낫지 못하고 천국에 간 것도 그리스도 안에서 '예'가 된 사건입니다. 하나님의 최고의 응답입니다. 혜옥 자매야말로 성공한 사람입니다.

◆ 남편과 아내에게 어떤 대접을 받고 싶으십니까? 웃어 주길 바라나요? 먼저 웃어 주십시오. 자녀가 정직하고 나를 존중하길 원하십니까? 먼저 정직하고 자녀를 무시하지 않는 부모가 되십시오. 상대방이 안 변한다고 해도 죽을 때까지 내가 받고 싶은 대접으로 그 사람을 대접하십시오.

좁은 문으로 들어가라

13 좁은 문으로 들어가라 멸망으로 인도하는 문은 크고 그 길이 넓어 그리로 들어가는 자가 많고 14 생명으로 인도하는 문은 좁고 길이 협착하여 찾는 자가 적음이라_마 7:13~14

남들이 다 가는 길이라고 따라가면 안 됩니다. '많은 사람이 가는가 적은 사람이 가는가? 돈이 생기나 안 생기나? 지위가 보장되는가 안 되는가? 사람들이 인정하나 안 하나?' 이보다 중요한 것은 '옳은 길인가 아닌가? 생명의 길인가 사망의 길인가?' 입니다.

아무리 돈이 생겨도 옳은 길이 아니면 가지 않는 것, 이것이 참으로 좁은 길을 가는 것입니다. 찾는 이가 적은 협착한 길입니다. 하지만 반드시 지켜야 할 황금률입니다.

아기가 엄마의 산도를 통해 좁은 길을 나올 때 아무것도 가지고 나올 수가 없습니다. 그러나 나오면 어마어마한 세계가 기다리고 있습니다. 우리도 좁은 문으로 들어가면 상상할 수 없는 세계가 기다리고 있습니다. 그 세계를 이 땅에서도 누릴 수 있는 것이 천국의 소망을 가진 우리의 특권입니다.

'협착하다'는 것은 한 사람이 겨우 드나들 정도의 공간을 말합니다. 숨이 안 쉬어지는 사람, 숨이 안 쉬어지는 환경입니다. 이 세상에서 얻은 것 가지고는 지나갈 수가 없습니다. 우리의 주제가는 "하늘의 복과 땅의 복을 다 주옵소서"이지만, 땅의 것을 추구하는 사람은 하늘의 복을 받을 수 없습니다. 영국의 청교도들은 오직 신앙의 자유를 찾기 위해서 신대륙으로 이주를 했습니다. 신앙 교육을 하기에 적합한 곳을 찾아 험난한 길을 달렸습니다. 102명이 출발해서 인디언에 의해서 죽고, 풍토병에 죽고, 추워서 죽고, 풍랑에 죽고 결국 44명만이 신대륙에 도착했습니다. 그 44명이 미국의 부를 이루는 초석이 됐습니다. 그들 때문에 미국이 복을 받고 최대 강국이 됐습니다.

신앙을 따라 좁은 길로 갈 때 나를 통해 우리 집안이 축복을 받습니다. 나의 기득권을 다 내려놓고 갈 때 놀라운 하늘의 복, 땅의 복을 내려 주십니다. 그 복을 다 누리는 자가 진정 성공한 그리스도인입니다.

◆ 승진의 문이 앞에 있습니까? 대학 입학의 문, 취업의 문, 결혼의 문이 열렸습니까? 좁은 문으로 가는 것은 불행한 길을 택하라는 게 아니라 내가 어떤 비전과 목표로 그 문을 선택하는가에 달려 있습니다. 내 목표가 아닌 하나님의 목적을 위해 공부와 취업과 결혼을 하고, 남들이 하기 싫어하는 낮아짐의 길을 가고 있습니까?

말씀으로 기도하기

주님은 우리가 이 땅에서 그리스도인으로서 어떻게 살아야 하는지 가르쳐 주십니다. 그 길은 결코 평탄하거나 쉽지 않지만, 우리는 주님이 늘 선하신 분임을 믿어야 합니다.

하나님이 원하시는 것을 끈질기게 구해야 합니다(마 7:7~8).
하나님의 뜻을 분별하여 하나님이 원하시는 것을 구하기 원합니다. 내 힘으로는 끝까지 인내하고 두드리며 기도할 수 없습니다. 변하지 않는 가족의 영혼 구원을 위해 하나님을 흔들어 구하고 찾고 두드릴 때 응답해 주실 줄 믿습니다.

하나님의 선하심을 믿어야 합니다(마 7:9~11).
내게 말씀이 없고 사랑이 없어도 언제나 신실하게 응답하고 인도하신 주님, 감사합니다. 항상 좋은 것을 주시고 선한 것만 주시는 하나님을 믿는 마음을 주옵소서. 내게 허락하신 모든 것을 주님이 주시는 선한 것으로 받아들이기 원합니다.

남을 대접해야 합니다(마 7:12).
남에게 대접받고자 하는 대로 남을 대접하라고 말씀하십니다. 내 자녀에게 대접받고자 하지 않고 다른 힘든 아이들을 섬기고 양육하는 부모가 되기를 원합니다. 상대방이 변하지 않아도 내가 받고 싶은 대접으로 그 사람을 대접하는 자가 되게 해 주옵소서.

좁은 문으로 들어가야 합니다(마 7:13~14).

취업의 문, 대학 입학의 문, 결혼의 문 앞에서 남들이 다 가는 문으로 가고 싶은 마음이 있습니다. 그러나 구원을 위해 좁은 문과 협착한 길을 갈 때 나를 통해 우리 집안이 축복을 받을 줄 믿습니다. 좁은 문으로 들어가 천국의 소망을 갖고 누리게 하옵소서.

우리들 묵상과 적용

딸아이가 한창 사춘기를 보낸 초등학교 6학년 때의 일이었습니다. 소그룹 예배가 있는 날, 어머님이 사춘기 딸아이에게 폭행을 당했다고 울음 섞인 목소리로 아내에게 전화하셨습니다. 저희 부부는 지방에 계시는 어머님을 교회로 인도하고 싶었고, 어머님께서 첫 손녀인 딸아이를 아기 때부터 예뻐하셨기에 어머님을 집 근처로 이사를 오시게 한 터였습니다. 소그룹 예배를 마치고 집 근처에서 속상해하시는 어머님을 만나서 보니 맞은 자리가 멍이 들 정도로 상황이 심각했음을 알 수 있었습니다. 창피하고 속상해서 집으로 들어가기 싫으시다는 어머님을 "저희가 잘못했으니 용서하시라"고 설득하여 부모님 댁으로 모셔다 드렸습니다. 집으로 돌아와서는 딸아이를 다그쳤습니다. 그런데 딸아이는 당당하게도 "나는 잘못한 것이 없고 할머니가 먼저 혼내면서 때리기에 나도 그랬다"고 했습니다. 그러면서 모든 책임은 할머니에게 있다고 자기의 잘못을 할머니에게 돌렸습니다.

이 일을 통해 저는 지난날의 제 모습을 돌아보게 됐습니다. 몇 년 전 강남에서 웨딩스튜디오를 오픈한 저는 돈을 우상 삼으며 가정에 소홀하고 오로지 사업에만 신경 썼습니다. 일이 힘들고 스트레스가 많을 때는 집에 가서 괜히 자녀의 숙제를 검사하며 그것을 트집 잡아서 아이들을 벌세우고 매를 때렸습니다. 어떤 날에는 감정을 이기지 못하고 파리채로 맨살이 터질 정도로 때린 적도 있었습니다. 그러다 보니 자녀들도 아빠의 행동이 이상하면 방에 들어가 문을 잠그고 숨었고, 저는 더 화가 나서 문을 부수곤 했습니다. 저에 대한 아내와 자녀의 마음은 증오로 바뀌기 시작했고 그 결과 딸과 어머니의 다툼이 일어나게 된 것입니다.

결국, 그동안 기복적인 마음으로 교회를 다닌 것과 언제나 일이 우선이고 주일성수는 뒷전으로 하며 거룩한 것을 경홀히 여긴 신앙생활을 회개했습니다. 소그룹 지체들과도 해결책을 의논하고 다시는 아이에게 손찌검하지 말 것을 처방받았습니다. 아내와도 약속하고 자녀에게 아빠가 그동안 잘못했음을 시인하고 용서를 빌었습니다. 그 후로 말씀으로 양육받으며 내가 구하는 것이 영원한 것이 아니라 이 땅에서의 한시적인 것이었음을 차츰 깨닫게 되었습니다(마 7:7). 자녀에게 물질을 물려주는 것이 부모의 역할이 아니라 하나님을 알고 믿음의 공동체 안에서 자랄 수 있도록 하는 것이 부모로서의 사명임을 알았습니다. 몇 개월 전 저의 우상이고 어렵게 붙잡고 있던 사업이 망함으로 환경은 어려워졌지만, 그동안 들은 말씀이 있어서인지 오히려 평안하고 하나님 말씀으로 사는 것이 왜 거룩한 것인지 알게 되었습니다. 지금은 가족이 함께 즐거운 마음으로 예배를 준비하고 가족 예배를 통해서 진정 우리가 구할 것이 구원과 복음에 있음을 나누고 있습니다(마 7:7). 내 힘으로 이 땅의 부와 명예를 얻고자 했지만 이제는 거룩하신 하나님을 좇아 간구하면 좋은 것을 주신다는 하나님의 말씀을 믿으며 살고자 합니다(마 7:11).

영혼의 기도

하나님 아버지, 누구라도 피하고 싶고 상대하기 싫은 사람, 의사도 치료할 수 없다고 하는 사람이지만, 내 식구여서 떠날 수 없습니다.

그들 때문에 날마다 간절히 구하고 찾고 두드릴 수밖에 없습니다. 내 힘으로는 할 수 없음을 깨닫고 하나님을 향해 믿음으로 바라고 기다리게 하옵소서.

하나님은 떡을 달라면 돌을 주실 분이 아닙니다. 생선을 달라고 할 때 뱀을 주실 분이 아닙니다. 선하신 하나님을 믿습니다. 하나님이 주신 모든 응답은 그리스도 안에서 언제나 '예'만 되는 것을 믿습니다.

혜옥 자매가 그의 간증으로 많은 사람을 살렸습니다. 3년 동안 자기 죄를 내놓으면서, 힘든 것과 아픈 것을 내어놓으며 우리를 대접했습니다. 이 때문에 대접받는 혜옥 자매를 보았습니다.

내가 받고 싶은 대로 남을 대접하는 것은 결국 내 죄를 내놓는 것임을 알았습니다. 변하기를 원하는 내 배우자, 자녀에게 내 죄를 내어놓고 대접하게 하옵소서. 웃기를 바라는 그 사람에게 웃어 주고, 정직하기 원하는 그 사람에게 정직하게 다가가게 하옵소서.

살아 있는 동안 그가 변하지 않아도 내가 대접한 것을 주님이 기억하십니다. 그 대접으로 나를 대접하사 내 가정이 살아나고 교회가 살아날 것을 믿습니다.

청교도 순례자들을 통해 미국이 하나님의 축복을 받았듯이 오늘 내가 좁은 길로 가기 원합니다. 오직 하나님 때문에, 자녀의 믿음을 위해 협착하고 숨을 쉬기 힘든 그 환경에 순종하며 감사하기 원합니다. 나의 기득권과 욕심을 다 내려놓고 오직 믿음을 위해 살기 원합니다. 은혜를 내려 주옵소서. 예수님 이름으로 기도하옵나이다. 아멘.

3

열매 맺는 그리스도인

마태복음 7:15~23

하나님 아버지,
저의 삶에 하나님의 열매가 있기를 원합니다.
열매 맺는 자로 살게 하옵소서.
말씀하여 주옵소서. 듣겠습니다.

세계적으로 성공한 국내 대기업 총수의 딸이 개인적인 어려움을 이기지 못해 스스로 목숨을 끊었습니다. 아직 젊고 재능도 많은 유망한 사람이었습니다. 초일류 기술과 부를 가진 재벌이라도 그 딸의 생명을 지키지 못했습니다. 그 집안의 딸이라고 하면 모두가 부러워할 텐데 헛된 죽음으로 인생이 끝나고 말았습니다.

인생에서, 사업에서, 공부에서, 결혼에서 우리는 좋은 열매를 맺고 싶어 합니다. 성공의 열매, 행복의 열매를 위해서 많은 수고와 땀을 쏟습니다. 하지만 나의 열매가 좋고 나쁜 것은 내 기준으로는 알 수 없습니다. 나의 열매가 다른 사람에게 어떤 영향을 주는지 진지하게 생각해 봐야 합니다.

거짓 선지자를 삼가라

거짓 선지자들을 삼가라 양의 옷을 입고 너희에게 나아오나 속에는 노략질하는 이리라_마 7:15

예수님의 산상수훈이 7장에서 마무리되는데, 그 결론으로 7장 15절부터는 어떤 사람이 천국에 들어가는지를 말해 줍니다.

그 첫 번째가 거짓 선지자를 삼가는 것입니다. 내가 팔복대로 살고 좁은 문으로 들어가는 삶을 살려고 할 때 그것을 방해하는 자가 거짓 선지자입니다. 서점에 가도 세상적인 성공이 최고라고 하는 거짓 선지자들이 가득합니다. 예수님을 믿어도 무엇이든 잘되어야 하고, 잘 안되는 것은 나에게 믿음이 없기 때문이라고 합니다. 믿음이 없어서 사업이 실패하고, 입시에 떨어졌다고 합니다. 그 말이 처음에는 그럴듯하게 들리지만 거짓 선지자의 말은 아무리 들어도 삶을 변화시키지 못합니다.

거짓 선지자와 참선지자를 어떻게 구별할까요? 1세기의 문서에 선지자를 분별하는 기준이 있습니다. 선지자를 만나면 영접하고 말씀을 전하도록 환경을 만들어 줘야 합니다. 그런데 하루 이틀이 아니라 3일을 머물면 거짓 선지자라고 합니다. 빵을 요구하면 참선지자이고 돈을 요구하면 거짓 선지자입니다. 다른 사람을 돕는 자가 참선지자이고 가르치되 스스로 행하지 않는 자가 거짓 선지자라고 했습니다.

미가서 3장에는 이스라엘이 망하기 직전에 거짓 선지자들에 대한 묘사가 생생하게 기록되어 있습니다. "너희가 선을 미워하고 악을 기뻐하여 내 백성의 가죽을 벗기고 그 뼈에서 살을 뜯어 그들의 살을 먹으며 그 가죽을 벗기며 그 뼈를 꺾어 다지기를 냄비와 솥 가운데에 담을 고기처럼 하는도다 그 때에 그들이 여호와께 부르짖을지라도 응답하지 아니하시고 그들의 행위가 악했던 만큼 그들 앞에 얼굴을 가리시리라 내 백성을 유혹하는 선지자들은 이에 물 것이 있으면 평강을 외치나 그 입에 무엇을 채워 주지 아니하는 자에게는 전쟁을 준비하는도다……"(미 3:2~5).

거짓 선지자는 먹을 것을 주면 평강을 외치지만, 그러지 않으면 전쟁을 조장합니다. "우환이 있겠어. 정성을 바쳐!" 이런 식입니다. 그래서 백성을 뜯어먹고 다져 먹습니다. 너무 생생하고 알맞은 표현 아닌가요?

거짓 선지자는 하나님께 소명을 받지 않았는데 받은 것처럼 행하는 자들입니다. 그들은 참선지자처럼 위장하고 양의 모습을 하고 있기 때문에 구별하기가 어렵습니다. 방송에서 설교를 하시는 목사님이 "양이 양 옷을 입은 것과 이리가 양 옷을 입은 것 중에 어떤 것이 더 양 같을까요?" 물으셨는데 정말 누가 더 양 같겠습니까? 양의 옷을 입은 가짜는 진짜 양처럼 보이려고 너무 애쓰기 때문에 훨씬 더 양처럼 보입니다.

양은 겁이 많은 동물입니다. 양은 자기 몸이 뒤집어지면 일어나지 못한다고 합니다(이런 행동을 '캐스트 다운'이라고 말합니다). 그 상태로 30분이 지나면 배에 가스가 차서 헐떡거리다가 죽어 간다는 것입니다. 그러면 독수리가 와서 양의 배를 가르는 겁니다.

그런 겁 많은 양을 협박하는 자가 거짓 선지자입니다. 그들은 죄와 회개에 대한 메시지를 억압하면서 전합니다. 자유함이 없게 만듭니다. 그러면 세상에서도 염려투성이인데 교회에 와서도 염려가 몰려와서 누울 수가 없습니다. 죄를 보게 한다고 하면서 그것으로 사람을 억누른다면, 그것은 거짓 선지자의 처방입니다.

반대로 죄 사함의 진리를 교묘하게 이용하는 경우도 있습니다. 어떤 분이 자신의 믿음을 황폐화시켰던 지도자에 대해서 나눔을 했습니다. 그 공동체에서 양육을 받으며 율법의 죄 짐에서 해방시켜 주신 예수님과의 만남을 경험했다고 합니다. 너무 감격스러워서 예배 때마다 울었습니다. 그런데 조금 지나면서 죄 사함에 대한 해석이 교묘하게 이용되는 것을 느꼈습니다.

어떤 부인이 불륜을 저지르고 오픈을 하니까 "이제 예수님을 믿었으니 당신은 더 이상 죄인이 아니다. 당당해라" 이렇게 처방을 했는데, 그래서 그 죄가 끊어진 게 아니라 당당하게 불륜을 행하더라는 겁니다. 그것에 대해서 아무도 처리하지 않았으며 오히려 죄를 오픈하지 못하는 기존 교회만 비판하면서 자꾸 면죄부를 주었습니다. 죄 사함을 강조하다가 죄가 죄인지도 인식하지 못하는 혼란에 빠졌습니다. 이분이 자신의 죄에 대해 고백을 하면 율법적이라고 지적하고 '죄의 용납'이 그 공동체의 복음이 되었다고 했습니다.

이단은 아니라고 해도 그런 교묘한 거짓이 있을 수 있습니다. 죄는 예수 그리스도의 보혈로 씻기고 처리되어야 자유한 것이지 마음 놓고 죄를 짓는 것이 자유가 아닙니다. 양의 옷을 입은 가짜처럼 항상 거짓 선지자는 가장 비슷한 모습으로 옵니다. 구원을 강조하면서 그 이후의 성숙에 대해 가르치지 않으면 거짓입니다. 영적 성장만 이야기하고 구원을 빼놓는다면 이단입니다. 말씀, 찬양, 기도, 구제 어느 한 가지에만 치우치면 잘못된 길로 가기 쉽습니다.

◆ 예수님을 믿으면 뭐든지 잘돼야 된다는 기복(祈福)신앙으로 나를 혼란스럽게 하는 거짓 선지자는 누구입니까? 십자가 복음보다 복받는 것이 좋아서 내 욕심 때문에 분별없이 따라가고 있습니까? 혼자서는 분별할 수 없으니 건강한 공동체, 말씀으로 깨어 있는 공동체에서 도움을 받아야 합니다.

좋은 나무가 맺는 좋은 열매

16 그들의 열매로 그들을 알지니 가시나무에서 포도를, 또는 엉겅퀴에서 무화과를 따겠느냐 17 이와 같이 좋은 나무마다 아름다운 열매를 맺고 못된 나무가 나쁜 열매를 맺나니 18 좋은 나무가 나쁜 열매를 맺을 수 없고 못된 나무가 아름다운 열매를 맺을 수 없느니라 19 아름다운 열매를 맺지 아니하는 나무마다 찍혀 불에 던져지느니라 20 이러므로 그들의 열매로 그들을 알리라_마 7:16~20

좋은 나무는 좋은 열매를 맺습니다. 좋은 열매를 맺지 못하는 이유는 나쁜 나무이기 때문입니다. 인간을 나쁜 나무로 만드는 것은 죄입니다. 죄는 하나님 없이 자기 힘으로 사는 것입니다. 아무리 수고를 해도 내 힘으로는 좋은 열매를 맺을 수 없습니다. 내가 쌓은 성공과 출세는 행복을 가져다주지 못한다는 걸 배워야 합니다. 좋은 것, 아름다운 것은 오직 하나님께 속해 있습니다. 좋은 열매를 맺지 않으면 찍혀서 불에 던져집니다. 하나님을 모르고 사는 사람은 지옥의 땔감밖에 안 된다는 겁니다.

예수님은 나쁜 나무인 우리를 좋은 나무로 만들려고 오셨습니다. 그 예수님께 접붙여져야 합니다. 그런데 이 일은 그냥 되는 게 아니라 내 의지가 필요합니다. 내 시간과 헌신을 드려서 하나님의 말씀과 교회 공동체에 접붙여 있으면 나쁜 나무였던 내가 좋은 나무로 변화될 수 있습니다.

좋은 나무가 맺는 좋은 열매는 돈과 출세가 아니라 성령의 열매입니다. 사랑과 희락과 화평과 오래 참음과 자비와 양선과 충성과 온유와 절제, 십자가의 열매, 신앙 인격의 열매입니다(갈 5:22~25). 그 모든 것이 겸손의 뿌리에서 나옵니다. 겸손이 없으면 사랑할 수 없고, 겸손하지 않은 사람은 화평할 수 없고 충성할 수 없고 절제할 수 없습니다.

좋은 열매는 겸손의 뿌리에서 나오는데 좋은 학군 출신, 명문대 졸업생들이 그런 열매를 맺기 쉽지 않죠. 세상 어떤 지위보다 영의 직분이 최고인데 존경받는 목사님들 중에 명문대 출신이 거의 없습니다. 환경적으로 유복하게 자란 분도 별로 없습니다. 좋은 환경에서 일류 교육을 받는다고 대단한 열매를 맺는 게 아니라는 걸 보여 주고 있습니다.

대학교 때 저에게 믿음은 없었지만, 당시 영적 유행(?)에 따라 CCC(한국대학생선교회) 활동을 했습니다. 일류라고 손꼽을 수 있는 사람들이 선교회에 많았지만, 일류 학벌과는 상관없는 분들이 지금 영적 일류로 사역을 하고 있습니다. 하나님은 학벌의 열매로 사람을 보지 않으십니다. 겸손을 바탕으로 한 구원의 열매, 사랑의 열매로 우리를 사용하십니다.

건강한 교회는 공부 못하는 아이와 잘하는 아이, 가난한 사람과 부자, 배운 사람과 못 배운 사람이 예수 그리스도로 인해 접붙여지는 교회입니다. 끼리끼리 나누는 게 아니라 골고루 섞여서 접붙여지는 것이 건강한 공동체입니다. 나와 다른 사람, 나보다 못한 사람, 잘난 사람이 섞여 부대끼면서 나의 교만과 열등감을 보게 되기 때문입니다.

접붙임은 당하는 것이지 내가 하는 게 아닙니다. 예수님이 붙여 주셨으면 '이 사람은 싫어. 저 사람은 나하고 안 맞아' 이럴 수가 없습니다. 교양이 없어서 싫다고요? 교양이 없으니까 예수님 믿으러 왔습니다. 돈이 없어서 싫다고요? 돈이 없으니까 하나님만 의지하고 가는 겁니다. 그런 사람이 싫어서 튕겨져 나간다면 나는 지옥의 땔감밖에 안 된다는 걸 기억하시고 어떻게든 예수님께, 믿음의 공동체에 잘 붙어 있기 바랍니다. 그러면 나의 나쁜 것들이 점점 처리되고 좋은 나무로 좋은 열매를 맺을 수 있습니다.

◆ 나쁜 나무였던 내가 예수 그리스도께 접붙여진 간증이 있습니까? 하나님의 좋은 나무로서 아프고 힘든 사람을 접붙이며 용서와 화해와 평안의 열매를 맺고 있습니까?

아버지의 뜻대로 맺는 열매

나더러 주여 주여 하는 자마다 다 천국에 들어갈 것이 아니요 다만 하늘에 계신 내 아버지의 뜻대로 행하는 자라야 들어가리라_마 7:21

하나님의 뜻을 모르는 사람은 하나님의 뜻대로 행하지 못합니다. 아무리 "주여!" 삼창을 외치고 교회를 다녀도 천국에 갈 수 없습니다.

천국에 들어갈 수 없다는 것은 죽음 이후의 이야기가 아니라 지금 환경에서도 천국을 누리지 못하는 것입니다. 삶에서 평강도 없고, 만족도 없고, 순종하는 것도 없으니까 입으로는 "주여, 주여!" 해도 하나님의 뜻과는 상관이 없는 겁니다. 헬라어로 '죄'는 '과녁에서 벗어나다'라는 뜻을 가지고 있습니다. 아버지의 뜻에 맞추지 못하고 '주여, 주여' 화살을 쏘아 대는 것이 죄입니다.

왜 빗나가는 화살을 자꾸 쏘아 댈까요? 나에게 욕심이 많기 때문입니다. 입시에 실패하는 이유는 대부분 목표를 제대로 조준하지 못하고 점수가 높은 학교에 지원하기 때문입니다. 실력은 없으면서 '떨어지더라도 S대 지원했다가 떨어졌다고 해야 체면이 서지' 하니 과녁을 빗나갑니다. 사업 부도도 90%는 과욕을 부리다가 일어납니다. 결혼생활도 내 이기심과 욕심 때문에 갈등이 일어나고 음식, 술, 건강에 대한 탐욕으로 몸에도 무리가 생깁니다.

큐티는 탐심을 정리하는 훈련입니다. 하나님이 원하시는 과녁이 어디인지 분간이 안 될 때, 말씀을 통해 그것이 내 욕심 때문이라는 걸 깨닫는 것입니다. 말씀을 통해 내 눈을 가리고 있는 이기심과 시기, 미움과 정죄를 제거해야 하나님의 과녁에 초점을 맞출 수 있습니다. 입으로만 "주여!" 기뻐도 "주여!" 슬퍼도 "주여!"를 한다고 아버지의 뜻이 깨달아집니까? 날마다 말씀을 묵상하면서 오늘 내가 행할 아버지의 뜻이 무엇인지 묻고 아버지의 음성을 들어야 합니다.

> 22 그 날에 많은 사람이 나더러 이르되 주여 주여 우리가 주의 이름으로 선지자 노릇 하며 주의 이름으로 귀신을 쫓아 내며 주의 이름으로 많은 권능을 행하지 아니하였나이까 하리니 23 그 때에 내가 그들에게 밝히 말하되 내가 너희를 도무지 알지 못하니 불법을 행하는 자들아 내게서 떠나가라 하리라_마 7:22~23

'그날'은 각자에게 찾아오는 개인의 종말입니다. 실제적인 죽음일 수도 있고, 죽을 만큼 힘든 고난의 사건일 수 있습니다. 사업 부도, 자녀의 가출, 배우자의 외도, 암과 같은 사건으로 죽을 것 같은 '그날'이 각자에게 찾아옵니다. 그때 아버지의 뜻과 상관없이 살았던 사람은 이 사건이 왜 오는지 해석이 안 됩니다. 성경을 읽고, 제자훈련을 받고, 구역장을 하고, 선지자 노릇을 했어도 해결이 안 됩니다. 신유, 방언, 은사를 체험했어도 해결이 안 됩니다. '왜 나에게 이런 일이 생기는가. 왜 내가 이런 병에 걸렸지?' 해석이 안 돼서 죽어 갑니다.

아무리 "주여, 주여!" 하고 살았어도 아버지의 뜻과는 상관없이 살았기 때문입니다. 교회 출석 잘 하고, 봉사 잘 하고, 통성기도를 하며 내 열심을 믿음으로 착각하고 시간과 재물과 감정을 낭비했기 때문입니다.

'주여!'라고 부르는 것은 '선생'에서 비롯된 말입니다. 하나님의 선지자, 예수님의 제자라고 자부하면서 예수님을 '선생님!' 하고 부르는데 주님은 그들을 도무지 알지 못한다고 하십니다.

큰 교회 집회에서 큐티 강의를 하게 됐습니다. 그런데 그 교회에 저의 먼 친척이 한 분 계셨습니다. 30년 동안 한 번도 못 보다가 그날 만났는데 제 친척이라고 하니까 다른 성도들이 그분과 큐티 모임을 하겠다고 합니다. 외적으로 가깝다는 이유로 우리가 그런 생각을 할 수 있습니다. 육신으로 예수님 집안의 후손, 베드로, 바울의 후손이 교회에 있다고 합시다. 그러면 왠지 그 사람은 믿음도 좋고 말씀도 잘 깨달을 것 같지 않습니까?

하지만 성경을 보니 예수님의 형제들은 예수님에게 '미쳤다'고 하고, 혈통으로 하나인 유대인은 예수님을 못 박아 죽였습니다. 내가 아무리 모태신앙인이고, 교회를 오래 다녔고, 직분을 받고, 성경을 많이 배우고 읽었어도 주님이 나를 '도무지!' 모른다고 하실 수 있습니다. 아버지의 뜻이 아닌 불법을 행하기 때문입니다.

개인과 사회마다 윤리 수준이 다른데 각자의 수준에서 행하는 불법이 있습니다. 학생이 커닝을 하고, 직장인들이 뇌물을 주고받고, 운전을 하면서 사소한 규칙들을 위반하고, 날마다 불법을 행하면서 사는 것이 우리의 실체입니다. 그런 불법에서도 떠나야 하지만 앞에 말한 것처럼 하나님의 과녁을 벗어난 것은 모두가 불법입니다.

기도를 열심히 해도 영적인 것과 상관없이 기복을 구한다면 그것은 불법입니다. 큐티를 열심히 해도 말씀에 순종할 생각 없이 가르치기 위해서만 한다면 그것은 불법입니다. 하나님의 기준에 모자라도 불법이고 넘쳐도 불법입니다. 영양소도 지나치게 섭취하면 탈이 나는 것처럼 영적인 것도 치우쳐 있으면 불법이 되는 것입니다.

"주여, 주여!" 하는 자마다 천국에 들어가는 건 아니라고 하셨으니 아예 주님을 부르지 말아야 할까요? 그건 아닙니다.

어느 집사님의 나눔입니다.

고3인 막내아들이 올해 수능시험을 보았습니다. 저는 그동안 막내가 대학에 들어가는 날을 이혼하는 날로 정하고 매일 D-1551, D-1550, 1549, 1548…… 이렇게 날짜를 지워 가면서 살았습니다. 그만큼 결혼생활도, 제 마음도 황폐해져 있었습니다. 겉으로는 남편에게 "네, 네!" 하면서 순종하는 척했지만 마음속으로는 '두고 보자! 막내 대학만 들어가면 끝장이다!' 하면서 칼을 갈았지요.

수능시험 전날 평소 건강하던 아들이 이유 없이 열이 나고 구토를 하기 시작했습니다. 새벽 3시까지 잠을 못 자다가 한두 시간 잠을 청하고 일어났는데, 남편은 아들을 훈계했습니다. 아이가 힘들어하자 "아빠를 떠받들고 다녀도 될까 말까 한데, 애비 훈계를 듣기 싫어해?" 하면서 윽박까지 질렀어요. 아들은 그렇게 최악의 컨디션으로 시험을 보게 됐습니다.

그런데 하나님은 상상할 수 없는 기적으로 모의고사 최고 점수보다 20점 가까이 높은 점수를 아들에게 주셨습니다. 몰라서 찍은 문제, 시간이 부족해서 풀지도 않고 찍은 것까지도 맞게 해 주셨으니 그야말로 하나님의 기적이라고 할 수밖에 없습니다.

사실 제가 아들의 대학 입학을 이혼 날로 잡아 놓고 있었지만, 그동안 목사님의 '이혼은 하나님의 뜻이 아니다'라는 강력한 메시지를 들으며 이혼

생각을 접었습니다. 그리고 그동안 겉으로만 순종했어도 그 순종을 귀히 받으시고 남편의 구원을 이루어 달라고 기도해 왔습니다. 강한 아버지 때문에 힘들어하는 아들에게도 "이해할 수 없는 아빠라도 섬기고 순종하는 것이 하나님의 뜻이야. 네가 순종한 만큼 하나님이 기뻐하실 테니 힘들어도 대들지 말고 아빠를 잘 섬기자"라고 말했습니다. 그런 기도와 순종이 있었기에 하나님은 최악의 컨디션에도 좋은 점수로 응답해 주셨음을 믿습니다. 좋은 점수를 주신 것도 감사하지만 그 응답을 가지고 남편에게 예수님을 전할 수 있게 되어서 감사했습니다.

시험 점수를 받고 아들과 얼싸안고 기도를 드렸습니다. 아들이 아빠의 구원을 위해 아빠를 더 사랑할 수 있게 해 달라고, 하나님이 베풀어 주신 은혜를 아들의 영욕을 위해서가 아니라 소외된 이들을 섬기는 데 쓰게 해 달라고 기도드렸습니다.

좋은 점수를 받아서 응답이 아닙니다. 이혼의 생각도 접고 엄마와 아들이 하나님의 목표에 초점을 잘 맞추고 있으니까 하나님이 열매를 보여 주셨습니다. 세상의 성공이 전부인 아버지를 전도하려면 공부도 잘해야죠. 그래야 '내가 예수님을 믿고 아버지를 사랑하고 섬기게 됐다. 그래서 시험에서도 기적을 보여 주셨다' 이럴 수 있지 않습니까.

각자 힘든 환경이 있습니다. 그 환경에서 좋은 열매를 맺어야 합니다. 하나님은 나쁜 환경을 좋은 환경으로 바꾸시는 것이 아니라 나쁜 나무인 나를 좋은 나무로 바꾸셔서 좋은 열매를 맺게 하십니다.

물론 열매 맺기까지 시간이 걸립니다. 의지적으로 접붙여 있으려니 힘들고 치사하고 포기하고 싶을 때도 있을 것입니다. 그럼에도 내가 하나님 아버지의 뜻을 이루어 드리는 하나님의 나무인 것을 잊지 말고, 함부로 살아서는 안 되는 인생인 것을 알고 잘 붙어 있기를 바랍니다. 육적인 성공과 안락함이 응답이라고 하는 거짓 선지자들을 삼가고 오직 예수님께 잘 붙어 있으면 때로는 아프고 가난하고 힘들어도 좋은 열매를 맺을 수 있습니다.

◆ 영혼 구원과 전도, 구제와 섬김 등 궁극적인 목적 외에 내 삶에 구체적으로 원하시는 아버지의 뜻은 무엇일까요? 의미 없이 '주여!'를 부르는 것이 아니라 날마다 순간마다 하나님의 뜻을 묻기 위해 주님의 이름을 부릅니까?

말씀으로 기도하기

거짓 선지자를 조심하고 하나님의 뜻을 알아야 좋은 열매를 맺을 수 있습니다. 힘든 환경일지라도 나쁜 나무인 나를 좋은 나무로 바꾸시는 하나님께 잘 붙어있으면 좋은 열매 맺는 삶으로 거듭납니다.

거짓 선지자를 삼가야 합니다(마 7:15).

양의 모습을 한 거짓 선지자들을 삼가라고 하십니다. 교묘한 거짓으로 나를 혼란스럽게 하는 거짓 선지자를 분별하는 지혜를 주옵소서. 내 욕심 때문에 분별없이 거짓 선지자를 따라가지 말고 믿음의 공동체에 잘 붙어 가기 원합니다.

좋은 나무가 좋은 열매를 맺습니다(마 7:16~20).

죄로 인해 나쁜 나무였던 저를 예수님께 접붙여 주시고 말씀과 공동체에 접붙여 좋은 나무로 만들어 가시는 주님, 감사합니다. 제게 겸손이 뿌리내려져 좋은 열매인 성령의 열매가 맺히게 하옵소서. 끼리끼리 어울리지 않으며 주님이 붙여 주신 사람들과 함께 거룩을 이루게 하옵소서.

하나님의 뜻대로 행해야 합니다(마 7:21~23).

하나님의 뜻대로 행하지 않는 자는 아무리 주님을 불러도 천국에 갈 수 없다고 하십니다. 지금 환경에서 평강도 없고 순종도 없으니 천국을 누리지 못하는 저를 불쌍히 여겨 주옵소서. 날마다 말씀을 묵상하며 내 안의 욕심과 이기심, 미움을 회개하기 원합니다. 하나님의 뜻을 깨닫고 행하는 삶을 살도록 인도하여 주시옵소서.

우리들 묵상과 적용

병원에 제 발로 걸어 들어간 마흔한 살의 큰아들이 3시간 만에 하나님의 부르심을 받았습니다. 편도가 너무 부어 병원에 입원한다는 통화를 하고 응급실에서 진료를 받던 중 의식불명이 되었고 한 시간 후 아들은 심정지로 안개처럼 이 땅에서 사라졌습니다.

해달별이 떨어지는 재앙이 찾아온 사건 앞에 어느 누구도 어떤 말을 할 수 없는 망연자실 그 자체였습니다(마 24:29). 사명으로 왔다가 사명이 끝나면 데리고 가신다는 말씀에 '아들의 돌연사가 무슨 사명일까' 싶어 울며 묵상했습니다. 부검을 위해 오일장을 치르며 악하고 질긴 저희 가족은 각자가 저절로 회개가 되었습니다. 그동안 살기 바쁘다는 핑계와 몸에 밴 이기주의로 아들이 어떻게 살고 있는지, 건강은 어떤지에 대해 무심하게 산 것이 얼마나 큰 죄였는지 깨달아져 통곡하였습니다.

큰아들이 살아 있을 때 간간이 오는 전화의 대부분은 "엄마, 나 정말 힘들어!"라는 절규였습니다. 저는 아들이 절규하는 것을 알아듣지 못하고 아들의 연약한 투정이라고 치부해 버린 악한 어미였습니다. 하나님은 저희 가정의 이런 무심한 관계와 가족의 구원을 위해 제가 제일 사랑했던 큰아들을 단번에 산 제물로 받으셨습니다(롬 12:1). 우리 식구들을 양육시키기 위하여 수고하다가 눈물도 고통도 없는 본향에서 안식하게 되었습니다.

아들의 장례를 치르면서 같이 애통해하고 예배드린 공동체 지체들에게 큰 위로를 받았습니다. 아들이 죽은 다음 날 "네 마음을 다하고 뜻을 다하여 주 너의 하나님을 사랑하라"는 말씀을 순종하는 마음으로 받았습니다(막 12:30).

한편으로는 세례는 받았으나 죽음을 준비하지 않은 아들을 데려가시면 나는 어떻게 하냐고 하나님께 따지며 통곡하였습니다. 그러나 장례를 치르는 동안 들었던 "하늘 가는 밝은 길"이라는 찬송을 통해 하나님은 제가 궁금했던 것을 모두 응답해 주셨습니다. "내가 천성 바라보고 가까이 왔으니 아버지의 영광 집에서 나 쉬고 싶도다. 나는 부족하여도 영접하실 터이니 영광 나라 계신 임금 우리 구주 예수라"라는 찬양 가사에 아들을 구원해 주셨다는 확신이 들어 아들을 잘 보낼 수 있었습니다.

아들이 가고 5개월이 지난 후, 추석에 추도예배를 드리며 믿지 않았던 며느리와 손주들이 한 달에 두 번씩 교회에 오는 복음의 징조가 나타나고 있습니다. 아들이 분열되었던 우리 가족을 말씀으로 하나 되게 묶는 화목 제물이었음이 또 깨달아졌습니다. 또한 제가 그 '한 사람'으로 우리 집안에서 중심 잡고 있는 것이 아들이 제게 주고 간 숙제라고 생각합니다. 아름다운 열매를 맺지 않는 나무는 찍혀 불에 던져진다고 하셨는데(마 7:19) 가족 모두가 풍성한 열매로 성장해 가는 기적이 일어나고 있습니다. 큰아들은 죽음으로 사명을 다하고 갔고 구원의 확신도 받았으나 저는 여전히 슬픕니다. 좋은 나무마다 아름다운 열매를 맺는다는 말씀을 따라 제게 주어진 사명을 생각하며 말씀을 붙잡고 성령의 열매를 맺을 수 있길 원합니다(마 7:17).

영혼의 기도

하나님 아버지, 각자의 힘든 환경을 가지고 이 자리에 왔습니다. 부부간에, 자식 교육에서, 사역에서, 사업에서 열매를 맺기 원하고 그래서 "주여, 주여!"를 부르짖고 주의 선지자로 양육하고 양육받아 왔습니다.

그런데 힘든 그날이 오니 아무것도 할 수 없습니다. 사건이 해석도 안 되고 길이 안 보입니다. 주님이 도무지 나를 알지 못한다고 하실까 봐 두렵습니다.

내가 왜 열매를 맺지 못하는지 깨닫기 원합니다. 육적인 것만 구했기 때문에 거짓 선지자를 삼가지 못했습니다. 욕심과 탐심 때문에 하나님의 뜻에 목표를 두지 못했습니다. 그래서 학업에도 사업에도 사역에서도 열매가 없는 것은 결국 내 삶의 결론입니다. 그것을 인정하게 하옵소서. 내가 나쁜 나무인 것을 인정하게 하옵소서. 그래서 나를 좋은 나무 되게 하려고 오신 예수님께 접붙여지기를 원합니다. 믿음의 공동체에 잘 접붙여져서 겸손의 뿌리에서 성령의 열매를 맺기 원합니다.

나의 종말, 그날이 오기 전에 불법에서 떠나 아버지의 뜻을 행하는 내가 되고 우리가 되기를 원합니다. 아버지의 뜻을 행하기 위해 날마다 말씀을 묵상하고 기도하며 주님의 음성에 귀 기울이게 하시고, 입으로만 "주여!" 하지 않고 삶으로 적용하는 제가 되게 하옵소서. 그래서 가장 아름다운 구원의 열매가 저의 삶에, 우리의 가정과 교회에 가득하기를 원합니다. 예수님 이름으로 기도하옵나이다. 아멘.

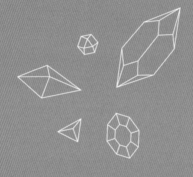

지혜로운 건축자

마태복음 7:24~29

하나님 아버지, 무너지지 않을 집을 짓는
지혜로운 건축자가 되기 원합니다.
말씀하여 주옵소서. 듣겠습니다.

2005년 세계여성상 수상자인 호주 화가 앨리슨 래퍼(Alison Lapper)는 태어날 때부터 팔다리가 제대로 형성되지 않은 선천성 단지증 장애인입니다. 생후 4개월에 부모에게 버려져 19년 동안 장애인 시설에서 자랐습니다. 하지만 강인한 정신력으로 두 팔이 없어도 대학에서 미술을 전공하고 세계적인 화가로 주목받았습니다. 그녀는 22살에 결혼하고 임신을 했는데 모두가 장애아를 낳을까 걱정했지만 건강한 아들을 낳았습니다. 그녀의 자서전 『앨리슨 래퍼 이야기(My life, My hands)』는 여러 나라에서 번역되어 많은 이의 사랑을 받고 있습니다.

한국을 방문했을 때 방송에서 보니 그녀는 얼굴도 참 예쁘게 생겼습니다. 팔이 없어도 그림을 그리고, 화장도 직접 하고 표정이 얼마나 밝은지 모릅니다. 남보다 어려운 조건을 가졌지만 인생의 집을 잘 지은 사람이라는 걸 알 수 있었습니다.

지혜로운 사람이 짓는 집

그러므로 누구든지 나의 이 말을 듣고 행하는 자는 그 집을 반석 위에
지은 지혜로운 사람 같으리니_마 7:24

지금도 힘들지만 예수님 당시의 건축 기술로는 모래 위에 집을 지을
수 없었습니다. 모래 아래 땅까지 파고들어 갈 기술도, 장비도 없었습니
다. 팔레스타인 지역의 땅은 암반이 많아서 그 위의 흙을 파내고 집을 지
어야 하는데, 게으른 사람들은 암반을 파내기가 어려우니까 적당히 흙만
걷어 내고 집을 짓습니다. 그렇게 지은 집은 우기가 되면 모조리 쓸려 내
려갑니다.

이처럼 반석 위에 지은 것 같은데 모래 위에 지은 집이 많습니다. 미
국에서 최고의 건축물은 위스콘신 주에 있는 존슨앤더스 빌딩이라고 합
니다. 자연친화적으로 지어진 이 건물은 사무실마다 자연채광창이 달려
있어서 종일 변화무쌍한 명암이 연출돼 관광 코스로 유명하다고 합니다.

그러니 거기에서 근무하는 사람은 얼마나 행복할까 생각하지만 막
상 그곳에서 일하는 사람은 그렇지 않다고 합니다. 아름다운 명암을 연출
하는 자연채광창이 쥐를 잡아 두는 역할을 해서 끔찍한 쥐를 자주 보기
때문입니다. 또한 천장이 높고 공명이 심해서 이 방에서 속삭이는 소리가
저 방까지 들립니다. 게다가 넓고 평평한 지붕 때문에 빗물이 빠져나가지
못해서 사무실에 빗물이 들어온다고 합니다.

이런 신문 기사를 본 적이 있습니다. 미국의 유명한 샌드위치 가게
에서 빵을 샀는데 거기에 쥐의 배설물이 있었다고 합니다. 그 샌드위치
회사는 소송을 당하고 엄청난 배상금을 물었습니다. 쥐가 들어오지 않도

록 집을 잘 지었어야 하는데 구멍이 뚫렸습니다. 그 구멍 때문에 샌드위치 회사의 명성이 무너졌습니다.

마치 우리 인간의 모습 같습니다. 보기에는 잘 지어 놨는데 부실 공사였습니다. 인생의 부실 공사를 막으려면 모래가 아닌 반석 위에 집을 지어야 합니다. 주님은 그런 사람이 지혜로운 건축자라고 하십니다.

◆ 결혼이 부실 공사였습니까? 나름대로 수고해서 지은 사업이, 자녀 교육이 부실 공사였습니까? 외적으로 보이는 것만 생각하고 돈과 외모의 눈가림으로 지은 집은 아닙니까?

기초가 중요하다

25 비가 내리고 창수가 나고 바람이 불어 그 집에 부딪치되 무너지지 아니하나니 이는 주추를 반석 위에 놓은 까닭이요 26 나의 이 말을 듣고 행하지 아니하는 자는 그 집을 모래 위에 지은 어리석은 사람 같으리니 27 비가 내리고 창수가 나고 바람이 불어 그 집에 부딪치매 무너져 그 무너짐이 심하니라_마 7:25~27

"주여, 주여!" 하는 자마다 천국에 들어갈 수 없고 불법을 행하는 자들에게 떠나라고 하셨는데(마 7:23) 불법을 행하는 자들도 나름대로 열심히 삽니다. 그들은 집을 아예 안 짓는 게 아니라 열심히 짓긴 짓는데 하나님의 뜻이 아닌 자기 열심으로 짓기 때문에 문제인 것입니다.

나의 열심은 망하게 하는 열심이고 하나님의 열심은 "너희를 정결한 처녀로 한 남편인 그리스도께 드리려고 중매하는" 열심입니다(고후 11:2). 내가 무언가를 열심히 하는 것은 정결하게 하는 열심이 되어야 합니다. 나를 정결하게 하는 공부, 나를 정결하게 하는 직업, 부부를 정결하게 하는 결혼이 되어야 합니다. 그런데 하나님의 열심이 아닌 내 야망으로 공부의 집, 사업의 집, 결혼의 집을 짓기 때문에 불신결혼을 하고, 공부와 사업 때문에 예배를 빼먹습니다. 수고한다고 하면서 무너질 집을 짓는 헛된 수고를 하는 것입니다.

반석 위에 집을 짓는 것은 원칙과 기본에 충실한 것입니다. '이 정도는 괜찮아. 예배 좀 빠지면 어때?', '결혼하고 믿게 하면 되지. 그렇게 따지다가 어떻게 시집가려고 그래?' 하면서 하나님의 원칙을 무시한 채 눈가림하고 짓는 집은 금세 무너질 수밖에 없습니다.

부인을 먼저 보내고 혼자된 남편이 있었습니다. 그는 유산을 일찍 물려주면 자식에게 대접을 못 받을까 봐 재산을 쌓아 두고 있었습니다. 베개 속에 현금을 넣어 두고는 시도 때도 없이 자녀들을 호출하면서 제일 먼저 오는 자녀에게 50만 원, 두 번째로 오는 자녀에게 30만 원 하며 돈을 가지고 자녀들을 훈련시켰습니다. 그래도 돈을 주니까 너도 나도 아버지에게 달려갔죠. 남들이 보기에는 효도하는 것처럼 보였습니다.

그런데 너무 오래 살면서 자식들을 불러 대니까 다들 지쳤습니다. '50만 원, 30만 원 안 생겨도 좋으니 언제 돌아가시나' 그렇게 돼 버렸습니다. 돈을 기초로 삼은 부모 자식 관계가 어떻게 되는지를 보여 줍니다.

예수 그리스도의 반석 위에 집을 짓지 않으면 어떤 효도도 진짜가 아닙니다. 다 이해타산 때문에 하는 겁니다. 오라고 하면 달려가고, 날마다 모여서 외식하고 여행 간다고 반석 위에 있는 가정입니까? 진짜 효도를 하려면 예수님을 믿고, 예수님을 사랑하고, 하나님의 말씀을 묵상하고, 이웃을 향해 나가야 합니다. 내 부모, 내 자식을 끼고도는 것이 아니라 하나님을 믿는 믿음 위에 세우는 효도와 섬김이 진정한 사랑입니다.

◆ 나의 성실함과 가족 사랑은 어디에 기초를 두고 있습니까? 믿음이 아닌 성품 에 기초를 두었기에 금세 지치고 생색을 내고 싶어 하진 않습니까?

순종의 기초 위에 세운 집

24 그러므로 누구든지 나의 이 말을 듣고 행하는 자는 그 집을 반석 위 에 지은 지혜로운 사람 같으리니…… 26 나의 이 말을 듣고 행하지 아니 하는 자는 그 집을 모래 위에 지은 어리석은 사람 같으리니_마 7:24, 26

하나님의 말씀이 인생의 중심이지만 말씀을 듣는 것 자체가 반석이 아닙니다. '말씀을 듣고 행하는 자'가 반석 위에 짓는 자라고 하셨습니다. 말씀 자체가 기초가 아니라 말씀에 대한 순종이 삶의 기초가 되어야 합니다. 물론 지식도 있고 감사도, 찬송도 있어야 합니다. 그러나 가장 중요한 것이 말씀에 대한 순종입니다. 말씀에 대한 순종은 말씀하시는 하나님에 대한 순종이고 신뢰의 표현입니다. 하나님을 신뢰하는 것이 가장 튼튼한 기초입니다.

'듣고 행하는' 것은 현재분사로 계속적인 동작을 나타내고 있습니다. 한 번 듣고 순종해서 끝이 아니라 날마다 말씀을 듣고, 묵상하고, 적용 하는 것이 반석이신 예수님 위에 기초를 쌓고 집을 짓는 것입니다. 이스 라엘 백성이 홍해를 건너 출애굽을 하고 신령한 반석으로부터 오는 음식과 음료를 다 같이 먹고 마셨지만, 하나님은 그들의 다수를 기뻐하지 않으셨고 그래서 그들은 광야에서 멸망을 받았다고 했습니다(고전 10:1~5). 구원받고 몇 번 말씀을 깨닫고 은혜를 받았다고 된 것이 아니라, 날마다 신령한 반석이신 예수님으로부터 오는 것을 먹고 마셔야 살아 움직일 수 있습니다.

모래를 파기는 쉽지만 반석을 파기는 어렵습니다. 말씀을 적용하고 하나님의 원칙을 지킨다는 것이 결코 쉽지 않습니다. 그래도 날마다 꾸준하게 파고 또 파면 군건한 반석을 만나게 되는 것입니다.

사실 행함이 없는 자는 없습니다. 반석이든지, 모래이든지, 흙이든지 모두가 각자의 기초 위에 열심히 집을 짓습니다. 그래도 하나님을 믿는 사람은 내 힘으로 할 수 없다는 걸 압니다. 하지만 하나님 없이 자기 힘으로 짓는 사람은 죽을힘을 다해서 짓습니다.

제 남편은 장로님의 아들이었어도 의사로서 생명을 다루는 데 기도하지 않고 수술을 하니까 스트레스가 극에 달했습니다. 주님을 인격적으로 만나지 못하고 성령이 임하는 기도를 못했기 때문에 완벽주의로 밤잠을 못 자고 고민을 했습니다. 수술이 있든지 없든지 갑자기 혈액이 부족하면 어쩌나, 장비가 고장 나면 어떻게 하나, 이런 걱정 때문에 늘 스트레스를 받았습니다. 본인만 받는 게 아니라 갑자기 밤중에 점검을 해서 저와 직원들의 혼을 빼놓곤 했습니다. 천국 가기 전까지 한 번도 사고가 없었는데도 남편은 날마다 걱정과 스트레스 속에서 살았습니다.

남편도 참 열심히 집을 지었습니다. 잠도 안 자고, 낮에 환자가 없어서 한가하면 걸레를 들고 다니면서 청소를 하고 놀 줄을 몰랐습니다. 환자 식사를 위해 김치를 담느라고 고추를 사다가 말릴 때면 본인도 앉아서 고추를 다듬었습니다. 자신이 해야 할 일조차도 제대로 못 하는 사람이 있는데, 그 사람은 찾아다니면서 일을 했습니다. 그 스트레스가 얼마나 심했으면 급성 간암이 왔을까 생각합니다.

하나님 없이 집을 짓는 사람은 그렇게 수고하다가 자기 의로움과 스트레스 때문에 하루아침에 무너질 수 있습니다. 남편의 급성 간암이 그의 의로움과 열심으로 지었던 육의 집을 무너뜨렸습니다. 하지만 죽음 앞에 죄를 회개하고 천국에 갔기 때문에 영으로는 예수 그리스도 반석 위에 집을 짓게 되었습니다.

◆ 예배드리고 큐티하고 기도하고 지은 결혼과 사업의 집이 요동하는 일이 왔습니까? 말씀을 들었지만 하나님이 원하시는 구체적인 행함이 없어서는 아닙니까? 결혼과 직장 생활에서 구체적으로 순종해야 할 일이 무엇입니까? 상대방을 대하는 표정과 언어부터 순종이 나타나도록 적용합시다.

> 25 비가 내리고 창수가 나고 바람이 불어 그 집에 부딪치되 무너지지 아니하나니 이는 주추를 반석 위에 놓은 까닭이요…… 27 비가 내리고 창수가 나고 바람이 불어 그 집에 부딪치매 무너져 그 무너짐이 심하니라_마 7:25, 27

반석 위에 집을 지어도 비가 내리고 창수가 납니다. 모래 위에 지은 집에도 비가 내리고 창수가 납니다. 반석 위에 지었다고 요동할 일이 없는 게 아닙니다. 반석 위에 짓든지 모래 위에 짓든지 날마다 우리에게는 요동할 일이 찾아옵니다. 그러나 말씀에 대한 순종으로 기초를 쌓은 사람은 어떤 일에도, 어떤 말에도 요동하지 않습니다.

제 나이 30대 중반에 남편이 급성 간암으로 하루아침에 간 것은 분명 요동할 일이었습니다. 하지만 제가 날마다 말씀을 묵상하면서 남편의 구원을 위해 순종하고 있었기 때문에 요동하지 않았습니다. 날마다 말씀을 깊이 파고 적용하고, 그 위에 구원의 집을 지었기 때문에 슬픔과 연민으로 요동하지 않게 되었습니다.

말씀을 묵상하고 순종함으로 집을 짓는 사람은 요동할 사건이 와도, 지체에게 요동할 말을 들어도 요동하지 않습니다. 입시에 실패하고 사업이 실패해도 요동하지 않습니다. 그런데 말씀을 듣기만 하고 순종하지 않는 사람, 큐티를 해도 적용하지 않는 사람은 모래 위에 집을 짓기 때문에 한 번에 무너집니다. '무너진다'는 동사는 부정과거로 쓰여 일회적인 동작을 나타냅니다. 아무리 열심히 지었어도 한 번의 실수와 오해로 무너지고 맙니다.

미모와 재력을 다 가진 재벌 회장 딸이 스스로 목숨을 끊었습니다. 대기업 회장이 사무실 창밖으로 몸을 던지고, 최고 지위에 있던 사람들이 검찰 조사를 받다가 연이어 자살하는 일도 있었습니다. 그동안 열심히 쌓아도 한 번의 실패, 한 번 자존심 상하는 일, 한 번의 원망과 혈기와 낙심으로 목을 매고 몸을 던집니다.

어려서부터 말씀으로 양육하는 것을 우습게 여기면 안 됩니다. 아무리 일류로 키워도 하나님이 없으면 비가 내리고 창수가 날 때 한 번에 무너집니다. 자녀를 예수 그리스도의 반석 위에, 믿음의 가치관에 세우지 않는 것은 독을 주는 것이라는 걸 알아야 합니다. 나만 교회에 와서 앉아 있고 '애들은 때가 되면 믿겠지' 하면 안 됩니다. 그러다 문제가 터지면 자기 가치관대로 극단에 치닫고 쾌락으로 갑니다. 도대체 무슨 배짱으로 자녀들이 예배 안 드리고 큐티 안 하는 것을 애통해하지 않는 겁니까?

◆ 배신의 비, 입시의 비, 실직과 질병의 창수가 났습니까? 예수님을 믿는데 '왜 이런 일이 왔을까?'가 아니라 반석 위에도 모래 위에도 비가 온다는 것을 인정하고 미리 말씀의 예방 주사를 맞으며 기초를 다지고 있습니까?

세상이 놀라는 권위

> 28 예수께서 이 말씀을 마치시매 무리들이 그의 가르치심에 놀라니 29 이는 그 가르치시는 것이 권위 있는 자와 같고 그들의 서기관들과 같지 아니함일러라_마 7:28~29

예수님의 가르침이 서기관과 달랐습니다. 예수님 자체가 말씀이시고 하나님이시기 때문입니다.

말씀에 대한 순종, 십자가의 가르침을 전했기 때문에 다들 놀랐습니다. 권투 선수가 펀치를 맞고 정신을 잃는 것처럼 내가 말씀을 전할 때 상대방이 그렇게 놀라야 합니다. 어떻게 놀라게 합니까? 예수님처럼 십자가의 가르침을 전하면 됩니다. 순종하는 것을 보여 주면 됩니다.

서기관의 가르침은 '하지 말라. 하지 말라'밖에 없습니다. 잔소리밖에 없습니다. 100% 죄인인 내 인생과 영혼을 전율하도록 바꾸어 놓는 가르침은 십자가뿐입니다. 말씀에 대한 순종을 보여 주는 것밖에 없습니다. 어떤 권위자나 철학자가 나를 바꾸겠습니까? 대통령이 나를 바꿉니까? 부모가, 스승이 나를 바꿉니까? 오직 말씀만이 나를 바꿀 수 있습니다.

권투 선수가 펀치를 맞아서 정신을 잃는 것 같은 권위, 온 삶을 뒤흔들어 놓는 권위가 없이 어떻게 십자가를 지겠습니까. 말씀에 순종하는 권위가 없으면 고생만 하다가 죽습니다.

주님이 주시는 권위를 가져야 합니다. 치사하게 살면 안 됩니다. 안 믿는 사람에게 손 벌리지 마십시오. 나는 예수님을 믿음으로 어마어마한 권위를 가진 사람입니다. 하나님의 말씀을 듣고 순종함으로 어마어마한 능력을 가진 사람입니다. 내가 말씀대로 적용하는 것을 보고 세상 사람들이 정신을 잃습니다. 말씀대로 사는 사람을 보면 세상의 말들이 쏙 들어갑니다.

날마다 비가 내리고 창수가 나고, 죽을 것 같은 사건 속에서 팔복대로 산다는 것, 살인하지 않고 간음하지 않고 헛맹세하지 않는 것, 외식하지 않고 비판하지 않는 것, 이 모든 것이 십자가의 가르침입니다. 인간의 힘으로는 따라갈 수 없는 가르침입니다. 그래도 무너지지 않을 이 가르침대로 살아야 합니다. 어떤 비와 창수에도 요동하지 않을 십자가의 가르침을 전해야 합니다.

십자가는 순종입니다. 십자가를 길로 놓고 간다는 것은 아내는 아내 역할, 남편은 남편 역할, 학생은 학생 역할을 잘 하는 것입니다. 예수님처럼 십자가를 지는 삶이 있어야 합니다.

십자가를 기초로 놓으면 결코 무너지지 않을 예수님의 능력으로 세워집니다. 말씀을 듣고 행하는 것은 어떤 일도 헛수고가 없습니다. 당장 보이는 것이나 잡히는 것이 없어도 절대 헛수고가 없습니다.

어떤 여집사님의 남편은 명문대 출신에 능력 있는 사람이었지만 사업 부도를 내고 어려움을 겪다 결국 감옥까지 가게 됐습니다. 그는 부도뿐 아니라 여자 문제로도 부인을 힘들게 했습니다. 그 여집사님이 우리들 교회 홈페이지에 이런 나눔을 올렸습니다.

남편이 부도를 내고 구속되는 사건에서 아무리 기도를 하고 말씀을 보아도 아직 하나님의 뜻을 분별할 수가 없습니다. 다만 제게는 남편의 사건이 하나님과의 관계를 회복하지 못하는 남편에 대한 하나님의 애타는 구애(求愛)로 여겨집니다.

남편은 엄청난 부도와 그에 연달은 수많은 어려움에도 자신감이 있었지만, 막상 감옥에 가게 되자 떨고 있습니다.

남편은 교회에 나오고 말씀을 듣고 양육을 받으면서 부도 뒤의 일처리에 대해서는 내가 보기에도 과감하게 하나님 뜻을 구하며 적용했습니다. 하지만 여자 문제에 대해선 끝까지 하나님께 굴복하려고 하지 않았습니다. 가볍게 만난 여자들은 쉽게 헤어질 수 있지만, 10년 넘게 자기만을 보며 살아 온 한 여자에 대해선 끊을 수 없다고 했습니다.

그랬던 남편이 말씀과 공동체의 능력으로 자기의 모든 생각과 의지를 꺾고 그 관계를 끊었습니다. 하나님의 뜻을 확실히는 알 수 없지만 자신의 삶과 우리 가정이 예수님의 증인이 되어야 한다는 것을 받아들이고 있습니다.

남편의 뒷모습을 보면서 이 사람이 그렇게 오랫동안 나를 힘으로, 언어로, 돈으로 핍박했던 사람인가 생각하니 기가 막혔습니다. 그렇게 내게는 두렵고 무서운 존재여서 숨을 쉴 수가 없었는데 남편의 겉모습에서 그 속의 연약함을 보지 못했던 저의 죄가 더욱 애통해집니다.

하나님은 반드시 옳으시기에 어떤 결과라도 우리 가정에 딱 맞는 것임을 압니다. 하지만 저는 하나님의 사랑을 느끼지 못하는 남편과, 10년 동안 남편과 아빠 없이 하나님만 바라며 살아온 저와 아이들을 불쌍히 보시고, 남편이 구속되지 않는 기적을 베풀어 주시길 기도했습니다.

하지만 남편이 감옥에 가는 것이 하나님의 최선이었나 봅니다. 제가 이해 못 해도 하나님이 분명 옳으시고 지금도 나와 내 남편과 우리 가정을 위해 가장 좋은 것으로 주시려고 쉬지 않고 일하고 계심을 알고 있습니다.

벌써부터 하나님이 보여 주시는 것도 있습니다. 남편으로부터 남녀 간의 사랑을 얻지 못해 그렇게 애타했지만, 이제는 '참사랑'이란 주님의 계명을 좇아 행하는 것임을 알게 되었습니다. 목사님이 자주 말씀해 주신 것처럼 천국 가서 남편과 아내로 만나는 것이 아니라 구원받은 사람만이 만난다는 것이 받아들여집니다.

남편의 영혼에 대한 열망만큼이나 다른 지체들의 영혼에 대해 열망하고 계시는 하나님의 마음이 느껴집니다. 말씀을 묵상하면서 주님의 계명을 지킬수록 남편에 대한 사랑도 가늠할 수 없을 정도로 커져 감을 느낍니다. 남편의 구속으로 변호사와 관련된 사람들을 만나면서 남편이 그동안 자신이 하나님께로 돌이키게 된 이야기를 하며 이미 증인의 역할을 하고 있음을 알았습니다. 이제는 재판을 준비하는 과정에서 남편과 저의 행함을 많은 이가 지켜보는 상황이 되었습니다. 우리 가정의 기도 제목대로 하나님의 증인된 삶이 되었습니다.

저는 여전한 방식으로 말씀을 가지고 내게 주어진 지경에 순종하며 지체들을 섬기려고 합니다. 남편과 주님의 관계가 회복되고, 우리 가정이 회복되면 둘이서 손을 잡고 더 많은 지체를 살피고 섬기게 되기를 기도합니다.

외도하는 남편, 부도난 남편을 보면서 다른 것 말고, 말씀을 인용하고 순종하고 과감하게 오픈을 하니까 남편이 교회에 나왔습니다. 믿음은 부끄러움이 없는 것입니다. 이 집사님은 남편이 감옥에 간 것도 전혀 부끄러워하지 않았습니다. 그러니까 벌써 증인의 역할을 하고 있습니다.

이제는 남편의 영혼에 대한 열망만큼이나 다른 지체들의 영혼에 대해 열망하고 계시는 하나님의 마음이 느껴진다고 했습니다. 남편이 구속

된 상황에서 다른 지체들을 섬기고 살피겠다는 이것이 권위 있는 가르침 아닙니까! 이분은 이미 목자로 목원들을 섬기고, 힘든 사람들을 찾아다니면서 권위 있는 가르침을 보여 주고 있습니다.

이 부인이야말로 가장 지혜로운 건축자라고 생각합니다. 무너질 수밖에 없는 가정을 품고 10년 동안 말씀 듣고 기도하고 순종하더니 이제는 무너지지 않을 가정을 세웠습니다. 이런 사람을 누가 와서 흔든다고 무너지겠습니까!

예수님이 가르치신 팔복의 결론은 '듣고 행하라'는 것입니다. 행하는 자가 제자입니다. 여러분, 마태복음 산상수훈을 듣고 놀랐습니까? 팔복의 가르침, 예수님의 십자가 가르침을 듣고 놀랐습니까? 그렇다면 이제는 삶의 자리로 가서 순종하십시오. 각자의 환경에서 최선을 다해 순종하십시오.

어떤 비와 창수가 와도 순종의 반석 위에 집을 지으면 무너지지 않습니다. 요동하지 않습니다. 예수 그리스도의 반석, 십자가를 길로 알고 가는 순종으로 나를 세우고 가정을 세우며, 세상이 놀라는 권위와 능력을 가진 예수님의 제자가 되기를 주님의 이름으로 축원합니다.

◆ 예수님을 믿고 큐티하면서 안 믿는 식구들이 놀라는 변화가 있었습니까? "교회 다니더니 달라졌다"는 소리를 듣습니까? 삶에서 보여 주는 순종이 없기 때문에 나의 전도와 양육에 권위가 없다는 것을 알고 있습니까?

••••

반석 위에 집을 지어도 비가 내리고 창수가 납니다.
모래 위에 지은 집에도 비가 내리고 창수가 납니다.
반석 위에 지었다고 요동할 일이 없는 게 아닙니다.
반석 위에 짓든지 모래 위에 짓든지
날마다 우리에게는 요동할 일이 찾아옵니다.
그러나 말씀에 대한 순종으로 기초를 쌓은 사람은
어떤 일에도, 어떤 말에도 요동하지 않습니다.

••••

말씀으로 기도하기

주님은 우리의 삶의 기초를 믿음의 반석 위에 세우라고 하시면서 팔복의 말씀을 마치십니다. 주님의 가르침에 그곳에 모인 무리가 놀랐습니다. 주님의 말씀에는 세상이 놀랄 만한 권위가 있습니다.

지혜로운 사람은 반석 위에 집을 짓습니다(마 7:24).

반석 위에 집을 지은 것 같았는데, 모래 위에 집을 짓고는 비가 오면 쓸려 갑니다. 눈에 보이는 것만 생각하니 결혼도, 자녀 교육도, 사업도 부실 공사였습니다. 주님의 말씀을 듣고 행하여 반석 위에 집을 짓는 지혜로운 건축자가 되기 원합니다.

집을 지을 때는 기초가 중요합니다(마 7:25~27).

내 욕심과 내 열심으로 공부의 집, 사업의 집, 결혼의 집을 지으니 금세 무너집니다. 돈을 기초로 삼으니 부모 자식 관계가 무너집니다. 하나님의 뜻과 원칙에 충실하여 반석 위에 집을 지을 때 무너지지 않는다는 것을 깨닫게 하옵소서. 예수 그리스도의 반석 위에 기초를 두고 집을 세우게 해 주시옵소서.

순종의 기초 위에 집을 지어야 합니다(마 7:24~27).

'말씀을 듣고 행하는' 것이 삶의 기초이고 하나님에 대한 순종임을 알았습니다. 그 기초대로 반석 위에 집을 짓길 원합니다. 그러나 반석 위에 지은 집에도 비가 내리고 창수가 납니다. 날마다 하나님의 원칙을 지켜 말씀에 순종할 때 어떤 사건에도 흔들리지 않을 줄 믿습니다.

주님의 말씀은 세상이 놀라는 권위가 있습니다(마 7:28~29).

말씀대로 적용하기만 하면 세상이 놀랄 것인데 삶에서 보여 주는 순종이 없으니 나의 말에 예수님이 주시는 말씀의 권위가 없습니다. 십자가를 길로 놓고 나에게 주어진 역할에 잘 순종하며 가기 원합니다. 말씀을 잘 듣고 행하는 예수님의 제자가 되기를 기도합니다.

우리들 묵상과 적용

외모가 우상인 저는 열아홉 살에 지금의 남편과 교제를 시작했습니다. 잘 생기고 공부도 잘하는 남편이 나를 좋아해 주니 교만할 수밖에 없었고, 어려서부터 교회를 다녔지만, 혼전순결과 불신결혼의 개념조차 몰라 임신과 낙태로 죄악이 가득한 삶을 살았습니다. 나의 죄 때문에 늘 두렵고 눌려 있는 20대 초반을 보내야 했고, 어쩔 수 없었다고 합리화했지만, 그 누구에게도 이 사실을 말하진 못했습니다.

믿지 않는 남편과 교제하며 임신하여 결혼했지만, 결혼생활은 생각하지 못한 고난들의 연속이었습니다. 결혼의 목적이 거룩이 아니라 행복인 줄 알았기에 늘 채워지지 않는 욕심과 열등감에 시달렸고, 나의 죄가 드러날까 봐 겉으로 착한 척, 괜찮은 척하며 살았습니다. 그러나 결혼에 대한 하나님의 뜻을 모르고 시작한 저의 결혼생활은 모래 위에 지은 집과 같았습니다(마 7:26). 관계와 질서에 순종하지 못해 날마다 사소한 것에서 부딪쳤고, 며느리, 아내, 엄마 역할에 최선을 다하는 나를 인정해 주지 않는 시댁, 남편, 자녀에 대한 원망으로 마음이 심히 무너졌습니다(마 7:27).

날마다 술 마시는 남편을 옳고 그름으로 정죄하며 마음속으로 미워하는 살인을 저질렀고, 겉으론 늘 착한 며느리였지만 그것은 사랑이 아니라 인정받기 위한 행동이었습니다. 이렇게 악한 저를 위해 시아버지는 호된 시집살이와 병간호로, 남편은 불같은 화와 주사(酒邪)로, 자녀는 공황장애로 수고하게 하심으로 저를 훈련하시고 하나님만 신뢰하도록 이끄셨습니다.

우리들교회로 인도받아 처음 왔을 때, 어렵고 힘든 환경에서도 십자가를 길로 놓고, 말보다는 삶으로 가르치며 아픔을 체휼해 주시는 목사님과 집사님들을 보고 놀라며 많은 은혜를 받았습니다(마 7:28~29). '어떻게 그런 환경에서 살 수 있었을까?', '어떻게 이혼을 안 했을까? ' 말도 안 통하고 이해도 안 되는 힘든 가족을 품고 살아가는 분들을 보며 내 고난은 아무것도 아니라는 것을 처음으로 깨달았습니다. 그리고 제가 받은 것에 감사하지 못하고, 말씀을 들으면서도 믿음의 본을 행하지 않고, 내 열심과 악으로 무너질 집을 지었다는 것도 알게 되었습니다(마 7:26~27). 제가 겪은 고난은 제 죄로 인한 삶의 결론이었습니다.

저의 악으로 인해 위기에 처했던 가정이 무너지지 않게 붙들어 주시고, 힘들고 아픈 가족을 지켜 주신 것은 전적인 하나님의 은혜였습니다. 지금은 회복된 가정의 증인이 되게 하셨지만, 아직도 되었다 함이 없고 늘 실수하며 죄를 짓습니다. 그러나 우리 가족의 온전한 구원을 이루어 가기 위해 장차 환난이 오더라도 요동하지 않고 정직하게 행함으로써 무너지지 않는 지혜로운 사람이 되기를 기도합니다(마 7:24). 이렇게 형편없는 저의 고난이 약재료가 되어 힘들고 어려운 지체들과 함께 울고 웃으며 가정을 살리게 하시고 반석 위에 집을 짓게 하심에 감사드립니다.

영혼의 기도

하나님 아버지, 지금 내 인생에 이별의 비가 내리고, 부도의 창수, 배우자의 바람이 왔습니다. 자녀의 창수가 났습니다.

주님, 우리가 지혜로운 집을 건축하고자 하지만 모래 위에 집을 지었기 때문에 원망과 낙심과 무너짐이 심합니다. 살아날 수가 없습니다.

말로는 반석 위에 집을 짓는다고 하지만 눈에 나타나는 집, 금세 지어지는 모래 위에 지은 집을 좋아했습니다. 자녀를 말씀으로 양육하지 못했습니다. 내가 말씀에 순종하는 집을 짓지 못했습니다.

세상을 좋아했던 것을 용서해 주시고 이제라도 반석 위에 집을 짓고 싶습니다. 나의 열심은 망하는 열심이고 하나님의 열심은 그리스도께 드리려고 중매하는, 정결하게 하는 열심이라고 하셨으니 앉으나 서나 말씀을 보고, 말씀에 순종함으로 말씀대로 믿고 살고 누리는 우리가 되기를 원합니다.

어떤 창수와 비와 바람도 나를 망하게 하시려는 것이 아니라 나를 제자로 세우시려는 하나님의 인도하심임을 알았으니 감사합니다. 어떠한 경우에도 요동하지 않고 주님만 바라보기 원합니다. 예수님 이름으로 기도하옵나이다. 아멘.

Part 2

내 죄와 상처를
인정하라

5

깨끗함을 받으라

마태복음 8:1~4

하나님 아버지, 예수님의 팔복 설교를 듣고
가르침을 받았으니 이제 그 가르침을 따라 살기 원합니다.
주님의 이름으로 깨끗함을 받기 원합니다.
말씀하여 주옵소서. 듣겠습니다.

아버지가 엄마의 몸에 칼을 긋고 눈에 소금물을 뿌리는, 잔인한 가정 폭력에 시달리며 자란 자매가 있습니다. 아버지의 폭력을 견디지 못한 엄마는 자매가 열 살 때 집을 나가 버렸습니다. 자매는 엄마의 가출 뒤에 생활고와 성폭력까지 겪었습니다. 자라면서 받은 상처로 결혼을 미루다 스물아홉 살에 결혼했는데, 남편은 아버지와 똑같은 사람이었습니다. 매일 남편의 폭력과 폭언에 시달리다 불행한 삶을 견딜 수 없어 이혼을 선택했습니다. 이제는 부모님 모두 돌아가시고 자매만 남았습니다.

자매에게 가정은 고통과 불행의 장소일 뿐입니다. 기억 어디에서도 행복하고 따뜻한 느낌을 찾을 수 없습니다. 엄마가 천리교 신자였으니 자매는 엄마와 다른 종교를 믿으면 불행이 끊어질까 하고 절에도 다녔습니다. 하지만 자신이 불행한 존재라는 생각은 떨칠 수 없었습니다. 그러다 하나님을 믿는 가정에서 가사 도우미 일을 했습니다. 그곳에서 난생처음 따뜻한 가정을 경험할 수 있었습니다. 교회 집사님인 그분들의 사랑과 배려가 너무 좋아서 함께 교회에도 왔습니다.

내가 있어야 할 자리

예수께서 산에서 내려 오시니 수많은 무리가 따르니라_마 8:1

'산상수훈'의 기막힌 가르침을 전하고 산에서 내려오시는 예수님입니다. 내가 영적으로 성장하고 준비가 되면 세상으로 들어가는 것이 자기 자리를 찾는 것입니다. 창조주 예수님이 육신을 입고 이 땅에 오신 것처럼 높고 높은 자리에서 낮은 곳으로 내려오는 것이 자기 자리입니다. 자기 자리는 사랑과 겸손의 자리입니다.

한 나병환자가 나아와 절하며 이르되 주여 원하시면 저를 깨끗하게 하실 수 있나이다 하거늘_마 8:2

예수님의 명설교인 '팔복'대로 사는 것과 "살인하지 마라. 간음하지 마라. 원수를 사랑하라"는 가르침을 듣고 수많은 무리가 따랐습니다. 하지만 예수님은 그들의 열광에 안주하지 않고 '한 나병환자'에게 다가가십니다. 수많은 무리 가운데 힘든 한 사람의 원함을 듣는 것, 그것이 예수님의 자리입니다.

하버드대학의 교수이자 유명한 작가인 헨리 나우웬(Henri J. M. Nouwen)은 은퇴하고 정신지체 장애인 공동체 '라르쉬'에 들어갔습니다. 그곳에서 허드렛일을 하면서 말도 못하고 걷지도 못하고 밥도 혼자 못 먹는 아담이라는 형제를 돌봤습니다. 아침에 일어나서 아담의 이를 닦아 주고 면도해 주고 치료실로 데려가는 데 2시간이 걸렸습니다. 매일 의미 없는 일이 반복되는 것 같지만 그 가운데 평안이 있었습니다.

나우웬은 정신지체 장애인으로 차라리 태어나지 않았으면 좋았을 것 같은 아담이 낯선 이방인이 아니라 연인처럼 느껴졌다고 합니다. 말을 못하기 때문에 서로 대화는 없었지만 감정을 나누면서 평화를 느꼈습니다. 아담에게 사랑과 인내와 눈물과 미소를 배웠습니다. 아담이 무엇을 해서가 아니라 아담의 존재 자체가 라르쉬 공동체의 평안이었습니다.

높은 곳에서 내려와 자기 자리로 가는 것은 그런 것입니다. 내 인생에 없으면 좋을 것 같은 그 사람, 태어나지 않았으면 좋았을 것 같은 그 사람을 도우면서 평화를 느끼는 것입니다.

나우웬은 라르쉬에서 '자랑의 허무함'과 '사랑의 풍성함'을 실감했다고 합니다. 성공을 붙들고 올라간 오르막길에서 발견하지 못한 사랑을 아담을 데리고 내려간 내리막길에서 발견한 것입니다.

저 또한 수많은 무리보다는 힘든 한 사람의 애통과 눈물과 간절함이 안식을 주는 것을 경험하고 있습니다. 환난당하고 원통하고 빚진 자들은 오라고 날마다 외쳤는데, 정말 그런 분들이 모여서 울고 웃는 우리들교회가 되었습니다.

앞에서 말씀드린 자매님은 어려운 가정환경 때문에 초등학교도 겨우 마쳤다고 합니다. 그러나 그분과 나눈 대화는 그야말로 절정의 대화였습니다.

예수 그리스도의 십자가 이야기를 들으며 아버지에게 매를 맞던 엄마가 떠올랐다고 했습니다. 어릴 때부터 고난이 있어서 십자가가 저절로 이해됐습니다. 평생 불행하게 살았는데, 그런 자신을 죽기까지 사랑하신 예수님의 사랑을 알고 나니 자신만큼 행복한 사람이 없다고 했습니다. 고난의 크기를 비교할 수는 없지만 자신이 당한 고난은 아무것도 아니라고, 자신이야말로 축복받은 사람이라고 하면서 그 자리에 있는 모두를 행복하게 해 줬습니다.

평신도 사역부터 20여 년 동안 큐티 모임을 하면서 수많은 사람이 거쳐 갔지만, 말씀에 반응하는 분들은 자매님 같은 '한 사람'이었습니다. 수많은 무리가 있어도 한 나병환자가 예수님께 나아온 것처럼 고난 있는 한 사람이 말씀을 사모하고, 말씀대로 적용하면서 왔기 때문에 저의 사역이 이어졌습니다. 많이 배우고, 교양 있고, 좋은 집과 좋은 차를 가진 수많은 무리보다 환난당한 한 사람 때문에 저에게 기쁨과 안식이 있습니다.

◆ 사역을 위해 내려와야 할 높은 자리는 어디입니까? 내가 있어야 할 낮은 자리를 거부하고 내 곁의 나병환자, 힘든 한 사람을 외면하진 않습니까?

주님의 소원이 나의 소원이 될 때

나병, 즉 한센병은 몸의 조직이 썩어 가면서 감각이 없어지는 병입니다. 나중에는 손가락과 발가락이 떨어져 나가도 아픈 것을 못 느낀다고 합니다. 아픔을 못 느끼기 때문에 치료하기도 힘든 병입니다.

영적으로도 아픔에 무감각한 사람들은 치유가 안 됩니다. 술과 담배와 마약과 음란에 중독되어 감각이 무뎌지면 더 자극적인 것을 찾고, 치료는 안 된 채 병이 깊어집니다.

누구를 미워하는 줄도, 좋아하는 줄도 모르고 감정 없이 사는 사람은 다른 사람이 나 때문에 힘들어하는 것도 못 느낍니다. 하나님에 대해서도 둔감해져서 무엇이 죄인지, 무엇이 상처인지도 깨닫지 못합니다. 그래서 가장 무서운 것이 영적 나병입니다.

나병은 전염의 위험이 있기 때문에 이 병에 걸리면 성 밖으로 나가서 생활해야 했습니다. 그런 나병환자가 수많은 무리 가운데 나왔다는 것은 맞아 죽을 각오를 한 것입니다. 그의 원함이 그만큼 간절했기 때문입니다.

성경을 많이 아는 제사장과 서기관이 아니라 나병환자 '한 사람'이 주님께 나왔습니다. '하나님과 관련된 일을 하는 사람'과 '하나님 자체에 관심 있는 사람'이 이렇게 다른 것입니다.

나병환자가 주님께 절하면서 "주여 원하시면"이라고 한 것은 절대적인 믿음과 겸손의 표현입니다. 주님이 원하시면 "병이 낫게 하실 수 있나이다"라고 하지 않고 "깨끗하게 하실 수 있나이다"라고 했습니다. 나병을 고쳐도 언젠가는 죽습니다. 암을 고쳐도 언젠가는 죽습니다. 사람은 모두 언젠가는 죽습니다.

영육 간에 깨끗하지 못할 때 병이 옵니다. 그래서 우리가 정말 구해야 할 것은 병이 낫는 것이 아니라 깨끗함을 받는 것입니다. 그것이 진정한 치유입니다. 육신의 병이 낫기 원하는 나의 원함보다 나를 깨끗하게 하시려는 주님의 원함을 믿어야 합니다. 주님의 원함이 나의 원함이 되는 것, 그것이 믿음입니다.

예수께서 손을 내밀어 그에게 대시며 이르시되 내가 원하노니 깨끗함을 받으라 하시니 즉시 그의 나병이 깨끗하여진지라_마 8:3

주님의 원함을 나의 원함으로 가진 사람에게 주님이 손을 대십니다. 마을에도 들어갈 수 없는 나병환자에게 손을 대는 것은 사랑이 있을 때할 수 있는 행동입니다. 어디에서 그런 사랑이 나올까요.

깨끗함을 받은 사람, 주님이 손을 대셔서 깨끗해진 사람은 다른 사람에게 손을 내밀 수 있습니다. 내가 깨끗해졌기에 다른 사람도 깨끗하게 하고 싶은 원함이 생깁니다. 저절로 손이 나가서 만져 줍니다.

주님이 나의 아픔과 질병에 손을 대시면 나의 더러움을 보게 됩니다. 죄를 보지 못하면 병이 나아도 주님께 영광을 돌릴 수 없습니다. 그래서 깨끗함을 받는 최우선의 과정은 자기 더러움과 죄를 깨닫는 것입니다.

주님은 손을 내미는 것을 구체적으로 표현하시고, "깨끗함을 받으라"는 말씀으로 고쳐 주셨습니다. 말씀으로 깨끗해질 수 있습니다. 큐티를 하면서 나의 죄를 보고 나누는 것이 깨끗해지는 비결입니다.

헨리 나우웬도 어려움을 당한 사람과 함께하는 것이 쉽지 않다고 했습니다. 대개의 경우 무슨 말을 해야 할지, 무엇을 해야 도움이 될지 모릅니다. 고통받는 사람을 보호하기보다는 도리어 고통받는 사람 때문에 두려움을 느낍니다. 그래서 자기 두려움으로 고백합니다.

"어제보다는 나아지셨군요."

"곧 회복되겠죠."

"반드시 어려움을 극복하시리라 믿어요."

그러면서도 그 말이 진실이 아님을 서로가 압니다. 자기 바람을 담아서 공허한 말을 주고받으면서도 그것이 위로가 안 되는 것을 서로 알고 있습니다. 사실 이런 말로도 충분합니다.

"나는 너의 친구야. 너와 함께 있으니 좋구나."

"너를 생각하고 너를 위해 기도할게."

"말을 안 해도 괜찮아. 나는 너와 함께 있어."

나우웬은 보살핌과 치유는 서로 다른 말이라고 합니다. 치유는 변화를 뜻합니다. 의사와 변호사, 사회복지사는 전문 지식과 기술로 사람들에게 변화를 주려고 노력하며 사례를 받습니다. 그러나 치유가 아무리 바람직한 것이라도 그것이 보살핌에서 나오지 않으면 조작적이고 파괴적인 것으로 바뀔 수 있다고 합니다.

보살핌은 같이 울어 주고, 같이 느끼고, 측은히 여기는 것입니다. 우리 모두가 죽을 수밖에 없는 100% 죄인임을 인정하고, 보살핌이 우리의 첫 번째 관심이 될 때 생각지 못한 치유를 선물로 받을 수 있습니다.

우리는 누군가를 치유할 수 없지만 보살필 수는 있습니다. 나우웬은 비천한 사람과 장애인과 고아와 노숙자와 낯선 이방인의 몸과 마음을 어루만질 때, 내게 있는 상처와 아픔이 극복되면서 치유가 일어난다고 했습니다. 대단한 학식이나 가르침이 필요한 것이 아닙니다. 우리가 서로 보살필 때 각자에게 치유가 일어납니다.

높은 곳에서 내려와야 합니다. 수많은 무리 가운데 한 나병환자를 볼 수 있는 눈이 있어야 합니다. "주여, 원하시면 저를 깨끗하게 하실 수 있나이다"라고 말하는 겸손과 사랑의 원함이 있어야 합니다.

◆ 나병환자 같은 배우자가 있습니까? 도무지 자기 죄를 모르는 부모와 형제와 무감각한 자녀가 있습니까? 나와 가족이 깨끗함을 받기 원하며 죽을 각오를 하고 주님께 나아가는 간절함이 있습니까? 병이 낫지 않아도, 문제가 당장 해결되지 않아도 죄를 고백하고 깨끗함을 받는 것이 진정한 치유임을 믿습니까?

공동체에 들어가 깨끗함의 증거를 보이라

예수께서 이르시되 삼가 아무에게도 이르지 말고 다만 가서 제사장에

게 네 몸을 보이고 모세가 명한 예물을 드려 그들에게 입증하라 하시니라_마 8:4

예수님은 나병 치료의 기적이 드러나기를 원하지 않으셨습니다. 조용한 선행은 치유의 뿌리라고 합니다. 위대한 선행보다 조용한 선행이 어렵습니다. 물질과 시간을 내려고 마음먹는 것보다 이름을 드러내지 않으려고 마음먹는 것이 훨씬 더 힘듭니다.

주님이 능력을 나타내기를 경계하신 이유는 구원보다 이적을 바라고 모인 무리가 많기 때문입니다. 주님은 빵을 주려고 오신 것이 아니고 구원 때문에 오셨습니다. 그런데 빵이 목적인 사람이 많기 때문에 아무에게도 이르지 말라고 하신 것입니다.

한국의 기독교 교단에는 여성에게 목사 안수를 주지 않는 곳이 아직 많이 있습니다. 그래서 목사 안수를 받지 못하고 외국에서 사역하시는 여자 선교사님의 이야기를 들었습니다. 안수를 받지 못했기 때문에 선교지에서 세례를 베풀 때마다 그 교단에 속한 남자 목사님이 비싼 비행기 값을 들여서 찾아간다고 합니다. 이것이 합리적이지 못하고 부당한 일로 보일 수 있습니다. 그러나 그 교단에 몸담은 이상 때가 되기까지는 교단의 법을 따라야 합니다.

하나님의 일이라고 해도 하나님이 허락하시기 전까지는 하지 말아야 할 일이 있습니다. 당장 병이 낫는 기적을 보여 주고 싶어도 먼저 공동체의 회복을 위해 치러야 할 절차가 있습니다. 그것을 치를 때까지 기다려야 합니다. 하나님 나라와 이웃을 우선순위로 놓고, 때가 되기 전에는 적용도 간증도 조심해서 해야 합니다.

예수님은 나병이 나은 것보다 그의 영적인 회복에 관심이 있으셨습니다. 그래서 나병 때문에 공동체에서 쫓겨났던 그가 다시 공동체에 돌아가도록 도우십니다. 우두머리인 제사장에게 인정받아야 공동체 생활이 가능하기 때문에, 모세의 법대로 명한 예물을 드려서 깨끗해진 것을 입증하라 하십니다.

깨끗함을 받는 목적은 공동체 생활을 잘 하는 것입니다. 말씀으로 깨끗함을 받은 자는 제사장, 즉 신앙 공동체를 통해 확인받게 하십니다. 하나님이 깨끗하게 하신 것을 예물을 드림으로 증거하게 하십니다. 예물을 드림으로 주님의 몸인 교회와 동역하는 것입니다. 예수님을 믿고 구원받았다고 해도 혼자서는 신앙생활을 할 수 없습니다. 반드시 교회에 가서 공동체에 들어가야 합니다.

미국의 록그룹 비치 보이스(The Beach Boys)의 한 멤버가 새들백교회 공동체에서 간증했습니다. 그는 이제껏 살아오면서 이름도 다 기억 못 할 수백 명의 여자와 관계를 맺었다고 합니다. 마약과 음행과 온갖 죄를 저지른 정죄감으로 몸부림치면서 자기보다 더러운 사람은 없다고 생각했습니다. 그러나 주님을 만나고 말씀의 능력을 경험하면서 자신이 주님의 은혜로 깨끗해졌음을 깨달았습니다.

그런 그에게 또 사건이 생겼습니다. 교회에서 자신을 섬겨 주던 자매와 사랑에 빠진 것입니다. 여기까지 간증하니까 교인들이 다들 긴장했습니다.

'또 사고를 쳤구나. 그래서 간증하러 나왔구나.'

하지만 이어지는 그의 간증은 사람들을 더욱 놀라게 했습니다. 믿음의 자매를 만나면서 자신같이 더러운 사람이 어찌 그런 자매를 만날 수 있겠느냐고 생각했다고 합니다. 그러나 자매가 당신은 예수 그리스도의 보혈로 깨끗해졌다고, 당신과 나는 똑같이 예수님의 보혈이 필요한 죄인이라고 말해 줬을 때 힘을 얻었습니다. 교제한 지 9개월이 지났는데 한 번도 관계를 갖지 않았다고 합니다. 그 간증을 듣고 새들백교회의 온 교인이 일어나 박수를 보냈습니다.

깨끗함의 징표는 삶으로 나타납니다. 주님의 은혜로 깨끗함을 받은 내가 정결하게 살려면 공동체의 도움과 격려를 받아야 합니다. 혼자서는 깨끗할 수 없습니다.

나병은 지금은 약물로 치료가 가능하지만 당시에는 천벌로 여겨졌습니다. 주님은 우리가 병에 걸리는 것을 원하지 않으십니다. 영육 간에 모든 결핍과 압제에서 풀려나기를 원하시고, 죄가 가져다주는 모든 질병의 증상에서 벗어나기를 원하십니다. 갖은 더러움과 악에서 벗어나 거룩하기를 원하십니다.

깨끗함을 받는 것은 좁은 길입니다. 공동체에서 쫓겨난 나병환자가 주님 앞에 나오는 것이 돌에 맞아 죽을 일이었어도, 그 좁은 길을 택함으로 깨끗함을 받았습니다.

우리의 양심과 지성으로는 깨끗함을 받을 수도, 누군가를 사랑할 수도 없습니다. 어린 양 예수 그 이름밖에는, 주님의 은혜밖에는 깨끗해질 길이 없습니다. 그것을 인정하고 예수님께 나아가십시오. 죄 때문에 무감각해진 내가 회복되고, 어딘가 썩어 가는 줄도 모른 채 무너지는 가정과 공동체가 살아나는 길은 먼저 내 죄를 인정하고 회개해서 깨끗함을 받는 것입니다.

◆ 때가 될 때까지 이르지 말아야 할 간증은 무엇입니까? 전도할 때 회개와 죄 사함의 복음보다 신유와 예언을 강조하지는 않습니까? 예수님을 믿고 언어와 행동이 달라지는 것이 암이 나은 것보다 더 큰 기적임을 경험했습니까? 말

씀으로 죄를 회개하고 깨끗함을 받은 것이 공동체(가정과 직장과 교회)에서

나타나고 있습니까?

말씀으로 기도하기

깨끗함을 받기 위해 사랑과 겸손의 낮은 자리로 내려가야 합니다. 무엇보다 나를 깨끗하게 하시려는 주님의 원함이 나의 원함이 되어, 나의 더러움과 죄를 깨닫고 말씀으로 깨끗해지기를 원합니다. 공동체에 나의 깨끗함의 증거를 보이며 환난당하고 빚지고 원통한 또 다른 지체들을 살리는 인생이 되기를 기도합니다.

내가 있어야 할 자리는 사랑과 겸손의 낮은 자리입니다(마 8:1~2).
수많은 무리 가운데 예수님의 자리는 힘든 한 사람의 원함을 듣는 곳이었습니다. 힘든 한 사람의 애통과 눈물과 간절함이 공동체를 살린다고 하십니다. 내 옆의 고난당한 자를 외면하지 않게 해 주시옵소서. 저런 고난은 나와 상관없다고 여기지 않게 하옵소서.

주님의 소원이 나의 소원이 되어야 합니다(마 8:3).
육신의 병이 낫기보다 나를 깨끗하게 하기 원하시는 주님의 마음을 알기 원합니다. 내 죄를 깨닫고 회개함으로 깨끗함을 받게 해 주시옵소서. "주여 원하시면 저를 깨끗하게 하실 수 있나이다"라고 말하는 겸손과 사랑의 원함이 제 속에 생기게 해 주시옵소서.

공동체에 들어가 깨끗함의 증거를 보이라고 하십니다(마 8:4).

주님의 은혜로 깨끗함을 받은 내가 정결하게 살려면 반드시 공동체의 도움과 격려가 필요하다고 하십니다. 예수님을 믿고 구원받았다고 해도 혼자서는 신앙생활을 할 수 없기에 나에게 허락하신 교회 공동체에 잘 속하고 붙어 가기를 원합니다. 그곳에서 깨끗함의 징표를 삶으로 나타내게 하옵소서.

우리들 묵상과 적용

요즘 저는 생활비도 부족하고, 남편과 대화도 안 통해서 사는 것이 이래 저래 불만스럽기만 합니다. 남편이 애써 벌어다 주는 생활비에 감사하기 보다는 늘 부족하다 여기고, 사사건건 저에게 불만을 표시하는 남편의 언 행을 마음속으로 저주하며 남편을 '악한 병자'라고 비난합니다.

　나병환자는 자신의 병을 고침받고자 예수께 나아옵니다(마 8:2). 그러 나 내 힘으로 절대 고칠 수 없는 악한 습성을 가지고 있는 저는 주님께 나 아갈 생각은 않고, 오늘도 남편을 원망하고 저주합니다. 정작 병든 사람 은 저인데, 오히려 남편을 병자라고 여기니 "주여, 원하시면 저를 깨끗하 게 하실 수 있나이다"라는 간절한 고백이 나오지 않습니다(마 8:2). 저를 깨 끗하게 하려고 오신 예수님인데, 제가 치유받을 생각은 하지도 않고 "남 편이 먼저 고침받아야 한다"며 매일 상대방을 향해 손가락질하며 고자질 하고 있습니다. '남편의 악한 병이 치유되면 내가 좀 편해지지 않을까' 하 는 마음이 끊이지 않습니다.

　남편에 대한 애통함도 없는 것은 물론이고 남편이 일이 잘 안 풀려 서 우울해할 때도 강 건너 불 보듯 외면하고, 일이 잘 풀려 기뻐할 때도 진 정으로 함께 기뻐하지 않았습니다. 늘 아내의 자리에서 남편을 섬기기보 다 오히려 남편에게 섬김받기를 원했습니다. 또한 제가 제대로 못하는 것 은 '내가 나약해서 그래, 어쩌라고!' 하며 합리화하기 바빴습니다. 그러니 남편이 저를 좋아할 리 없고, 부부 사이에 소통은커녕 점점 더 벽만 높이 쌓였습니다. 이런 저를 불쌍히 여기신 주님이 이 말씀을 주신 것 같습니다. 남편이 아닌 제가 더 중한 나병환자인 것을 깨달으라고 하십니다.

저는 가족을 위해 희생할 줄 모르고, 오히려 제가 직장 등 다른 기회를 버리고 가족을 위해 희생하며 산다는 착각에 빠져 있었습니다. 그래서 가족에게 섬김을 받는 것이 마땅한 줄로 알았습니다. 그런데 말씀을 읽고 나서야 제가 진정 죄인이고, 영적 나병환자인 것을 깨닫게 됩니다. 이 말씀이 아니었으면 저의 악한 병은 영원히 낫지 않았을 것이고, 그로 인해 남편과 아이들마저 병들게 했을 것입니다. 제가 먼저 고침받아야 함을 깨우쳐 주시고, 이제라도 주께 나아가 간구할 수 있는 기회를 주셔서 감사합니다. 저의 이 악한 병을 고쳐 주실 이는 오직 예수님뿐임을 고백합니다. "깨끗함을 받으라" 하실 때, "아멘" 하며 제가 먼저 회개하고 돌이키는 인생을 살기 소원합니다. 진정으로 남편을 사랑하고 섬기는 마음을 주시길 간절히 기도드립니다.

영혼의 기도

하나님 아버지, 제 옆에 나병환자 같은 가족이 있습니다. 그들을 깨끗하게 하기 위해서 오늘도 말씀해 주시니 감사합니다.

높고 높은 곳에서 낮고 낮은 곳으로 오신 주님처럼 저도 높은 곳에서 내려오기 원합니다. 수많은 무리 가운데 한 나병환자를 보신 주님처럼, 인정받는 것에서 벗어나 눈물과 애통으로 서로 손을 잡는 안식을 누리게 하옵소서. 헨리 나우웬이 아담이라는 청년에게서 평화를 맛보고 안식을 얻었듯이, 빵을 구하는 수많은 무리가 아니라 진정 구원을 원하는 한 나병환자를 보게 하옵소서. 수많은 무리 가운데 인정받고 싶은 마음이 아직도 저에게 있는 것을 용서하시고, 진정 힘든 사람을 볼 수 있는 눈을 허락하옵소서.

도저히 깨끗해질 수 없을 것 같은 배우자와 부모와 형제와 친척……우리가 이름을 부를 수 있는 모든 이들, 오늘 그들을 깨끗하게 하기 위해서 돌에 맞아 죽을 각오를 하고 주님께 나아가기를 원합니다. 주님이 원하시면 그들과 나를 깨끗하게 하실 수 있나이다.

공동체 안에서 저의 나병을 드러내고 나누며 치유되기 원합니다. 우리는 치유할 수 없지만 보살필 수는 있습니다. 힘든 사람을 보살필 때 치유가 저에게 임할 줄 믿습니다. 우리의 모든 기도 제목에 "깨끗함을 받으라"로 응답해 주시옵소서. 예수님 이름으로 기도하옵나이다. 아멘.

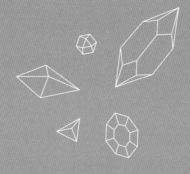

6

내가 가서 고쳐 주리라

마태복음 8:5~13

하나님 아버지,
우리의 모든 힘든 곳에 찾아오셔서
내가 가서 고쳐 주리라 하시는
주님의 말씀을 듣기 원합니다.
말씀하여 주옵소서. 듣겠습니다.

예수원의 고(故) 대천덕 신부는 "예수님이 부활해서 새 생명을 주지 않으셨더라면 단순한 인간으로서 우리를 묶을 수 있는 끈은 오직 이기심밖에 없다"고 했습니다. 서로의 이기적인 관심이 우연히 일치할 때 같이 일할 수 있고 교제를 나눌 수 있다는 것입니다. 그러니 신뢰 관계는 형성될 수 없습니다. 상대를 이용하거나 배신해서 나에게 이득이 되는 날이 언젠가 올 것이기에, 서로를 의심하면서 살아갈 수밖에 없습니다.

지난 2005년, 생명과학 분야의 획기적인 연구로 전 세계의 이목을 집중시켰던 서울대학 교수의 논문이 조작으로 판명된 사건이 있었습니다. 서울대학 조사위원회와 검찰의 조사 결과, 그가 주장한 맞춤형 인간 배아복제 줄기세포는 존재하지도 않았습니다. 그는 최고 과학자의 지위와 서울대학 교수직을 박탈당했습니다.

그의 연구 결과에 열광하던 국내외 언론은 사건이 터지자 그와 연구팀의 인생이 끝난 것처럼 잘못을 파헤치기 시작했습니다. 세계적인 열광을 받다가 세계적인 수치를 당했습니다. 국가 망신이라고 했습니다.

그런 일을 당한다면 인간적으로 정말 살고 싶지 않을 것 같습니다. 그러나 자신의 잘못을 모른 채 영원한 죽음에 이르는 것보다 이 땅에서 수치를 당하더라도 생명의 주인이신 하나님을 아는 것이 축복입니다. 의사이자 신학자였던 슈바이처도 자기 의로움에 속아 예수님이 십자가에서 자신을 구원하지 못한 인간이라고 외치고 갔습니다. 그러나 그 교수는 살아서 수치를 당함으로 하나님께 나아갈 기회를 얻었다고 생각합니다.

논문이나 연구 결과의 조작이 그 교수만의 문제는 아닙니다. 대학교 앞에 가 보십시오. 곳곳에서 "논문 대행"이라는 안내 광고를 볼 수 있습니다. 누가 누구에게 돌을 던질 수 있습니까? 독일의 대표 일간지《디 벨트 Die Welt》는 한국 전체가 그 교수를 영웅으로 만들기에 급급했다고 지적했습니다. 생명과학의 10년을 앞당긴 연구 결과라고 갖은 칭송을 보냈지만 모두가 거짓이었습니다. 성공주의와 빨리빨리 문화가 빚어낸 결과가 세계의 놀림거리가 된 것입니다.

저는 그 교수의 연구가 국민의 지지와 환호를 받을 때도 설교하면서 반대 입장을 밝혔습니다. 생명 복제는 하나님의 생명나무를 건드리는 것입니다. 과학이라는 명목으로 하나님의 영역을 침범하는 것은 위험한 일입니다. 하지만 그 교수의 위상이 땅끝까지 추락했다고 해서 그의 인생까지 끝난 것은 아닙니다. 어떤 거짓을 행하고, 어떤 수치를 당했더라도 오늘 주님이 "내가 가서 고쳐 주리라"고 말씀하시기 때문입니다.

긍휼함이 필요합니다

5 예수께서 가버나움에 들어가시니 한 백부장이 나아와 간구하여 6 이르

가버나움에 들어가시는 예수님의 찾아감과 백부장의 나아옴이 일
치했습니다. 나병환자에 이어 백부장 역시 유대인들이 부정하게 여기는
이방인입니다. 가난하고 애통한 자에게 복이 있다고 하신 주님의 설교처
럼 주님이 찾으시는 사람도, 주님께 나아오는 사람도 각자의 처지에서 가
난하고 힘든 자들입니다.

같은 기사를 기록한 누가복음 7장에서는 '내 하인'을 '사랑하는 종'
이라고 표현했습니다(눅 7:2). 여기서 종은 새 한 마리 값도 안 되는 '둘로
스(doulos)'를 뜻합니다. 나를 무시하는 사람을 사랑하기도 어렵지만 종처
럼 무시당하는 사람을 사랑하기는 더욱 어렵습니다. 나를 무시하는 상사
나 시어머니에게 순종하는 것보다 매사에 무시당하는 사람에게 순종하
기가 더 어려운 것입니다.

주님은 그렇게 무시해도 좋을 하인을 사랑하는 백부장의 인격에 감
동하십니다. 100명의 군인을 거느리는 백부장이 자신과 친족을 위해 찾
아온 것이 아니라 자신이 부리는 하인을 위해 찾아왔습니다. 물건 취급을
받는 종도 이렇게 긍휼히 여기는 사람이라면 모든 사람을 긍휼히 여기지
않겠습니까.

백부장은 예수님께 하인이 몹시 괴로워한다고 말했습니다. 내가 누
군가에게 자식을 맡겼는데 내 자식이 괴로워하는 것을 나에게 알려 준다
면 얼마나 고맙겠습니까. 괴로워하는 것을 숨기고 붙들고 있는 것이 아니
라 부모인 내게 알려 줘야 고마운 것입니다.

하나님도 그분의 자녀를 걱정하고 안타까워하는 사람을 예뻐하실
수밖에 없습니다. 내가 치료하고 살리려고 애쓰지 않아도 됩니다. "그가

괴로워한다"고 주님께 보고하면 됩니다. 그 사람의 아픔에 공감하고 그가 낫기를 바라면서 "주님, 남편이 괴로워합니다. 내 자녀가 괴로워합니다"라고 보고하면 됩니다. 그러면 하나님이 손보십니다. 내가 손보려고 하면 괴로움만 더 커질 뿐입니다. 하나님께 아뢰고, 하나님이 한번 손보시면 모든 괴로움이 끝날 수 있습니다.

하인의 아픔을 보면서 "몹시 괴로워하나이다"라고 말할 수 있는 것이 긍휼의 마음입니다. 높은 곳에서 내려다보면서 안됐다고 혀를 차는 것이 아닙니다. 하인의 아픔에 동참하며 그 괴로움을 같이 느끼는 것이 긍휼입니다.

"예수님은 단순히 인간이 되신 것이 아니라 인간의 고뇌와 고통, 죽음에 이르는 완전한 추락을 경험하셨다. 예수님은 굴욕을 통해 긍휼로 자기를 비워 우리와 함께 계신다는 의미를 완전히 몸으로 살아 내셨다."

헨리 나우웬의 공동저서 『긍휼』에 나오는 말입니다. 저는 백부장도 긍휼로 자기를 비워 하인과 함께하는 것을 몸으로 살아냈다고 생각합니다. 하인의 병이 낫는 것보다 그의 구원에 관심이 있었다고 생각합니다.

누군가의 죄와 아픔을 이해하고 무조건 받아들이는 것이 긍휼이 아닙니다. 긍휼은 그 죄와 아픔 때문에 구원으로 인도되기를 바라는 마음입니다. 때로는 어려움을 통해서라도 구원받기를 원하는 것이 긍휼입니다. 출애굽기의 바로 왕처럼 열 가지 재앙을 만나도 하나님께 돌이키지 않는 사람이 있습니다. 내 가족과 이웃이 바로처럼 되지 않기 위해서 재앙이 왔을 때 얼른 주님께 나아가는 것이 긍휼입니다. 그냥 공감해서는 안 됩니다. 구원이 오직 주님께 있음을 알고 주님께 나아와 그의 괴로움을 고해야 합니다.

백부장이 새 한 마리 값도 안 되는 종을 위해 간구한 것처럼, 긍휼의 대상과 지경에는 한계가 없습니다. 도저히 공감할 수 없는 흉악한 죄인이라도, 상대하기 싫은 뻔뻔한 거짓말쟁이라도, 나에게 직접 해를 가하고 괴롭히는 사람이라도 우리는 그를 긍휼히 여겨야 합니다.

어떤 목사님의 사모님이 이혼 소송을 냈습니다. 수십 장에 걸쳐 남편의 비리를 밝히는 편지를 판사에게 제출했습니다. 편지에는 "몇 월 며칠 몇 시에 성도 아무개 앞에서 나를 무시했다", "시어머니 앞에서 나를 무시했다" 등의 내용이 가득 적혀 있었습니다. 유능한 변호사를 구해서 소송에서 이겼고, 목사님의 뜻과 상관없이 이혼했습니다.

그 과정에서 목사님은 자신이 아내를 외모로 선택했기 때문에 그런 일을 당했다고 자신의 죄를 회개했습니다. 아내의 상처와 원망이 자신의 삶의 결론임을 인정하고, 묵묵히 결과를 받아들일 수밖에 없었습니다. 그래서 재혼하지 않고 오랫동안 혼자 지내신다고 들었습니다.

다윗은 평생 자신을 죽이려고 쫓아다니는 사울을 용서했습니다. 사울을 죽일 기회가 몇 번 있었지만 죽이지 않았습니다.

사울에게 쫓김을 당하다 보니 "여호와는 나의 반석, 나의 산성, 나를 건지시는 자"라는 고백이 절로 나왔습니다. 그렇다고 사울이 죽고 사라지는 것이 여호와가 나를 건지시는 것일까요? 그렇지 않습니다. 사울을 죽일 기회가 있어도 죽이지 않는 것, 그것이 여호와의 건지심이고 보호하심입니다. 나를 미워하는 사울을 원망하는 그 마음이 해결되는 것, 나를 죽이려고 하는 사울을 긍휼히 여기는 것이 여호와가 산성 되고 반석이 되시는 사건입니다.

◆ 오늘 주님께 나아가 그의 괴로움을 고해야 할 자녀와 배우자가 있습니까? 그 사람 때문에 괴로운 것은 나라고, 내가 힘든 것만 말하고 있습니까? 나 자신

이 주님의 긍휼 없이는 살 수 없는 죄인이기에 잘난 사람과 못난 사람도, 미운 사람과 원수 같은 사람도 모두가 긍휼의 대상임을 깨닫습니까?

겸손이 필요합니다

이르시되 내가 가서 고쳐 주리라_마 8:7

주님이 "내가 가서 고쳐 주리라"고 하신 것은 직접 가서 고쳐 주신다는 적극적인 뜻과 함께, "정말 내가 가서 고쳐 주기를 원하느냐?"라고 물으시는 뜻도 있습니다. 백부장의 믿음을 확인하시는 것입니다.

백부장이 대답하여 이르되 주여 내 집에 들어오심을 나는 감당하지 못하겠사오니 다만 말씀으로만 하옵소서 그러면 내 하인이 낫겠사옵나이다_마 8:8

주님의 말씀에 백부장은 예수님의 절대 권위를 인정하고 말씀만으로도 병이 낫겠다고 믿음의 고백을 합니다. 자신의 볼품없음을 알고 멀지 않은 곳에 집이 있는데도 말씀만 해 주시기를 간청합니다.

세상에서 목에 힘주고 사는 백부장과 비교할 때 초라한 목수에 불과한 예수님입니다. 하지만 백부장은 예수님의 권위가 하나님에게서 오는, 인생의 모든 일을 주관하는 권위임을 알고 있었습니다. 사랑하는 종의 괴로움 때문에 간구하면서도 "예수님이 고쳐 주실 줄 알았어. 빨리 가요!"라고 재촉하지 않았습니다. 정확하게 말씀의 능력을 구했습니다.

말씀으로 질병이 나을 수 있습니다. 말씀으로 마음이 시원해지면 병이 저절로 나을 수 있습니다. 또 말씀으로 내게 허락하신 삶의 의미를 깨닫고 나면 병이 낫는 것에 관계없이 영생을 누릴 수 있습니다.

나도 남의 수하에 있는 사람이요 내 아래에도 군사가 있으니 이더러 가라 하면 가고 저더러 오라 하면 오고 내 종더러 이것을 하라 하면 하나이다_마 8:9

백부장이 그냥 인본주의적으로 사양하면서 겸손을 떤 것이 아닙니다. 자신에게 주어진 질서에 근거해서 예수님을 설득했습니다.

최고의 믿음은 최고의 질서 의식을 가지는 것입니다. 백부장이 주님의 권위를 알고 그 권위에 순종했기에 아랫사람에게 권위를 행할 수 있었습니다. 예수님도 하나님의 권위에 순종하여 이 땅에 오셨기에, 이 땅의 사람들에게 권위를 행하실 수 있었습니다. 그럼에도 주님이 권위보다 순종의 모델을 보이신 것처럼, 백부장도 주님께 순종함으로 참된 질서 의식을 보였습니다.

윗사람과 아랫사람의 자리를 정확하게 아는 것이 믿음이고 지혜입니다. 제사장과 대제사장이 최고 권위인 시대에 그들이 무시하는 예수님의 권위를 알아본 것은, 백부장에게 생명의 주인이신 예수님을 알아보는 지혜와 통찰력이 있었기 때문입니다.

그런 통찰력으로 나를 알아보는 사람을 만나기까지 주님처럼 무시당해야 할 때가 있습니다. 나 자신 때문이 아니라 믿음 때문에 무시당한다면 주님이 반드시 높여 주십니다. 나를 무시한다고 억울해할 필요도 없고, 또 나를 알아본다고 우쭐할 것도 없습니다. 십자가를 지고 죽음에 이르기까지 이 땅의 권위에 순종하신 예수님처럼, 내게 허락하신 질서 안에서 순종하고 있으면 됩니다.

가장 정확한 지혜와 통찰력은 겸손에서 나옵니다. "나는 매사에 정확한 사람이야", "난 시간 약속 하나는 정확히 지켜" 그래서 정확한 것이 아닙니다. 그런 정확함은 남을 정죄하는 정확함, 나를 높이고 다른 사람을 무너뜨리는 정확함입니다.

백부장이 주님의 권위를 정확하게 알아볼 수 있었던 것은 그가 자신의 부족함을 알았기 때문입니다. 내 집에 들어오심을 감당하지 못하겠고 할 만큼 겸손했기에, 정확한 권위에게 정확한 간구를 한 것입니다.

◆ 주님이 "내가 가서 고쳐 주리라"고 하시는데도 내 힘으로 하겠다고 아등바등 합니까? 주님의 권위를 정확히 알아보지 못하고, 엉뚱한 돈과 학벌과 지위 앞에 엎드려 있습니까? 백부장처럼 겸손하게 행동하면 남들이 무시할 것 같습니까? 나의 교만을 회개하고 가정과 직장의 질서에 순종했더니, 무시당하기는커녕 다른 사람을 인도하는 영적 권위를 갖게 된 간증이 있습니까?

믿음이 필요합니다

예수께서 들으시고 놀랍게 여겨 따르는 자들에게 이르시되 내가 진실로 너희에게 이르노니 이스라엘 중 아무에게서도 이만한 믿음을 보지 못하였노라_마 8:10

예수님이 '놀랍게 여기셨다'는 것은 '감탄하셨다'는 뜻입니다. 한마디로 "야, 백부장! 네 믿음이 최고다!"라고 하신 것입니다. 성경에 예수님이 우시고 민망히 여기셨다는 표현은 있어도 웃으셨다는 기록은 없는데, 저는 여기에서 예수님이 웃으셨을 것 같습니다.

> 11 또 너희에게 이르노니 동 서로부터 많은 사람이 이르러 아브라함과 이삭과 야곱과 함께 천국에 앉으려니와 12 그 나라의 본 자손들은 바깥 어두운 데 쫓겨나 거기서 울며 이를 갈게 되리라_마 8:11~12

예수님은 이방인 백부장이 정확한 믿음을 가진 것을 보면서, 이스라엘의 본 자손인 유대인들이 믿지 않는 것 때문에 안타까움을 느끼셨습니다. 모태신앙에 신앙생활을 오래 한 사람보다 백부장처럼 간절한 믿음을 가진 사람이 주님에게 감동을 드리고, 우리에게도 감동을 줍니다. 하나님을 기쁘시게 하는 것은 성도의 믿음입니다. 하나님의 말씀을 믿고 그 말씀대로 사는 사람이 천국 시민입니다. 교회를 오래 다녔다고 천국 시민이 되는 것이 아닙니다.

2천 년이 지난 지금도 유대인들은 예수님을 안 믿지만, 저를 비롯해 수많은 이방인 가운데 믿는 사람이 생겼습니다. 하나님은 이스라엘을 대표로 삼아서 하나님 나라의 원리를 보여 주려고 하셨습니다. 그런데 아직도 '본 자손'만 부르짖는 유대인들은 자신들을 영원한 대표로 착각하고 낮아지지 않습니다. 그래서 슬피 울며 이를 갑니다. 주님을 만나지 못한 인생은 슬피 울며 이를 갈 수밖에 없습니다.

> 예수께서 백부장에게 이르시되 가라 네 믿은 대로 될지어다 하시니 그 즉시 하인이 나으니라_마 8:13

나병환자를 고치실 때는 "깨끗함을 받으라"고 하셨는데, 중풍병자에게는 "믿은 대로 될지어다"라고 처방을 내려 주십니다. 나의 소원대로, 욕심대로 된다고 하지 않으셨습니다. 믿은 대로 된다고 하셨고, 그 즉시 하인의 병이 나았습니다.

그런 믿음의 역사가 일어나려면 나의 믿은 것이 선해야 합니다. 돈을 믿어서는 되지 않습니다. 지식을 믿어서도 되지 않습니다. 사람을 믿어서도 되지 않습니다. 믿음을 저버리는 배신과 실망만 있습니다.

4대째 모태신앙인으로 교회에 빠짐없이 출석하고 반주자로 봉사했어도, 젊은 날 저의 '믿은 대로'는 능력과 성공이었습니다. 고등학교 때 집안이 어려워지면서, 아르바이트하며 학교 공부와 피아노 연습을 했습니다. 대학에 들어가서도 학비와 생활비를 버느라 아르바이트를 쉬지 않았습니다. 장학금을 받으려고 수업에도 절대 빠지지 않았습니다.

그러다 부유한 집안에 능력 있는 의사 남편을 만나 나의 '믿은 대로' 교수의 꿈이 이뤄질 줄 알고 결혼했습니다. 남편에게 믿음이 없는 것을 알면서도 나 자신을 믿고 돈을 믿어서, "믿은 대로 될지어다" 하고 불신 결혼을 한 것입니다.

주님과 상관없이 나의 '믿은 대로' 사는 삶은 언제나 굴욕적이었음을 기억합니다. 교회에서 반주자로 섬기면서도 사례비에 연연했기에 굴욕적이었습니다. 장학금과 아르바이트해서 번 돈으로 집에 생활비를 냈어도 돈 천 원에 벌벌 떨며 살았기에 굴욕적이었습니다. 미팅도 안 하고 공부와 피아노 연습을 열심히 했어도, 그 목적이 장학금에 있었기에 굴욕적이었습니다. 부잣집에 시집을 갔어도 내 야망과 교양을 내려놓지 못했기에, 돈 만 원도 마음대로 쓸 수 없는 굴욕적인 삶이었습니다.

그러나 주님은 그 굴욕을 헛되게 하지 않으셨습니다. 예수님이 굴욕을 통해 긍휼로 자기를 비우신 것처럼, 저도 돈과 성공에 매였던 굴욕의 삶을 통해 긍휼과 겸손을 배웠습니다. 남들에게 그럴듯해 보여도 내 안에서는 너무나 치사하고 비참한 굴욕을 맛보았기에, 긍휼로 다른 이들의 삶을 공감할 수 있었습니다.

주님이 놀랍게 여기시는 믿음은 긍휼의 믿음입니다. 죽기까지 나를 낮추고 나의 보잘것없음을 인정하는 겸손한 믿음입니다. 당장 눈에 보이는 병 고침이나 물질이 없어도 "말씀만 하시면 낫겠나이다. 하나님 말씀만 있으면 살겠나이다"라고 말할 수 있는 정확한 믿음입니다.

그 믿음을 가지고 나와 다른 이들의 아픔을 말하고 주님께 간구할 때, "믿은 대로 될지어다"의 응답이 즉시 이뤄질 것입니다.

◆ 오늘 말씀의 능력을 믿고 큐티를 하는 우리를 보면서, "네 믿음이 최고다!"라고 감탄하시는 주님의 기쁨이 느껴집니까? 나의 잘못된 '믿은 대로'는 무엇입니까? 그것 때문에 실패하고 굴욕을 당하더라도, 다시 주님의 말씀을 붙잡고 기도드릴 때 '믿은 대로' 될 것을 기대합니까?

주님이 놀랍게 여기시는 믿음은 긍휼의 믿음입니다.
죽기까지 나를 낮추고 나의 보잘것없음을
인정하는 겸손한 믿음입니다.
당장 눈에 보이는 병 고침이나 물질이 없어도
"말씀만 하시면 낫겠나이다.
하나님 말씀만 있으면 살겠나이다"라고
말할 수 있는 정확한 믿음입니다.

말씀으로 기도하기

주님께 고침받는 인생이 되기 위해서는 긍휼과 겸손과 믿음이 필요합니다. 하인의 아픔을 자신의 아픔으로 여기며 주님께 나아온 백부장처럼 비천한 자를 향한 긍휼과 주님을 향한 겸손, 주님이 고쳐 주시리라는 확실한 믿음을 가지기 원합니다.

고침받을 자를 향한 긍휼이 필요합니다(마 8:5~6).

백부장이 새 한 마리 값도 안 되는 종을 위해 간구한 것처럼 긍휼의 대상과 지경에는 한계가 없음을 깨닫기 원합니다. 나에게 잘해 주는 사람이 아니라 나를 평생 무시하는 사람과 죽이려고 달려드는 사람의 구원을 위해 기도하는 것이 긍휼이라고 하십니다. 나의 이기심과 이해타산으로는 긍휼히 여기며 사랑할 수 없음을 고백하오니 나의 마음을 고쳐 주시옵소서. 긍휼을 가르쳐 주시옵소서.

자신의 부족을 아는 겸손이 필요합니다(마 8:7~9).

백부장은 생명의 주인이신 예수님의 권위를 알았기 때문에 주께 간구하면서도 "내 집에 들어오심을 나는 감당하지 못하겠사오니" 하며 자신을 낮추었습니다. 세상에서 인정받지만 주님 앞에 겸손한 백부장의 모습을 본받기 원합니다. 나의 부족을 보는 지혜를 주시옵소서.

고침을 받기 위해서는 믿음이 필요합니다(마 8:10~13).

믿음의 역사가 일어나기 위해 다른 것이 아닌 주님을 의지하게 해 주시옵소서. 주님이 내 모든 인생과 사건을 주관하신다는 것을 깨닫는 지혜와 겸손을 허락해 주시옵소서. 정확한 권위에 정확한 간구를 하게 해 주시옵소서.

우리들 묵상과 적용

저는 얼마 전 소그룹 모임에서 저의 공황장애에 대해 나누었습니다. 잊고 싶은 제 병의 근원을 되짚어 보면, 2009년의 어느 봄날로 되돌아갑니다. 제가 근무하던 건설 현장의 소장님은 자신이 수십 억대의 재산가라고 했지만, 매달 직원들의 식대 일부를 횡령했습니다. 자신을 받들어 모시라며 저를 괴롭혔던 소장님은 어느 날 제게 두 갈래의 선택을 강요했습니다.

"나에게 충성해라. 그러면 그룹 계열사 중 나름 잘나가는 회사에서 10년을 같이 가고, 거부할 경우 먼 남쪽 현장으로 쫓겨나거나 옷을 벗어야 할 거야." 아내와 어린 자녀들까지 운운하며 협박의 강도는 점점 심해져 갔고, 스트레스가 극에 달했던 저는 3개월간 조용히 사업계획을 수립한 후 아내와 상의 없이 퇴사를 강행했습니다. 그때부터 저의 공황 증상은 시작되었습니다. 이후 하나님의 간섭하심으로 외식 사업을 하려던 계획은 철회되었고, 친구의 소개로 지금의 회사에 다니게 되었습니다.

한 나병환자가 자신을 깨끗하게 해 달라고 예수님께 청하고(마 8:2), 한 로마 백부장은 하인이 중풍병으로 괴로워하니 고쳐 달라고 합니다(마 8:6~8). 처음엔 자신의 병 낫기를 구하는 나병환자의 믿음보다 하인을 생각하는 로마 백부장의 믿음이 더 대단해 보였습니다. 그러나 장애가 있는 몸으로 헌신하시는 한 선교사님의 설교를 듣고 난 후 아픈 몸의 고통을 체휼하게 되니, 나병환자의 믿음이 백부장과 다르지 않음을 알게 되었습니다. 그리고 이들이 자신의 수치를 드러내며 깊은 아픔을 이야기했기에 예수님이 이 두 사람의 청대로 치유해 주셨음을 깨달았습니다.

두 아들을 키우는 환경, 우울증에 걸린 아내, 직장의 고난 속에서 저는 제가 공황장애 환자라는 것을 전혀 인지하지 못했습니다. 두 아이가 차 속에서 쉬지 않고 싸우면 공황이 와서 가드레일에 부딪쳐 죽고 싶었으며, 예배 중 설교가 어려우면 소리 지르며 뛰쳐나가고 싶은 충동에 허벅지를 꼬집어 가며 참았지만, 심장이 쿵쾅거리는 것이 정신과적 질병이라는 생각은 전혀 하지 못하고 병원에 가서 갖은 검사를 받았습니다. 저를 오랫동안 보살펴 주시고 공황장애를 겪어 보신 소그룹 리더님이 저의 증상을 예의 주시하며 예수님처럼 손을 내밀어 주셨지만 저는 "내가 무슨 공황장애냐"며 사납게 대들었고, 변화는 긴 시간을 요구했습니다. 그러나 교회 공동체의 오랜 섬김에 감동해 '속는 셈 치고' 양육을 받기 시작한 어느 날, 문득 죄인 중의 괴수가 바로 저인 것 같다는 생각이 들었습니다 (딤전 1:15). 양육을 받는 중에 주님은 제게 피눈물 나는 직장 고난의 십자가를 덤으로 주셨고, 힘들고 비참했던 시간을 꿋꿋이 참아내자 조그마한 변화를 허락해 주셨습니다. 저 자신을 좀 더 객관적으로 알고 싶은 마음에 정신과 진단을 받기로 결심한 것입니다. 예수님의 능력을 믿고 공동체에 저의 병을 드러낼 때, 깨끗이 고쳐 주실 줄 믿습니다 (마 8:7).

영혼의 기도

하나님 아버지, 예수님 없이 이 땅에서 우리의 관계를 이어 주는 것은 오직 이기심밖에 없다고 했습니다. 부부간에, 부모와 자식 간에, 직장에서 나의 이기심으로 이해타산을 따지고 있기에 모두가 병들어 죽어 가는 것을 불쌍히 여겨 주시옵소서. 다른 곳이 아닌 내 안에, 우리 가정과 교회와 나라에 총체적인 거짓과 성공주의와 출세병이 있음을 고백합니다.

하나님 아버지, 이제 고쳐 주시옵소서! 우리의 상한 마음과 질병을 고쳐 주시옵소서! 주님만이 고치실 수 있는 것을 믿고 주님께 나아가기 원합니다. 주님의 찾아오심과 나의 나아감이 일치하기를 원합니다.

주님의 긍휼을 경험했다면, 저도 다른 사람의 괴로움을 들고 주님께 나아가기 원합니다. 죄인인 제가 주님의 긍휼로 살아난 것을 생각할 때, 사랑할 수 없는 사람은 없는 것을 알았습니다. 저를 미워하고 괴롭히는 사람이라도 긍휼의 대상인 것을 알고, "그가 몹시 괴로워하나이다"라고 주님께 고하기를 원합니다.

백부장이 자신을 낮춤으로 주님의 권위를 알아본 것처럼, 제게도 겸손을 허락해 주시옵소서. 죽음에 이르는 겸손으로 질서에 순종하게 하옵소서. 남을 죽이는 정확함이 아니라, 내가 살고 다른 사람도 살리는 정확한 지혜와 통찰력을 갖게 하옵소서.

날마다 하나님의 말씀에서 지혜와 능력을 구하며, 주님이 놀랍게 여기시는 최고의 믿음을 갖기 원합니다. 세상 권위와 능력이 아닌 하나님의 말씀을 믿음으로 "믿은 대로 될지어다"의 응답을 얻기 원합니다. "그 즉시 나으니라"의 기적이 제 삶에 이어지기를 원합니다.

내 힘으로는 할 수 없사오니 주님을 닮은 긍휼과 겸손과 믿음을 주시옵소서. 예수님 이름으로 기도하옵나이다. 아멘.

너는 나를 따르라

마태복음 8:14~22

하나님 아버지, 주님을 따르는 인생이
가장 기쁜 인생임을 알고 그렇게 살기 원합니다.
말씀하여 주옵소서. 듣겠습니다.

우리들교회의 일꾼인 김 집사님이 위암 진단을 받았습니다. 위에서
5센티미터의 악성 종양이 발견되어서 절제 수술을 해야 했습니다. 간과
가까운 곳에서 시작됐기 때문에 간으로 전이되지 않기를 기도해 달라고
했습니다.

아홉 시간에 걸친 수술 결과 종양은 역시 악성이었습니다. 예상한
것보다 종양 크기가 커서 위를 모두 들어냈습니다. 위가 없으니 식도와
장을 이어야 하는데, 오래전에 받은 복막염 수술과 자궁 근종 수술로 장
이 심하게 유착되어 연결이 힘든 상태였습니다. 위험한 수술이라 손으로
세세하게 연결해야 하는데, 엎친 데 덮친 격으로 담석을 없애던 중에 담
도가 터져서 그것까지 봉합해야 했습니다.

그 힘든 과정을 거쳐 하나님의 은혜로 무사히 수술을 마쳤습니다.
집사님은 몇 개의 장기가 없어진 채 살아야 하는 앞날이 더 힘들고 조심
스럽다고 합니다.

하루도 장담할 수 없는 인생을 살면서 먹는 것조차 뜻대로 할 수 없

는 몸이 됐습니다. 그럼에도 주님은 오늘도 "나를 따르라"고 하십니다. 누구를 따르고 누구와 동행하는지가 인생의 향방을 결정합니다. 갈 바를 알지 못하는 우리에게 "너는 나를 따르라"고 하시니 얼마나 감사합니까!

병든 자도 주님을 따르라

14 예수께서 베드로의 집에 들어가사 그의 장모가 열병으로 앓아 누운 것을 보시고 15 그의 손을 만지시니 열병이 떠나가고 여인이 일어나서 예수께 수종들더라_마 8:14~15

산상수훈 설교를 마치고, 나병환자와 중풍병자를 고치고 베드로의 집에 들어가시는 예수님입니다. 중요한 사역 중에도 안식이 필요합니다. 예수님의 안식은 같은 믿음을 가진 제자와 함께하는 것이라는 생각을 해 봅니다.

주님을 따르는 삶을 살려면 우리에게도 안식이 필요합니다. 아무것도 안 하고 쉬는 것보다, 예수님처럼 같은 믿음을 가진 형제들과 함께하는 것이 안식입니다. 믿음 안에서 서로의 삶을 나누는 지체가 있을 때 안식을 누릴 수 있습니다.

나에게 안식을 주는 지체가 꼭 배우자나 부모나 형제여야 하는 것은 아닙니다. 베드로가 가족을 내려놓고 주님을 따랐어도, 주님은 그의 집에 찾아가서 장모의 병을 고쳐 주십니다. "내 이름을 위하여 집이나 형제나 자매나 부모나 자식이나 전토를 버린 자마다 여러 배를 받고 또 영생을 상속하리라"고 하신 말씀이 바로 이것입니다(마 19:29).

주님을 따를 때, 내 힘으로 지킬 수 없는 가족의 건강과 진로를 주님이 책임져 주십니다. 어떤 중병이라도 주님이 오셔서 보고 만져 주시면 그것으로 끝입니다. 주님이 마음과 정신의 열병, 영적인 열병으로 고통당하는 우리 가정에 들어와 보시고 만져 주시면, 곧 일어나서 예수님께 수종 들 수 있습니다.

열병은 온몸이 뜨거워지는 고열로 생명까지 위협하는 병입니다. 어떤 행위나 사람에게 한참 빠져 있을 때도 "열을 낸다"고 표현합니다. 그래서 말씀에 나오는 열병을 '중독'으로 적용해 봤습니다.

아치볼드 하트(Archibald D. Hart)는 그의 저서 『숨겨진 중독』에서 중독의 유형을 물질 중독과 행위 중독으로 구분합니다. 약물 같은 물질 중독보다 쇼핑과 섹스와 도박 같은 행위 중독이 훨씬 강한 힘을 발휘한다고 합니다. 마약이나 알코올중독 같은 물질 중독에 비해 행위 중독은 대부분 숨겨져 있고, 사회도 이런 중독을 은폐하고 있기 때문입니다.

성경을 근거로 중독을 세 가지로 분류하면 첫째는 술이나 도박같이 특정한 행동을 하고 싶은 육신의 중독이고, 둘째는 안목의 정욕에 의한 성 중독입니다. 그리고 가장 강력한 중독이 '이생의 자랑' 중독이라고 합니다. 학벌과 외모와 집안을 내세우고 싶은 중독이 가장 무섭다는 것입니다.

조깅에 중독된 사람도 있습니다. 그런 사람은 심장이 터질 정도로 숨이 찰 때까지 달려야 살 것 같다고 합니다. 저도 응급실에 실려 갈 지경이 될 때까지 에어로빅에 중독된 사람을 봤습니다.

모든 중독은 신체를 자극하는데, 그때 몸에서 분비되는 아드레날린이 기분이 좋아지는 느낌을 갖게 합니다. 그래서 사람들은 약물에 중독되듯 아드레날린에 중독됩니다. 몸에서 아드레날린이 분비될 때까지 운동하고, 쇼핑하고, 일에 열중하며 중독되는 것입니다. 일 중독자는 일을 안

하는 동안 쉬는 것이 아니라 도리어 우울해하고 불안해합니다.

우리가 온갖 중독에 빠지는 이유는 거짓된 황홀감과 안정감 때문입니다. 월급의 서너 배를 쇼핑에 쓰는 여성과 상담해 보니 물건을 살 때의 황홀감을 끊을 수 없다고 합니다. 그 여성은 부부 관계에서 오는 불만을 쇼핑으로 해소하고 있었습니다.

중독은 우리의 진실한 감정을 속이고, 현실을 인식하지 못하게 합니다. 거짓된 황홀감과 안정감을 추구하는 열병이 우리를 무서운 중독에 빠트리고 있습니다. 날마다 쾌락에 열을 내고, 쇼핑에 열을 내고, 가장 무서운 '이생의 자랑'에 열을 내며 모두가 병든 삶을 살고 있습니다. 그 열병을 누가 고칠 수 있습니까?

인간에게는 어떤 중독도 끊을 힘이 없습니다. 술과 게임과 음란에 중독된 가족의 열병을 내 힘으로는 고칠 수 없습니다. 주님이 내 집에 들어와 나와 내 가족의 열병을 봐 주셔야 합니다. 예수님이 보고 만져 주시는 것밖에는 길이 없습니다.

내가 육신의 정욕과 안목의 정욕과 이생의 자랑에 중독됐다는 것을 인정한다면, 성도에게 질병은 은혜입니다. 유명한 알코올중독 치료 프로그램인 AA(Alcoholics Anonymous)의 첫 단계도 사람들 앞에서 "나는 알코올중독자입니다"라고 인정하는 것에서 시작합니다. 나의 중독을 인정하는 순간만큼은 교만할 수 없습니다. 내 힘으로는 끊을 수 없는 중독을 인정하고 주님의 만져 주심을 구할 때, 열병처럼 온 집안을 들끓게 하던 중독이 떠나갈 수 있습니다. "저 사람은 가망이 없어. 죽을 때까지 못 끊을 인간이야"라는 말을 듣는 사람도 예수님이 들어가서 보고 만져 주시면 곧 일어나 주님께 수종 드는 인생이 됩니다.

16 저물매 사람들이 귀신 들린 자를 많이 데리고 예수께 오거늘 예수께서 말씀으로 귀신들을 쫓아 내시고 병든 자들을 다 고치시니 17 이는 선지자 이사야를 통하여 하신 말씀에 우리의 연약한 것을 친히 담당하시고 병을 짊어지셨도다 함을 이루려 하심이더라_마 8:16~17

사람들은 주님의 능력을 알고 고쳐 주시기를 바라면서도, 안식일에는 병도 고치면 안 된다는 전통 때문에 날이 저문 뒤에야 귀신 들린 자를 데리고 찾아옵니다. C. S. 루이스(C. S. Lewis)는 "귀신의 가장 뛰어난 전략은 자신이 존재하지 않는 것처럼 위장하는 것"이라고 했습니다. 천의 얼굴을 가진 귀신이 천사의 얼굴 또는 악마의 얼굴로 성도의 삶을 공격합니다. 귀신이 들려서 겉으로 증세를 보이는 것도 고침을 받아야 하지만, 전통과 율법에 매인 자들도 주님의 고쳐 주심이 필요합니다. 주님은 그런 연약함을 아시기에, 그들의 사모함을 보고 말씀으로 귀신을 쫓아 주십니다.

부부가 모두 명문대학 출신으로, 겉으로는 풍요롭게만 보이던 임 집사님의 가정에 고난이 찾아왔습니다. 잘나가던 남편의 사업에 부도가 나면서 남편이 감옥에 들어간 것입니다.

사실 남편에게는 10년 동안 끊어지지 않는 외도 문제가 있었습니다. 돌아오지 않는 남편을 위해 기도하며 10년을 지내 왔기에, 집사님은 이 일이 남편을 위한 구원의 사건임을 알았습니다.

날마다 큐티 교재를 들고 면회를 가서 남편이 듣든지 안 듣든지 말씀을 나누고 기도했습니다. 남편은 어느 날은 묵묵히 듣기도 하고, 어느 날은 시끄럽다고 화를 냈습니다. 그러다 드디어 남편에게서 응답이 왔습니다. 집사님의 생일을 맞아 난생처음 편지를 보낸 것입니다.

그동안 참 고생 많았소. 지금도 그렇고. 당신 말대로 하나님의 주권적 은혜가 임하고 있으니 곧 축복받는 가정이 될 것이오. 육적이 아니라 영적으로, 영원한 생명을 가진 하나님의 백성으로 선택해 주셨으니 우리 가정이 얼마나 축복받은 가정입니까! 그렇게 살아갑시다. 이 땅에 사는 하늘나라의 백성으로, 당신과 나와 아이들, 부모님과 동생들 모두에게 그리스도의 복음을 전하며, 하늘나라에서 주님 뵐 그날을 소망하며 그렇게 삽시다. 이 땅에서 복 주시면 좋은 거고…….

우리 애들은 우리처럼 안 살면 좋을 텐데. 육신을 입고 살고 있기에, 더구나 나는 세상에 오래 나가 있어서 주님의 백성으로 살아가는 게 힘들 때가 많소. 그래서 요즘의 환경이 성령님의 은혜이고 축복이라는 생각이 든다오. 흠 없이 온전히 주님 앞에 설 수 있도록 훈련시키시는 주님을 바라보려 하니 지금처럼 계속 기도해 줘요.

주님의 은혜가 충만해 잘 감당할 수 있도록, 회심하고 결단하고 살아갈 수 있도록, 누구도 미워하거나 원망하지 않고 연단되도록, 하나님 나라와 그의 의를 구하며 살아가도록, 빨리 만나도록……. 내일 아침에 또 봅시다. 못난 남편이지만 생일을 축하합니다.

가족과 여러 지체에게도 생일 축하 인사를 받았지만, 집사님에게는 어떤 축하 인사보다 기쁘고 감사한 선물이었습니다. 남편의 편지는 가슴 아픈 10년의 시간을 다 보상하고도 남는 크나큰 선물이었습니다.

말씀으로 고침을 받는 인생은 이런 것입니다. 인간적으로 생각하면 10년 동안 속 썩이던 남편이 부도를 내고 감옥에 갔는데 무슨 기쁨이 있겠습니까. 그럼에도 주님은 말씀의 능력으로 그 가정의 열병과 귀신 들린 것을 고쳐 주셨습니다. 예수님이 집사님의 연약함을 담당하고 은혜를 주신 것처럼, 집사님도 남편의 연약함을 담당하며 주님께 데리고 나왔습니다. 아무리 학벌 좋고 유능한 배우자라도 예수님을 만나지 못하면 세상쾌락에 중독되고 귀신 들린 자와 같다는 것을 알았기 때문입니다.

◆ 좋은 부모, 착한 자녀가 되기보다 주님의 제자가 될 때 주님이 내 가족을 책임지실 것을 믿습니까? 쾌락과 중독의 열병에 걸린 자녀, 폭력과 무기력 귀신에 들린 배우자가 있습니까? 그들을 주님께 데려가려고 그들의 연약함을 담당하는 인내와 헌신이 있습니까? 어떤 것보다 하나님의 말씀을 듣게 하는 것이 가장 확실한 치유임을 알고 있습니까?

내 열심을 버리고 주님을 따르라

18 예수께서 무리가 자기를 에워싸는 것을 보시고 건너편으로 가기를 명하시니라 19 한 서기관이 나아와 예수께 아뢰되 선생님이여 어디로 가시든지 저는 따르리이다 20 예수께서 이르시되 여우도 굴이 있고 공중의 새도 거처가 있으되 인자는 머리 둘 곳이 없다 하시더라_마 8:18~20

예수님이 나병환자와 백부장 하인을 고쳐 주시니까 그 기적을 보고 무리가 우르르 몰려와서 주님을 에워쌉니다. 열병과 중독이 끊어지고 나면, 우리에게는 주님을 따르고 싶은 마음이 생깁니다. 그래서 "어디로 가시든지 따르리이다" 하고 자원합니다. 그런데 주님은 무리를 보고 건너편으로 가라고 하십니다. 자원해서 주님을 따르겠다고 하는데, "인자는 머리 둘 곳이 없다"고 하시며 나의 자원함을 무색하게 하십니다. 무슨 뜻일까요?

병 고치심의 능력을 보고 주님을 따르겠다고 하는 서기관에게 "네가 나를 따르겠다고 하는데 나는 거처할 곳도 없다. 그래도 나를 따를래?" 하고 물으시는 것입니다. 능력과 기적만 바라면서는 주님을 따를 수 없다는 것, 주님을 따르는 것이 나의 자원함과 열심으로는 되지 않는다는 것을 가르쳐 주시고 내 진심을 확인하십니다.

특히 서기관은 성경을 많이 아는 엘리트이자 사회의 기득권층입니다. 그런 사람이 겉으로 보기에 초라한 주님의 길을 따르는 것은 쉽지 않은 일입니다. 모든 것을 갖추고 좋은 환경에서 살아온 분이 우리들교회에 다니겠다고 찾아옵니다. "우리들교회는 휘문 채플은 학교 체육관에서 예배를 드리느라 매주 카펫과 의자 수백 개를 놓았다 치웠다 해요. 냉난방 시설이 열악해서 여름과 겨울에 고생이 많아요. 판교 채플도 교통이 불편해서 주차하기가 얼마나 어려운지 몰라요." 제가 이런 말을 하면 어느새 그냥 가 버립니다.

큐티 모임을 20여 년 동안 이끌어 오면서 많은 사람이 모임을 찾았습니다. 별다른 등록 절차나 프로그램도 없는 모임에 매주 천여 명이 모였습니다. 그중에 20여 명이 2002년에 교회 개척을 준비할 때 함께했습니다. 큐티 모임에서 가정이 회복되고 자녀가 변화되는 것을 보면서 많은 사람이 찾아오지만, "예배당 건물도 거처도 없이 교회를 개척한다"는 말을 들으면 선뜻 함께하기 어렵다는 것을 알 수 있었습니다.

저의 소망은 큐티 모임에 모이는 기존 신자들이 아닌 불신자들을 대상으로 교회 사역을 하는 것이었기에, 그 일이 전혀 서운하지 않았습니다. 서기관처럼 갖춘 사람보다 환난당하고 빚지고 원통한 자들이 모이는 교회가 되기를 바랐기에, 교인 수에 연연하지 않았습니다. 하나님이 그런 저의 소망에 기름을 부으셔서 고난 가운데 하나님만이 소망인 사람들이 우리들교회에 모이고 있습니다. 특별한 프로그램도 없이 여성 목사가 담임하는 교회인데, 개척 15년 만에 1만 명의 성도가 모이는 부흥도 허락하셨습니다.

주님은 많은 무리보다 한 사람의 제자를 원하십니다. 기적을 바라고 모이는 수많은 사람보다, 능력과 지위를 갖춘 서기관보다 주님만이 소망인 사람을 원하십니다. 주님과 함께 십자가를 지기로 결단하는 한 사람의 제자를 찾고 계십니다.

서기관 같은 사람은 주님이 가시는 좁은 길을 이해할 수 없습니다. 세상에서 인정받은 것처럼 교회에서도 인정받기를 원해서 직분을 안 주면 신앙이 무너집니다. 뭐든 잘되기만 바라는 기복으로 주님을 따르고 잠시 열광하다가도, 조금만 힘든 일이 생기면 금세 돌아섭니다. 육적인 축복과 인정만 바라면 좁은 길인 제자도를 따를 수 없습니다.

저는 우리들교회가 많은 무리와 서기관으로 채워지기를 원하지 않습니다. 서기관 같은 사람은 일할 자격이 없습니다. 오직 믿음이 왕 노릇을 하는 교회가 되기를 바랍니다. 먼저 목사인 제가 치우치지 않도록 기도해 주십시오. 무리의 열광과 서기관의 지위를 거절하고, 오직 머리 둘 곳도 없으신 주님의 십자가 길을 따르려면 간절한 기도가 필요합니다.

◆ 예수님을 믿으면 복받을 것 같아서, 교회에 가면 나를 인정해 줄 것 같아서 주님을 따르겠다고 했다가, 십자가를 지기 싫어서 떠나려 하지는 않습니까? 예수님을 믿고 말씀대로 산다는 것이 거처도 없는 외로운 길이며 고난의 길인 것을 알고 있습니까?

나를 붙잡는 나의 분신, 가족

21 제자 중에 또 한 사람이 이르되 주여 내가 먼저 가서 내 아버지를 장
사하게 허락하옵소서 22 예수께서 이르시되 죽은 자들이 그들의 죽은
자들을 장사하게 하고 너는 나를 따르라 하시니라_마 8:21~22

"먼저 가서 아버지를 장사하겠다"는 것은 살아 계신 아버지가 돌아
가시면 주님을 따르겠다는 것과 마찬가지입니다. 부모님이 예수 믿는 것
을 반대할 때, "부모님이 돌아가시면 예수 믿겠다"고 합니다. 그 말과 같
은 뜻입니다.

장사 지내는 것은 짧은 기간이 걸리는 일이니까, 이 사람이 주님의
일을 안 하려고 핑계를 댄 것은 아닙니다. 아직 내려놓지 못한 가족의 문
제가 있지만, 그래도 주님을 따르려는 원함이 있었습니다. 주님이 그 원
함을 보셨습니다. 서기관에게는 나를 따르라고 하지 않으셨지만 이 사람
에게는 "너는 나를 따르라"고 하십니다.

주님을 따르는 길에는 많은 장애물이 있습니다. 서기관 같은 열심도
장애가 되지만, 또 한 가지 가장 큰 장애물은 바로 가족입니다. 가족에게
어떤 문제가 있어서 장애물이라고 하는 것이 아닙니다. 가족을 내려놓지
못하는 나의 욕심과 집착이 장애가 된다는 말입니다.

부친의 장례를 치르는 것은 자식으로서 마땅한 일입니다. 우리에게
는 가정과 직장에서 주어진 의무가 있습니다. 자녀 교육비와 생활비를 버
느라 주일에도 일해야 해서 교회에 못 온다고 하는 분도 있습니다.

주님은 어부 베드로가 고기를 잡고 있을 때, 세리 마태가 세관에 있
을 때 그들을 부르셨습니다. 주어진 자리에서 자기 일을 열심히 할 때 부

르셨습니다. 주님을 따르라고 해서 가족과 생활에 대한 의무를 저버리라는 말이 아닙니다. 내 일을 아무리 열심히 해도 이 세상의 결국은 죽음이기 때문에 먼저 생명 얻는 일을 하라고 부르십니다. 죽음의 일인 장례보다는 영원한 생명이 있는 구원의 일을 먼저 하라는 것입니다.

하나님의 은혜로 가족이 하나가 되어 주님의 일을 하는 때도 있습니다. 하지만 영적 선구자 존 웨슬리(John Wesley)나 선교사 윌리엄 캐리(William Carrey)처럼 부인과도 하나가 되지 못한 채 주님의 일을 하는 사람도 있습니다. 그것이 그들을 사용하시는 하나님의 방법이었습니다. 자신이 전하는 복음을 듣고 온 세계가 변화되어도 막상 내 가족은 돌아오지 않는 것을 보면서, 평생 구원에 대한 애통함을 잃지 않았을 것입니다.

내 가족의 구원에 대한 애통함도 없이 어떻게 주님의 일을 하고 선교를 할 수 있습니까? 주님을 따르다 보면 가족의 구원에 저절로 관심을 갖게 돼 있습니다. 인간적인 정에 연연해서 안달복달하던 내 가족을 구원의 관점에서 바라보게 됩니다. 세상에서 잘 입고 잘 먹게 해 주려는 의무감이 아니라 구원을 위한 영적인 의무감이 생깁니다. 무조건 잘해 주거나 다그치는 것이 아니라, 구원을 위해 때로는 잘해 주고 때로는 다그치며 생명의 의무를 다하는 것입니다.

각자에게 급한 일과 중요한 일이 있습니다. 부친의 장례가 급한 일이지만 정작 중요한 일은 구원의 일입니다. 주님은 급한 일보다 중요한 일을 하라고 하십니다. 먹고사는 것이 아무리 급해도 중요한 구원의 일에 헌신하라고 하십니다. 구약 시대에 대제사장은 부모가 죽어도 그 시체를 만질 수 없었습니다. 주님께 예배드리는 일, 사람을 살리는 일에 헌신해야 하기 때문입니다.

믿음으로 하나가 되어 주님을 따를 때 육신의 가족도 기쁨이 됩니다. 넓은 평수의 집에서 사는 것보다 '여호와의 집에 영원히 사는 것'이 진정한 기쁨입니다(시 23:6).

저에게는 교회에서 만나는 지체들과의 교제가 기쁨이고 영광입니다. 예배드리러 올 때마다 얼마나 마음이 설레는지 모릅니다. 사랑하는 사람을 만나러 오는 기쁨과 설렘입니다.

공동체의 예배가 기쁨이 되면 영육의 병에서 고침을 받을 수 있습니다. 아무리 아프고 힘들어도 내 아픔을 나누고 함께 기도해 주는 공동체가 있을 때 힘이 납니다.

암 진단을 받고 위를 잘라 낸 김 집사님에게는 그동안에도 많은 고난이 있었습니다. 능력 있는 남편의 회사가 망하면서 살 곳이 없어 고생하던 때도 있었습니다. 지금도 경제적인 어려움이 계속되고 있습니다. 그럼에도 큐티 모임부터 우리들교회까지, 부부가 함께 누구보다 열심히 섬기는 일꾼이 됐습니다. 형편도 어려운데 무슨 교회 일이냐고 비웃는 사람도 있었을 것입니다. 그래도 교회를 섬겼는데 암에 걸리다니, "그런 분이 어떻게 암에 걸릴 수 있느냐"고 울분을 토하는 사람도 있었습니다.

그러나 늘 외쳐 왔던 것처럼 하나님은 100% 옳으십니다. 김 집사님의 암도 100% 옳은 사건이었습니다. 돈이 없고 병에 걸려도 주님을 따르는 삶이란 어떤 것인지, 거기에 어떤 능력이 있는지 김 집사님의 가정을 통해 보여 주십니다.

집사님은 수술 날짜를 받고도 여전히 교회 일을 했습니다. 소그룹 모임을 인도하고, 양육에 참여하고, 주일학교 교사와 새가족 교사로 섬겼습니다. 평소와 다름없이 일주일 내내 교회 일로 바쁘게 살았습니다. 암에 걸리고 나니 전보다 말씀이 잘 들려서 큐티를 하고 설교를 들을 때마다 하나님의 뜻을 깨닫는다고 수술 전부터 간증했습니다. 수술을 받으려고 병원에 입원해서도 병실에 있는 다른 환자들에게 열심히 복음을 전했습니다.

수술 하루 전, 말씀을 묵상하면서 평강이 찾아왔습니다. 살려 달라는 기도보다는 "주님! 혹시 제가 수술실에서 깨어나지 않는다고 해도 저는 너무 행복합니다"라는 고백이 나왔습니다. 교회와 지체들과 주일학교 제자들을 위해 중보기도를 했습니다. 수술실에 들어가기 직전까지 기도가 그치지 않았습니다.

수술 후 검사 결과에서 하나님은 놀라운 기적으로 응답하셨습니다. 암이 다른 기관으로 전이되지 않았을 뿐 아니라 악성으로 의심되던 다른 곳의 종양이 양성으로 판명 난 것입니다. 종양의 크기가 커서 위를 잘라 내야 했지만, 집사님은 또 다른 은혜로 그것을 받아들였습니다. 위 전체를 절단해야 했기에 가족이 첫째로 음식을 절제하게 됐습니다. 그러다 보니 감정과 욕심까지 절제하게 된 것이 은혜라고 합니다. 멋있는 것과 맛있는 것을 좋아하던 김 집사님 부부에게 암 사건은 반드시 필요한 사건이라고 고백했습니다.

우리는 자신의 힘으로는 주님을 따를 수 없는 존재입니다. 그런 우리에게 여러 사건을 주셔서 주님을 따르게 하시고, 그 뜻을 깨닫게 하시는 것이 은혜 중의 은혜입니다. 질병과 고난으로 내 죄를 깨닫고 회개하는 것이 병 낫는 것과 비교할 수 없는 기쁨이고, 최고의 응답입니다.

암을 연구하는 어떤 의사 선생님이 한국인의 사망 원인 1위인 암이 하나님께로 인도하는 방법에서도 1위라고 했습니다. 우리는 암과 여러 고난을 겪으면서 비로소 무리 가운데서 나와 주님을 따르는 '한 사람'이 될 수 있습니다.

서기관의 자원함보다 "너는 나를 따르라"는 주님의 부르심이 먼저입니다. 내 열심이 아닌, '나는 감히 주님을 따를 수 없는 존재'라는 자각이 있을 때 주님을 따르는 제자가 됩니다. 나의 질병과 중독과 집착을 내려놓고 일어나 주님을 따를 때 급한 일보다 중요한 일, 구원의 길로 나를 인도하십니다.

◆ 어느 때 가족이 우선이고 또 어느 때 교회 공동체가 우선입니까? 날마다 말씀으로 인도함을 받으며 급한 일과 중요한 일을 분별하고 있습니까? 잘 먹여 주고 잘 입혀 주는 것보다 인내와 용서로 십자가의 본을 보이는 것이 가족에 대한 최선의 의무임을 알고 있습니까?

말씀으로 기도하기

어떤 병든 자도 주님이 만지시면 주님을 따르는 자가 되는 것을 보여 주십니다. 내 곁에 소망 없어 보이는 병든 자들을 기다려 주고, 주님의 십자가 길을 따르며 부르심에 응답하는 자가 되기를 원합니다.

병든 식구들이 주님을 따를 수 있도록 도와야 합니다(마 8:14~17).
　　육신의 정욕, 안목의 정욕, 이생의 자랑만 추구하면서 중독의 열병을 앓는 배우자와 자녀가 있습니다. 내 힘으로 고칠 수도, 감당할 수도 없는 그들을 주님이 봐 주시고 고쳐 주시옵소서. 소망도, 가망도 없어 보이는 사람일지라도 주님이 들어가 보고 만져 주시면 곧 일어나 주님께 수종드는 인생이 될 것을 믿습니다.

내 열심을 버리고 주님을 따라야 합니다(마 8:18~20).
　　주님이 베푸시는 기적만 좋아 주님을 잠시 따랐던 수많은 무리와 서기관 같은 마음으로 교회 공동체에 들어왔습니다. 그러나 힘든 환경이 싫고 힘든 말씀이 싫어서 떠나고 싶은 때가 있는 것을 고백합니다. 오직 주님에게만 소망을 두고 주님이 가신 좁고 힘든 십자가의 길을 따르게 하옵소서.

주님을 따르는 길에 나를 붙잡는 나의 분신, 가족이 있습니다
(마 8:21~22).

부모님 잘 모시고, 자녀도 번듯하게 키우고, 돈도 번 후에 주님을 따르겠다고 하는 저에게 주님은 영원한 생명이 있는 구원의 일을 먼저 하라고 하십니다. 모든 인생의 끝은 죽음이기에 생명의 길로 인도하시려는 주님의 음성에 반응하기 원합니다. 내 힘으로는 갈 수 없음을 고백하며 주님을 따를 때 구원의 길로 인도하실 것을 믿습니다.

우리들 묵상과 적용

여덟 번째로 옮긴 지금의 직장에 와서 일한 지도 어느덧 몇 달이 지났습니다. 하지만 여전히 과거 직장들의 좋은 점과 현재 직장의 단점을 비교하는 마음이 사그라들지 않고 있습니다. 일을 하다가도 '내가 지금 여기서 뭘 하고 있지? 왜 또 이런 직장을 택해서……' 후회하고, 자책에 빠지기도 합니다. 나름대로는 더 좋은 직장을 찾아 계속 옮겨 다녔지만, 몇 달만 지나면 늘 뒤를 돌아보고 후회하는 버릇이 있습니다.

그뿐 아니라 '나 잘난 열병'을 앓고 있기도 합니다(마 8:14). 늘 '나는 숫자에 강해서 돈 관리를 철저히 잘한다. 성실하고, 질서에 잘 순종한다. 경험이 많다. 나처럼 많이 아는 사람이 어디 있느냐, 이렇게 좋은 인재를 어디서 구할 수 있느냐' 하는 말을 하루에도 수십 번씩 속으로 외치고 다닙니다. 반면 나이는 점점 들어 모든 능력과 지력이 쇠하고 있음에도 그 사실을 인정하지 못합니다. 저의 부족함은 전혀 보지 못하고, 제가 지금 처한 상황이 늘 옛날보다 못하다는 생각만 하며 과거의 영광에 사로잡혀 있습니다. 그렇기에 지금의 모든 것이 못마땅합니다. 불평불만이 가득하니 늘 속이 부글부글 끓고 열이 납니다. 평강과 화평이 없으니 매사에 감사하는 마음도 없습니다. 그러나 오늘 말씀을 읽고 죽은 자들에 대한 미련을 버리지 못하고, 장사 지내는 것에 집착하는 제자처럼 10여 년을 과거에 집착하느라 앞으로 한 발짝도 더 나아가지 못한 저의 부족함을 보게 됩니다(마 8:22). '우리의 연약한 것을 친히 담당하시고 병을 짊어지신 예수님'을 의지하지 못하고(마 8:17), 오직 내 생각에 사로잡혀 내 뜻대로 행하며 열병을 앓아온 환자임을 고백합니다(마 8:14).

연약하고 병든 저를 치유하시고자 주님은 때마다 새로운 일터와 새로운 기회를 주시는데, 저는 늘 거기에 만족하지 못한 채 뒤만 돌아보고 후회하며 살아왔습니다. 이제부터라도 "죽은 자들이 그들의 죽은 자들을 장사하게 하고 너는 나를 따르라"는 말씀에 따라 과거에 대한 집착을 버리고(마 8:22), 사명을 향해 앞으로 나아가는 인생을 살기를 소원합니다. "내게 줄로 재어 준 구역은 아름다운 곳에 있음이여 나의 기업이 실로 아름답도다"라는 말씀대로 지금 제게 허락하신 이 직장이 바로 제게 주신 축복의 땅이며(시 16:6), 제가 지키고 섬겨야 할 곳임을 깨닫게 됩니다.

이 땅에서 주님을 잘 따르고 순종하며 영혼 구원의 사명을 잘 감당하기를 소망합니다. '열병이 떠나가고 일어나서 수종을 드는 여인'처럼 직장의 모든 질서에도 잘 순종하겠습니다(마 8:15). 불평불만의 마음을 버리고 항상 감사하는 마음으로 주어진 일에 최선을 다하고, 손과 발이 가는 적용으로 직장 동료들을 잘 섬기겠습니다.

영혼의 기도

하나님 아버지, 주님을 따르는 것이 가장 큰 행복이고 기쁨인데, 다른 곳에 안식이 있다고 세상을 따르다가 열병과 중독에 시달리고 있습니다. 이제라도 저의 열병에서 일어나 주님께 수종 들기 원합니다. 베드로의 집을 찾으신 것처럼 우리의 가정에 찾아와 주시옵소서. 베드로의 장모를 보신 것처럼 저와 저희 가족의 죄와 중독을 보시고 만져 주시옵소서.

서기관처럼 주님을 따르겠다고 내 열심을 내세웠지만, 거기에는 병 낫는 것만 바라는 기복의 욕심이 있었습니다. 가족을 다 전도하면 교회에서 봉사하겠다고 가족 사랑을 내세웠지만, 공동체에 섞이기 싫고 시간을 뺏기기 싫은 개인주의와 이기심이 그 안에 있었습니다. 주님, 저의 열심과 집착을 내려놓고 주님을 따르기 원합니다. 아직도 제 발목을 잡는 변명과 염려를 주님께 맡기기 원합니다.

날마다 주님의 지혜로 급한 일보다 중요한 일을 행하게 하옵소서. 병 낫는 것보다, 육신의 만족을 채우는 것보다 중요한 구원의 일을 행하게 하옵소서. 그래서 제가 속한 가정과 직장에서 주님을 따르는 제자의 삶을 살게 하옵소서. 예수님 이름으로 기도하옵나이다. 아멘.

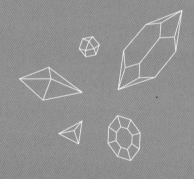

바람과 바다도 순종하는 분

마태복음 8:23~27

하나님 아버지, 생각지 못한 광풍이
우리 앞에 있다고 하십니다.
그 광풍을 어떻게 이겨 내야 할지,
주님과 한배에 타는 것이 무엇인지
말씀하여 주옵소서. 듣겠습니다.

젤리 사탕을 먹으며 잘 놀고 있던 양 집사님의 아들 상호가 갑자기 몸이 뻣뻣해지고 숨이 가빠지더니 정신을 잃고 말았습니다. 갑작스러운 일에 눈앞이 캄캄해졌습니다. 응급실에 가서도 금방 깨어나지 않는 상호를 보며 눈물이 그치지 않았습니다. 곧 정신이 돌아왔지만 원인을 찾으려고 뇌파 검사를 했습니다. 검사 결과 뇌파 사이에 강한 스파크가 일어났다고, 다시 정밀 검사를 해야 한다고 했습니다. 지속적인 발작으로 이어질지도 모르는 심각한 상황이었습니다.

건강하게만 보이던 아이였는데, 갑작스러운 광풍이 상호네 가정에 몰아쳤습니다. 두려움과 근심의 광풍 속에서 주님은 어떤 모습으로 우리 곁에 계실까요? 우리가 따라야 할 주님은 어떤 분일까요?

주님과 한배를 타라

배에 오르시매 제자들이 따랐더니_마 8:23

치유 능력에 열광하는 무리를 떠나 배에 오르시는 예수님입니다. 사람은 무시할 대상도 아니지만 안주의 대상도 아닙니다. 그래서 나에게 열광하며 잘해 줘도 떠나야 할 때가 있고, 나를 힘들게 해도 머물러야 할 때가 있습니다. 그때가 언제이든지 우리는 주님을 따라 주님이 오르시는 배에 같이 오르면 됩니다.

상호의 뇌에 이상이 있을 수 있다는 말에 광풍을 만난 양 집사님은 시어머니의 권유로 우리들교회에 온 분입니다. 남편의 외도로 이혼을 생각했다가 한 번만 와 보라는 간절한 권유에 별 기대 없이 시어머니를 따라 왔다고 합니다. 그런데 오고 나니 하나님의 계획이 있었음을 부정할 수 없다고 했습니다. 방황하던 남편이 죄를 회개하며 믿음의 뿌리를 내렸습니다. 직장도 다시 얻고, 교회에서 쓰레기 수거를 도맡아 하며 열심히 섬기더니 이제는 부부 소그룹 모임의 리더가 됐습니다.

주님이 왜 배에 오르시는지 알 수 없어도, 주님을 따라 배에 올랐다면 그것으로 된 것입니다. 어떤 일을 만날지 몰라도 주님과 한배에 있다는 그것으로 된 것입니다. 그러면 주님이 모든 것을 책임지십니다.

바다에 큰 놀이 일어나 배가 물결에 덮이게 되었으되……_마 8:24a

주님을 따라서 배에 올랐는데 풍랑을 만났습니다. 주님을 만나서 이제는 말씀을 따라 살려고 하는데 고난이 찾아옵니다. 성경을 아예 모를 때는 내 뜻과 욕심대로 살면 되니까 차라리 편합니다. 성경을 읽고 그 뜻을 알수록 갈등이 일어납니다.

양 집사님도 처음 교회에 와서는 전보다 더 우울하고 힘들었다고 합니다. 하나님의 말씀으로 가정이 회복되고 상처가 치유되는 것은 인정하지만, 말씀에 비춰 볼 때 자신의 죄보다 남편과 시어머니의 죄가 자꾸 보여서 힘들었던 것입니다. 믿기 전에는 판단하는 것이 죄인 줄 몰랐는데, 그 판단이 죄라는 것을 알게 되니 더 많은 갈등이 일어났습니다.

예수님을 따라 배에 올랐어도 풍랑을 만날 수 있습니다. 예수님을 믿고 구원을 받았어도 고난이 찾아올 수 있습니다. 전에는 하지 않던 고민과 갈등 때문에 인생이 더 복잡해진 것처럼 보일 수 있습니다.

그래서 '성령 충만'은 '갈등 충만'입니다. 성령의 임재가 충만할 때 늘 평안하기만 할 수는 없습니다. 육신의 정욕과 안목의 정욕과 이생의 자랑이 가득하던 내 안에 성령이 충만해지니, 전에는 갈등하지 않던 것들을 갈등하게 됩니다. 전에는 옳다고 생각했던 것들이 말씀에 비춰 보니 문제가 되기 시작합니다. 특히 양 집사님처럼 신앙의 초기에는 믿기 전보다 더 많은 갈등이 일어날 수 있습니다. 이것은 불신자들의 염려와는 차원이 다른 것입니다.

예수님을 믿는다고 무조건 문제가 없기를 기도해야 할까요? 예수님과 한배에 올랐다면, 이제 문제가 없기를 구하는 것이 아니라 문제를 이기도록 기도해야 합니다. 어떤 풍랑과 고난이든 거기에 하나님의 목적이 있기 때문입니다. 그 목적과 뜻을 알게 해 달라고, 그래서 문제에 걸려 넘어지지 않고 이기게 해 달라고 기도해야 합니다.

기적은 불신앙을 몰아내지 못합니다. 기적으로 문제가 해결되고 병이 낫는다고 믿음이 생기는 것은 아닙니다. 예수님이 전도하려고 기적을 베푸셨을까요? 그렇지 않습니다. 하나님의 통치와 하나님의 권위와 하나님의 능력을 보여 주려고 기적을 베푸신 것입니다. 기적 때문에 복음이 전해지고 예수님을 믿게 되는 것이 아닙니다.

나병환자와 백부장 하인의 병이 기적처럼 나았어도 그것을 '나'에게 주시는 메시지로 들어야 믿음을 가질 수 있습니다. 내가 고침을 받아야 할 병자이고, 내 삶에 주님의 통치가 필요함을 인정하는 것이 믿음의 시작입니다. 이를 위해 주님은 기적이 아닌 광풍을 내 삶에 허락하십니다. 부르심 있는 인생이라면, 광풍을 만난 것은 슬퍼할 일이 아니라 기쁜 일입니다. 광풍으로 나와 한배에 계신 주님의 인도하심을 발견하기 때문입니다. 광풍은 나와 함께 가고자 하시는 하나님의 깊은 배려이고 사랑입니다.

◆ 외도와 질병과 부도와 이혼의 광풍을 만났습니까? 분노의 놀과 원망의 물결이 우리 가정을 덮치려 합니까? 그럼에도 주님과 한배에 올랐기에 주님이 책임지실 것을 믿습니까? 힘들어도 성경을 펴고 말씀을 묵상하고, 예배에 참석하고, 지체들에게 기도를 부탁하는 등 예수님과 한배에 타는 구체적인 적용을 실천해 봅시다.

나의 두려움을 아시는 주님

바다에 큰 놀이 일어나 배가 물결에 덮이게 되었으되 예수께서는 주무시는지라_마 8:24

큰 놀과 물결이 배를 덮치려 하는데 예수님은 주무신다고 합니다.

문제가 일어났는데 말씀이 깨달아지지 않을 때, 기도가 되지 않을 때 예수님이 주무시는 것처럼 보입니다. 내 문제를 해결하지 않고 모른 척하시는 것만 같습니다.

주님의 주무심은 외면이 아닌 '체휼'입니다. 육신을 입고 오신 창조주 하나님이 사역의 피로로 주무십니다. 이것이 우리의 희망입니다. 주님이 나처럼 피로와 아픔을 느끼셨다는 것이 우리가 주님을 신뢰할 수 있는 근거입니다. 나의 두려움과 슬픔을 몸소 체험해서 누구보다 잘 아시기에, 우리는 주님을 신뢰해야 합니다. 그래야 왜 광풍이 찾아왔는지, 왜 주님이 주무시는지 그 뜻을 깨달을 수 있습니다.

주님은 피곤하면 잠잘 수밖에 없는 인간의 연약함을 체휼하기에 사람을 아끼십니다. 자신의 연약함을 모르는 사람은 다른 사람을 아낄 수 없습니다. 창조주 예수님이 육신을 입고 오셔서 육체의 한계를 절절히 느끼시기에, 사람을 아끼는 진정한 리더십을 발휘하십니다.

몇 년 전 신문 칼럼에서 읽은 글입니다. 대안학교인 한 고등학교에 전과 13범의 조폭 출신 학생이 들어왔습니다. 소주병을 허리춤에 넣고 러닝셔츠 차림으로 등교하는 무시무시한 이 학생을 모든 선생님들이 포기했지만, 교장선생님만은 포기하지 않았다고 합니다. 학교 행사가 있을 때마다 일부러 그 학생에게 진행을 맡겼습니다. 개교기념일에는 표창장을 줬습니다. 표창장의 내용은 어떤 것이었을까요?

"표창장 1학년 아무개, 위 학생은 앞으로 선행을 할 가능성이 있으므로 이 상을 주어 표창함."

종이로 된 상장을 주면 찢어 버릴까 봐 패널로 액자를 만들어서 표창장을 줬습니다. 상장을 받아 든 부모님은 목이 메었습니다. 집에서 잘 보이는 곳에 상장을 걸어 두고 사람들에게 자랑했습니다. 결국 전과 13

범의 학생은 자격증을 3개나 따고 전문대학에 입학했다고 합니다.

　　리더십의 생명은 '감동'이라는 것이 이 칼럼의 주제입니다. 흔히 리더십이라고 하면 영웅과 거인과 카리스마와 권위 같은 것을 연상합니다. 하지만 사람들은 사소한 배려와 따뜻한 관심을 받을 때 따르고 싶은 마음이 생긴다는 것입니다. 직장인도 상사의 따뜻한 모습에 감동을 받기 마련입니다. 아침 일찍 마주쳤을 때 "밥 먹고 왔냐?"고 묻고, 회식이 끝나면 "아이 갖다 주라"며 케이크 하나를 건네는 상사에게 평생 따르고 싶은 충성심을 느꼈다는 기사를 읽었습니다.

　　어떤 회사원이 남미로 출장을 가 있는 중에 9.11 테러가 벌어졌습니다. 미국을 경유하는 비행기 표를 구하기가 어려웠고, 5천 달러가 더 비싼 유럽 경유편만 남아 있었습니다. 그때 "비싸더라도 안전한 길로 돌아오라"는 상사의 한마디가 충성할 마음을 가지게 했다고 합니다.

　　어떤 사람은 신입사원 시절에 등산하다가 사장님을 만났습니다. 사장님이 자신의 이름과 친분 관계까지 기억하며 "아무개와 자주 얼굴을 보는가?" 하고 물었습니다. 그때 사장님에게 충성하고 싶다는 생각이 들었다고 합니다. 감동을 주는 리더십, 평생 따르고 싶게 만드는 리더십은 이런 것입니다. 일이 아니라 사람이 우선이 될 때 리더십을 가질 수 있습니다. 사람을 아껴야 공동체에 자원하는 마음이 일어납니다. 사람을 아끼는 지도자가 리더십을 발휘합니다.

◆ 예수님이 나의 고난을 외면하고 주무시는 것 같아 두려워합니까? 나의 두려움과 연약함을 너무도 잘 아시기에, 주무시는 것 같은 상황에서도 나를 위해 일하고 계심을 신뢰합니까? 가정과 직장에서 다른 이들의 아픔을 체휼함으로 리더십을 발휘하고 있습니까?

세상을 꾸짖는 믿음

25 그 제자들이 나아와 깨우며 이르되 주여 구원하소서 우리가 죽겠나이다 26 예수께서 이르시되 어찌하여 무서워하느냐 믿음이 작은 자들아 하시고 곧 일어나사 바람과 바다를 꾸짖으시니 아주 잔잔하게 되거늘_마 8:25~26

'믿음이 작은' 제자들은 주님을 따르면서도 염려가 많습니다. 광풍 가운데 주님은 주무시는데 제자들은 잠을 못 잡니다. 거친 파도가 두려워서 아무리 피곤해도 잘 수가 없습니다. 저도 설교를 앞두고 잠을 설칠 때가 있습니다. '내일도 꼭 살아나야 할 사람이 있을 텐데, 설교에 은혜를 못 받으면 어쩌나' 이런저런 생각에 잠을 못 잡니다.

잠을 제대로 못 자는 사람은 건강할 수 없습니다. 어떤 사건이 와도 여전히 잘 자고 잘 깨는 사람이 건강한 사람입니다. 건강한 사람은 깰 시간에 깨서 일하고 잘 시간에 자는 사람입니다. 일을 안 하고 낮에 자면서 밤에 잠이 안 온다고 걱정하는 것은 어리석은 악순환입니다. 당연히 건강할 수가 없습니다.

영적으로 건강한 사람은 주님이 깨실 때 깨고 주님이 주무실 때 같이 잘 수 있습니다. 주어진 시간 동안 최선을 다해서 일한 사람은 언젠가 하나님이 부르실 때 "아멘! 주 예수여 오시옵소서" 하고 갈 수 있습니다. 해야 할 일을 안 하고 건강한 삶을 살지 못했기 때문에 "이대로는 못 죽어! 못 죽어!" 하면서 안식을 못 누리는 것입니다.

구원의 주님이 바로 내 앞에 계시는데도 "우리가 죽겠나이다" 하는 형편없는 믿음입니다. 그래도 주님은 우리의 기도에 깨어나시고 응답하십니다. 광풍에는 주무셔도 제자들의 소리에는 깨시는 주님입니다.

두려운 상황에서 두려움을 느끼는 것이 잘못은 아닙니다. 그러나 그 두려움이 우리를 뒤덮게 하지는 말아야 합니다. '믿음이 작은' 것이 두려움의 원인입니다. 작은 믿음으로라도 주님을 흔들어 깨울 때, 주님은 바람과 바다를 꾸짖는 권위로 우리의 광풍을 잠잠하게 하십니다.

광풍 가운데 주무신 것도, 제자들의 우는 소리에 깨어나 바람과 바다를 꾸짖으신 것도 주님의 제자 훈련입니다. 광풍이 많을수록 많은 교훈을 배웁니다. 질병의 광풍과 실직의 광풍과 외도의 광풍 속에서 부모가 어떤 태도를 보이느냐가 자녀 교육을 결정합니다. 고난 속에서도 평강을 보이는 것이 가장 효과적인 전도이고 신앙 교육입니다.

광풍이 가정과 공동체를 덮칠 때, 우리가 할 일은 주님을 깨우는 것입니다. 두렵고 힘들 때마다 말씀 묵상으로 주님을 깨우고, 기도와 찬양으로 주님을 깨우는 것입니다. 바람과 바다를 꾸짖으시는 예수님의 권위에 나를 맡기고, 말씀으로 두려움과 분노를 꾸짖어야 합니다. 어떤 환경도 말씀만 들어가면 잠잠해집니다.

자연을 통치하고 병을 고치시는 주님입니다. 주님의 말씀으로 내 안의 불평과 미움의 바다, 증오와 무서움의 바다, 허풍의 바람, 안목의 정욕의 바람이 잠잠해집니다.

그 사람들이 놀랍게 여겨 이르되 이이가 어떠한 사람이기에 바람과 바다도 순종하는가 하더라_마 8:27

말씀으로 나의 미움과 증오를 꾸짖어서 광풍이 잠잠해지면, 주변 사람들이 놀랍게 여깁니다. "하나님이 정말 살아 계신가 봐? 성경에 뭐가 있긴 있나 봐?" 하면서 예수님을 알고 싶어 합니다.

배우자가 바람을 피웠는데 "말씀을 묵상하면서 남편에게 문제가 있는 것이 아니라, 사랑보다 욕심이 앞섰던 제가 죄인이라는 것을 알았어요" 하고 고백하면 모두가 놀랍게 여깁니다. 그것이 말씀으로 꾸짖는 것입니다. 꾸짖는다고 해서 성경 지식을 휘두르면서 다른 사람을 정죄하라는 것이 아닙니다. 고난 가운데 주님을 신뢰하면서, 안 믿는 사람들은 죽었다 깨어나도 못할 용서와 사랑을 보이는 것이 잘 꾸짖는 것입니다. 그럴 때 나와 우리 가정을 위협하던 불평과 미움의 바람, 증오와 정욕의 바람이 순종합니다.

어느 목사님의 칼럼에서 이 세상을 멋지게 꾸짖는 택시 기사의 이야기를 읽었습니다. 간혹 택시를 타면 경기가 좋지 못하다고 불평불만을 늘어놓는 기사들이 있습니다. 그런데 이 기사님은 지금까지 만났던 기사들과 달랐다고 합니다. 목적지로 가는 도중에 두 번이나 길을 묻기에 "왜 손님에게 가는 길을 일일이 물으세요?"라고 했습니다. 그랬더니 "손님마다 자기가 익숙한 길이 있는데 그 길로 가는 것이 손님에게 좋죠. 혹시 길이 막히더라도 저의 부담이 덜어지지 않을까요?"라고 했답니다.

다른 기사들과 너무 다른 반응에 흥미가 생긴 목사님은 요즘 경기가 어떠냐고 물어봤습니다. 다른 기사들은 대부분 투덜대는데, 그분은 의외의 대답을 했습니다.

"경기라는 것이 각자가 하기 나름이에요. 집에서 놀면 경기가 안 좋고 이렇게 열심히 달리면 경기가 좋아져요. 저는 경기가 좋습니다!"

멋진 대답이기는 하지만 예상하지 못한 대답이어서 조금 놀랐다고 합니다. 그때 차 안에서 라디오 방송이 흘러나왔는데 극동방송이었습니다.

"이렇게 좋은 찬송을 들으면서 운전하다가 가끔 전도도 할 수 있어요. 운전하며 사는 것이 얼마나 좋은지 몰라요."

목사님이 그분에게 또 물었습니다.

"운전하다 보면 짜증 나는 일이 많지요?"

그분은 물론 그렇다고 대답했습니다. 목적지에 도착해서 돈 없다는 사람도 있고, 차를 세우고 1만 원어치만 태워 달라는 사람도 있다고 합니다. 그런 사람들도 태워 주는데, 그럴 때는 1만 원이 나오는 지점에서 미터기를 꺾는다고 합니다. 계속해서 미터기의 숫자가 올라가면 그 사람에게 부담만 주기 때문이라는 것이죠. 이런 이야기를 듣다 보니 문득 영화에서나 볼 수 있는 '하늘에서 내려온 천사'가 아닌가 하는 생각이 들었다고 합니다.

개인택시도 아니고 회사 택시를 운전하는 기사에게 이런 모습을 보고는 너무 기분이 좋고, 같은 성도의 한 사람으로서 뿌듯하기까지 해서 내릴 때 요금을 조금 더 드렸다고 합니다. 세상 택시를 탄 것이 아니라 하나님 나라의 택시를 탄 것 같았답니다. 그분은 누가 봐도 평범한 택시 기사이지만, 왕 같은 제사장의 삶을 살면서 평신도로서 엄청난 사역을 감당하고 있는 분이었습니다.

잘 믿으면 잘 사는 길이 보입니다. 잘 살면 잘 믿는 길이 보이는 것이 아닙니다. 무슨 직업을 갖든 이렇게 늘 기쁜 마음으로 하면 길이 열릴 줄 믿습니다. 상사나 고객이 부당한 이유로 화를 내도 말씀으로 인내하며 분노의 바람을 꾸짖을 때 모든 상황이 잠잠해집니다. 이것이 세상을 꾸짖는 믿음의 모습입니다.

상호의 발작으로 상호네 집에도 광풍이 찾아왔습니다. 이 광풍을 어떻게 꾸짖어야 할까요?

사실 그동안 양 집사님은 많이 우울했다고 합니다. 아직 용서하지 못한 남편의 지난 잘못과 시어머니에 대한 판단이 불쑥불쑥 괴롭히는데, 그 속을 다 털어놓지 못하니 우울함이 찾아왔습니다. 고난이 지나고 잠잠해지니 이런저런 생각만 많아지고 영적으로 안일해졌습니다. 예수님도 내 진심을 모른 채 주무시는 것만 같았습니다. 그렇게 뭔지 모를 답답함이 집사님의 마음을 누르고 있을 때, 아들의 발작이라는 광풍이 집사님을 흔들어 깨운 것입니다.

저의 안일한 생활을 보다 못해 깨어나라고 주신 사건이라 생각합니다. 기도할 수 있는데 걱정만 하고, 기도하면서 근심하고, 진정으로 주님 앞에 무릎 꿇지 못한 제 모습을 회개합니다. 저 또한 하나님 안에 속한 그리스도인으로 살지 못하면서 시어머니와 남편을 정죄했습니다. 남을 정죄한 교만함을 회개합니다. 제가 주님을 찾고 만날 수 있도록 저를 위해 수고한 남편을 진심으로 용서하고, 또한 용서받고 싶습니다.

세례를 받은 예수님께 하나님이 "이는 내 사랑하는 아들이요 내 기뻐하는 자라"고 말씀하신 것처럼(마 3:17), 저도 몸과 마음을 깨끗하게 해서 사랑받는 아들이요 주님을 기쁘게 해 드리는 자로 살기를 소원합니다. 방황하지 말고 깨어 있으라고 하신 말씀을 절실히 마음에 새기며, 상호에게 아무런 이상이 없기를 기도합니다. 아이를 지켜 주시고, 만약 좋지 않은 결과가 나오더라도 남편과 제가 담대할 수 있도록 기도를 부탁드립니다.

상호의 뇌 검사를 앞두고 양 집사님이 올린 기도 제목입니다. 아들의 사건으로 자신의 안일함과 교만을 회개하고 용서를 구했을 때, 마음속의 광풍이 잠잠해졌습니다. 신앙생활을 하면서도 해결되지 않던 우울함과 판단이 잠잠해졌습니다. 고난 없는 삶이 아니라 담대함을 구하는 성숙한 기도를 드리게 됐습니다. 일주일 뒤, 상호의 뇌에서 아무런 이상도 발견되지 않았다는 고마운 소식을 들었습니다.

가장 무서운 것은 내 안의 광풍입니다. 내 안에서 요동하는 불신과 원망의 바람, 미움과 분노의 바다가 나를 뒤덮고 가정과 직장을 뒤덮는 것입니다.

어떤 광풍도 두려워하지 마십시오. 내 힘으로 꾸짖을 수도, 다스릴 수도 없는 광풍 속에서 우리가 할 일은 주님을 깨우는 것입니다. "죽겠나이다" 하고 우는 소리를 했다가 믿음이 작다고 주님께 야단맞아도 우리는 주님을 깨워야 합니다. 야단 좀 맞으면 어떻습니까? 나의 연약함을 체휼하시는 주님이기에 나의 두려움도 너무나 잘 아십니다. 나를 아시는 주님, 나를 사랑하시는 주님은 바람과 바다도 순종하는 분입니다. 그분을 신뢰함으로 세상 모든 것을 다스리는 권위, 세상이 놀랍게 여기는 놀라운 권위가 내게도 주어집니다.

❖ 광풍 같은 사건에서 바람과 바다도 순종하는 주님의 권위에 의지해 두려움과 갈등을 꾸짖습니까? 아니면 "죽겠나이다" 하며 우울해하고 낙심합니까? 먼저 회개함으로 내 안의 광풍을 꾸짖을 때 모든 것이 잠잠해지는 것을 알고 있습니까? 난폭함은 온유함으로, 거짓은 정직으로, 원망은 화해로 꾸짖으며 세상이 놀랍게 여기는 믿음을 보이고 있습니까?

말씀으로 기도하기

주님을 믿어도 인생의 풍랑은 끝없이 밀려옵니다. 믿는 자는 그때마다 '죽겠나이다' 하며 낙심하는 대신, 나의 연약을 아시고 불쌍히 여기시는 예수님을 말씀으로, 기도로 깨워야 합니다. 바람과 파도를 꾸짖으시는 예수님의 권위와 능력으로 내 속의 풍랑을 꾸짖어 잠잠하게 하며 세상이 놀랍게 여기는 믿음을 보이기 원합니다.

주님과 한배를 타고 있는 것을 기억해야 합니다(마 8:23~24).
외도와 질병과 이혼과 부도의 풍랑 가운데 주님이 함께 계시는 것을 잊고 낙심하며 슬퍼하는 저를 불쌍히 여겨 주시옵소서. 고난 가운데 넘어져 일어날 힘조차 없지만 여전한 방식으로 말씀을 묵상하고 공동체에서 나누며 이 모든 것이 내게 능력 보이시려는 주님의 사랑임을 깨닫게 해 주시옵소서. 이 광풍으로 나와 함께 가고자 하시는 주님의 깊은 사랑을 알기 원합니다.

나의 두려움을 알고 체휼하시는 주님이십니다(마 8:24).
남보다 조금 더 가진 것이 있다고 교만하여 다른 이들을 체휼하기보다 정죄를 일삼는 죄인입니다. 그래서 어떤 리더십도 발휘할 수 없고 어떤 설득도 할 수 없는 자인 것을 고백합니다. 육신을 입고 오신 주님이시기에 나의 연약과 부족을 누구보다도 체휼하고 이해하신다는 것을 기억하고 주께서 나에게 보이신 겸손과 사랑을 배우기 원합니다.

광풍 가운데 내 죄가 보여야 상황이 잠잠해집니다(마 8:25~27).

가장 무서운 제 안의 광풍을 잠잠하게 해 주시옵소서. 내 죄가 보여야 광풍이 잠잠해진다고 하셨으니 배우자가 바람을 피워도 자식이 집을 나가도 내 죄가 생각나게 해 주시옵소서. 내 안의 미움과 우울과 슬픔의 무서운 광풍 앞에 할 수 있는 일이 없어 주께 나아가오니 저를 도와주시옵소서.

우리들 묵상과 적용

IMF 외환 위기 때 망하는 사건을 겪은 이후 그 후유증으로 날마다 불면증에 시달렸습니다. 그것이 우울증인지 제대로 알지도 못한 채 참고 지냈습니다. 몸은 몸대로 가누기 힘들 정도로 아파 종일 몸살에 시달렸습니다. 그러다가 40대 후반부터 갱년기 증상이 나타나면서 오랫동안 치료하지 못하던 우울증과 몸살까지 합세해 저를 괴롭혔습니다. 마치 바다에 큰 놀이 일어나 배가 물결에 덮이게 된 것처럼 광풍 같은 질병이 저를 뒤덮었습니다(마 8:24).

제 몸은 식물인간이나 다름없었습니다. 집안일도 제대로 할 수 없고, 집 밖으로 나갈 수도 없을 만큼 몸이 힘들었습니다. 꼼짝도 하지 않고 집 안에만 틀어박혀 있는 날이 허다했습니다. 남편은 항상 부재중이고 아들들은 외국에 나가 있기에 집에 혼자 남아 "괴로움과 외로움에 내가 죽겠나이다"를 외쳤습니다(마 8:25). "나를 괴롭게 하려고 이러시냐, 지금 저 좀 데려가시라"고 날마다 울었습니다(마 8:29). 정작 예수님을 믿는답시고 교회는 다녔지만, 믿음이 부족하니 힘든 광풍 속에서 주님을 의지하지 못하고 그저 무서워 떨기만 했습니다(마 8:26).

그러나 참 이상하게도 견딜 수 없는 고통으로 바닥을 치게 되자, 말씀이 그리워지고 입에서는 기도가 저절로 터져 나왔습니다. 말씀에 갈급하고 기도가 간절해지니 예배를 사모하게 되었습니다. 주일예배는 물론 매주 교회 소그룹 예배의 자리에도 나가기 시작했습니다. 소그룹 예배 시간에 마음속에 있는 분노와 아픔을 다 토해 내고 말씀으로 양육을 받았습니다. 또한 공동체 지체들이 추천해 준 병원에서 마음의 치료도 함께 받으니 영과 육이 점점 살아나게 되었습니다.

조금씩 마음에 평안을 되찾고 보니 그동안의 모든 힘든 사건들이 말씀으로 하나씩 해석되었습니다. 그러면서 욕심과 교만으로 가득한 제 모습이 보였습니다. 내 의와 열심으로 똘똘 뭉쳐져서 '나만 옳고, 나만 잘했다'며 살아온 저의 교만과 아집을 무너뜨리시기 위해 꼭 있어야 할 사건이었음을 깨닫게 되었습니다. 그제야 비로소 제 입에서 "내 힘으로 아무것도 할 수 없다"는 고백이 터져 나왔습니다. 겉으로는 고상하고 겸손한 척했지만, 마음속에는 교만이 가득하여 늘 가족들을 판단하고 정죄하고 지적하며 많이 힘들게 한 것을 회개합니다.

말씀이 들리지 않는 저를 불쌍히 여기시고, 광풍 같은 질병을 허락해서라도 저를 돌이키신 주님의 사랑을 뼈저리게 느낍니다. 유별난 갱년기와 우울증 때문에 하나님을 원망할 수밖에 없었는데, 큰 놀이 요동치는 바다에 빠진 저의 손을 잡아 주시고 건져 주심으로 새로운 인생을 살게 하셨습니다. 어떤 바람과 바다도 잔잔하게 하시는 주님을 믿고 의지합니다(마 8:26).

영혼의 기도

하나님 아버지, 바람과 바다도 순종하는 주님을 따르기 원합니다. 제 앞에 광풍이 올지 순풍이 올지 알 수 없어도, 주님과 한배에 오른다면 주님이 모든 일을 책임지실 것입니다.

두려움으로 정신이 없을 때는 주님이 주무시는 것처럼 보일 때도 있습니다. 그러나 주님이 저를 몰라서 주무시는 것이 아니라, 저의 연약함을 체휼하고 평강을 보이시는 것임을 알았습니다. 인간의 아픔과 두려움을 알고 우리를 아끼시기에, 어떻게 평강을 보이고 대처할지를 가르쳐 주시는 것임을 알았습니다. 가정과 직장과 공동체에서 사람을 아낌으로 다른 이들의 아픔을 공감하게 하옵소서. 모두가 두려워하는 광풍 속에서도 세상이 놀랍게 여기는 믿음을 보이게 하옵소서.

날마다 저와 가정을 뒤덮는 바람과 바다 앞에서 "죽겠나이다" 하고 낙심할 때가 많은 것을 불쌍히 여겨 주시옵소서. 그때마다 사람과 돈을 깨우지 않고 오직 주님을 깨우기 원합니다. 기도로 주님을 깨우고, 큐티와 예배로 주님을 깨우게 하옵소서. 바람과 바다를 꾸짖으시는 주님의 권위로 먼저 제 안의 광풍을 꾸짖기 원합니다.

배신과 가난과 질병의 광풍도 두렵지만, 그보다 더 두려운 것은 제 안에 일어나는 불신의 광풍입니다. 말씀으로 제 안의 광풍을 꾸짖어 주시옵소서. 주님이 꾸짖으심으로 마음속의 광풍이 잠잠해지고, 세상이 놀라는 평안을 보이기 원합니다.

온유함과 사랑과 인내와 용서로 세상을 꾸짖게 하옵소서. 믿음 없이 두려움에 처한 가족과 이웃에게 주님의 권위를 나타내게 하옵소서. 예수님 이름으로 기도하옵나이다. 아멘.

9

당신에게 예수 그리스도는 누구인가?

마태복음 8:28~34

하나님 아버지, 주님이 고쳐 주실 것을 믿으며
예수 그리스도를 내 인생의 구주로 고백하기 원합니다.
말씀하여 주옵소서. 듣겠습니다.

밤마다 잠을 못 이루며 환청에 시달리고, 술만 마셨다 하면 직장 동료와 싸움을 일으키는 사람이 있었습니다. 평소 문제가 없던 사람이 갑자기 예민해지고 난폭해지더니 주위 사람들까지 괴롭혔습니다. 도대체 왜 그러는지 이유를 알 수 없었습니다. 귀신 들린 사람처럼 곁에 다가가기도 어려웠습니다.

그러던 그가 어느 새해 첫날에 스스로 경찰서를 찾았습니다. 자신이 저지른 죄에 대한 죄책감을 떨칠 수 없어서 자수하러 왔다고 했습니다. 무슨 일인지 들어 보자는 수사관 앞에서 그가 털어놓은 고백은 너무나 놀라운 것이었습니다. 7년 전, 자기 손으로 형을 죽였다는 것입니다.

한때 병원을 두 개나 경영할 정도로 유능한 의사였던 그의 형은 병원의 부도로 큰 빚을 졌다고 합니다. 빚을 갚을 능력도 없고, 처자식의 생계를 책임져야 할 그에게 회생의 길은 보이지 않았습니다. 그래서 고액을 보장받는 생명보험을 들어 놓고 동생에게 자신을 죽여 달라고 부탁했습니다. 교통사고로 위장해서 자신을 죽여 달라고, 그러지 않으면 어떻게든 자살하겠다는 형의 설득에 동생도 어쩔 수 없었습니다. 고속도로에서 형을 치어 죽게 하고, 보험금은 형수에게 줬습니다.

그 뒤 7년 동안, 밤마다 형이 찾아와 원망 섞인 표정으로 "왜 나를 죽였느냐"며 방문을 두드리는 꿈에 시달렸습니다. 다른 사람과 이야기할 때도 형을 죽인 놈이라는 환청이 들렸습니다. 죄책감을 견디지 못해 결국 자수했지만, 자수를 해도 마음이 시원하지 않다고 했습니다.

의사인 형과 버젓한 직장인이었던 동생, 30대의 두 엘리트 청년이 왜 이런 선택을 해야 했을까요? 고액의 보험금이 한 사람의 목숨을 버리고, 또 한 사람의 인생을 망쳐도 좋을 만한 가치가 있는 것일까요?

돈이 문제가 아닙니다. 부도가 나고 빚을 진 것이 문제가 아닙니다. 어떤 문제가 있고, 어떤 죄를 지었어도 '나에게 예수님이 어떤 분이신가'에 따라서 해결이 될 수도, 안 될 수도 있습니다.

오늘 당장 인생을 끝내고 싶은 고난 가운데 있습니까? 나에게 예수님이 구세주라면, 아직 믿음이 없어도 조금이라도 예수님을 알고 싶어 한다면, 그 이름을 한 번이라도 들어 본 적이 있다면 그것으로 충분합니다. 그것만으로도 살길이 있습니다.

당신에게 예수님은 어떤 분입니까?

나를 괴롭게 하시는 예수님

또 예수께서 건너편 가다라 지방에 가시매 귀신 들린 자 둘이 무덤 사이에서 나와 예수를 만나니 그들은 몹시 사나워 아무도 그 길로 지나갈 수 없을 지경이더라_마 8:28

병 고침을 바라는 나병환자와 백부장의 하인, 주님을 따르면서도 광풍 가운데서 두려워하는 제자들과 함께하신 예수님은, 오늘은 무덤 사이에 있는 귀신 들린 자를 만나러 가십니다.

사역의 범위는 이렇게 넓혀 가는 것입니다. 할수록 할 만하고 쉬워지는 것이 아니라, 시간이 갈수록 생각하기도 싫은 힘든 사람을 찾아가는 것이 신앙의 진보입니다. 내가 어울리고 싶고 만나고 싶은 사람만 함께하는 것은 퇴보입니다. 예수님을 따르려면 주님이 행하시는 이 순서를 따라야 합니다.

귀신 들린 자의 특징은 외로움입니다. 사람을 피해 무덤 사이에 살면서 죽음과 같은 고독 가운데 지냅니다. 심히 사나워 누구도 다가갈 수 없고, 혈기가 솟아오르고, 자폐 증상까지 보입니다. 감정적이고, 정서적인 교류가 불가능하니 어디에 있어도 어둡고 불안정합니다. 무덤이 집이고 집이 곧 무덤입니다.

가정은 천국의 모형인데 가정을 파괴하고 집을 싫어하는 것이 사탄의 속성입니다. 그래서 사탄의 지배를 받는 사람은 집에 있지 못하고 들로 산으로 나다닙니다. 아무도 묶어 둘 수가 없다고 합니다. 다른 복음서를 보면 이 귀신 들린 자를 쇠사슬로 묶어도 그것을 끊고 나와서 묶어 둘 수가 없다고 합니다. 쾌락과 중독과 음란의 귀신이 들린 우리 가족도 집을 나가 돌아다닙니다. 여자와 술과 도박과 폭력을 찾아다닙니다.

또 한 가지, 부끄러움이 없는 것이 귀신 들린 자의 특징입니다. 같은 기사를 기록한 누가복음 8장을 보면 귀신 들린 이 사람은 오랫동안 옷을 입지 않았습니다(눅 8:27). 술과 여자와 도박을 찾아다니면서 벌거벗은 악과 음란이 드러나도 부끄러운 것을 모릅니다. 누가 뭐라고 하면 더 사나워지고, 의심과 피해망상이 더 심해져서 아무도 그 길로 지나갈 수 없습니다.

많이 배운 지식과 학벌과 오랜 신앙생활도 다 소용이 없습니다. 상처와 죄로 귀신 들린 자에게는 우리 힘으로는 어쩔 수 없는 고독과 사나움과 어둠이 있습니다.

이에 그들이 소리 질러 이르되 하나님의 아들이여 우리가 당신과 무슨 상관이 있나이까 때가 이르기 전에 우리를 괴롭게 하려고 여기 오셨나이까 하더니_마 8:29

귀신 들린 자 둘이 왜 우리를 괴롭히느냐고 주님께 고함을 치며 항의합니다. 의사가 환자를 진찰하고서 "당신은 병에 걸렸다"고 하면, 환자와 그 가족의 마음은 괴로울 것입니다. 하지만 그것은 괴롭힘이라고 할 수 없습니다. 병을 고치려고 수술하는 것은 몹시 괴로운 절차지만, 그것이 '괴롭힘'이라고 항의하는 사람은 없습니다.

귀신 들린 자는 예수님이 자신을 괴롭힌다고 하지만, 이것은 괴롭힘이 아닙니다. 주님이 그들을 고치러 오신 것입니다. 주님은 나와 우리 가정을 고치려고 찾아오십니다. 그 과정이 어렵고 고달파도 그것은 괴로움이 아닙니다. 회복과 구원을 위한 생명의 역사입니다.

놀랍게도 귀신은 예수님을 정확히 알아봅니다. 수제자로 꼽히는 베드로도 예수님을 만나고 3년 뒤에야 "주는 그리스도시요 살아 계신 하나님의 아들"이라고 고백했습니다(마 16:16). 그런데 귀신은 예수님의 공생애가 시작될 때부터 예수님을 알아봅니다. 이 귀신들이 바로 타락한 천사들이기 때문입니다. 천군 천사들과 함께 하나님을 찬양하던 이들이 타락해서 내려와 완전히 달라졌습니다.

우리 주위에도 한때 하나님을 경배하며 믿음이 좋던 사람이 "어쩌다 저렇게 변했지"라는 말을 듣는 때가 있습니다. 천사처럼 보기에 좋고 남부럽지 않은 지식과 지위를 가진 사람 중에도 그런 경우가 있습니다. 모태신앙인으로 신학을 전공하고도 방송에 나와 하나님을 대적하는 강의를 하고, 그것으로 인기를 끄는 철학자도 있습니다. 예수님이 하나님의 아들이신 것을 알아도, 그분을 인생의 주인으로 영접하지는 않았기 때문입니다. 지식으로는 알아도 예수 그리스도와의 인격적인 만남이 없었기 때문입니다.

몇 년 전, 캐나다에서 유학 생활을 하던 자매가 한국에 와서 우리들 교회에 등록했습니다. 새가족 모임에서 자신을 소개하는 시간이 있었습니다.

집안 형편이 어려워져서 유학을 접고 돌아왔는데 그것이 감사하다고 했습니다. 엄마는 힘들어도 학비를 대 주겠다고 유학을 마치라고 하지만, 자신은 아쉽지 않다고 했습니다. 그러면서 "하나님과의 만남이 진짜 중요하죠. 명문 대학에 가고 주님과 멀어지면 무슨 소용이 있겠어요"라고 말하는 것입니다. 어찌나 멋있는지, 듣고 있던 모든 사람이 박수를 쳤습니다.

귀신들은 '때가 이르기 전에' 괴롭히러 오셨느냐고 했습니다. 이 귀신들은 예수님의 구속의 때도 알고 있습니다. 예수님이 구원을 위해 이 땅에 오셨고, 그 때가 있다는 것을 알고 있습니다.

귀신들의 말처럼 때가 이르기 전에 예수님을 믿으라고 하는 것이 믿지 않는 사람들에게는 괴롭힘이 됩니다. 믿으라고 전할수록 더 사나워져서 교회를 핍박하고, 초월적인 힘으로 집을 뛰쳐나가고, 술을 마시고 때려 부수고, 중독에 빠집니다. 옳은 말인 것을 알아서 더 괴롭고, 일부러 잊으려고 애쓰는 것입니다. "너 예수 믿는 것은 좋은데 나는 괴롭히지 마.

아직은 때가 아니라니까! 때가 되면 나갈 테니 나 좀 내버려 둬!" 하는 것이 귀신 들린 자의 외침입니다.

세상이 하나님을 대적하기에 복음을 듣고 괴로운 것은 당연한 반응입니다. 그래도 정말 감사한 것은 괴로워하는 그들에게 소망이 있다는 것입니다. 괴로운 것은 그 안에 죄의식이 있기 때문입니다. 복음을 듣고 찔림을 받아서 괴로워하는 사람은 귀신 들린 자처럼 악을 쓰며 거부하다가도 언젠가는 돌아올 소망이 있습니다.

진정 안타까운 사람은 괴로움도 죄의식도 느끼지 못하는 사람입니다. 현대 사회의 가장 무서운 병이 '반사회적 인격 장애'인 '사이코패스'라고 합니다. 그들은 기쁨이나 슬픔, 후회나 연민을 전혀 느끼지 못합니다. 그래서 아무 죄책감 없이 거짓말을 하고 범죄 행위를 합니다. 자기 충동과 욕구만 채우면서 그것이 얼마나 남을 괴롭게 하는지 인식하지 못하는 것입니다.

그런 사람은 자기 기분만 만족시켜 주면 교회도 얼마든지 같이 갑니다. 겉으로는 잘 지내는 것처럼 보일 수 있습니다. 하지만 그 안에 죄의식도 회개도 없기 때문에 평생 구원받지 못한 채로 살다가 갈 수 있습니다. 그것이 얼마나 두려운 일입니까! 그래서 괴로워서 악을 쓰더라도 예수님을 향해 악을 쓰는 사람에게 희망이 있는 것입니다.

30 마침 멀리서 많은 돼지 떼가 먹고 있는지라 31 귀신들이 예수께 간구하여 이르되 만일 우리를 쫓아 내시려면 돼지 떼에 들여 보내 주소서 하니 32 그들에게 가라 하시니 귀신들이 나와서 돼지에게로 들어가는지라 온 떼가 비탈로 내리달아 바다에 들어가서 물에서 몰사하거늘

_마 8:30~32

세브란스 병원의 의사였던 손희연 목사님은 한때 하나님을 부인했다고 합니다. 환자 가운데 목사나 의사가 죽음 앞에서 비참해지고 더 살고 싶어 하는 것을 보면, '평생 목회를 하고 사람을 고쳐도 저렇게 죽음의 세력을 극복하지 못한다면 예수 믿어서 뭐하나' 하는 생각이 들었습니다.

인간은 무의식적으로 죽음을 두려워합니다. 그래서 자신이 죽게 됐을 때, 2천 마리의 돼지 떼가 몰사하거나 말거나 그 돼지 떼에 들어가겠다고 합니다.

귀신 들린 자의 또 다른 특징은 저밖에 모르고 이기적인 것입니다. 다른 사람을 괴롭게 하다가 이제는 내 유익을 위해 남의 희생은 아랑곳하지 않습니다. 나만 살면 그만입니다. "내가 당장 죽게 생겼으니 집을 팔아서라도 나를 도와줘야 해. 전 재산을 없애서라도 나는 살아야 해!" 하며 제 살길을 찾습니다.

괴로워하는 귀신들이 물러가려면 몰사해야 할 돼지 떼가 있습니다. 죽어야 할 돼지 떼가 있습니다. 너무 괴로우면 돼지 떼고 재산이고 뭐고 살려 달라는 간구가 저절로 나옵니다.

저도 산부인과 의사로 아쉬울 것 없던 남편이 예수님을 믿지 않아서 마음이 괴로웠습니다. 남편은 복음을 거부하면서도 낙태 시술을 한 죄책감으로 스스로 괴로워했습니다. 그것을 보며 "병원이 망해서라도 남편이 하나님을 찾게 해 달라"는 기도를 드리게 됐습니다. 더 나아가서 "제 생명을 거둬 가셔서라도 남편을 구원해 달라"고 기도했습니다. 하나님을 몰라서 괴롭게 사는 남편을 생각하면 돈도, 목숨도 아깝지 않았습니다.

당시에 돼지는 부정한 것으로 여기던 짐승입니다. 내가 움켜쥐고 있는 재산, 나의 돼지 떼는 부정한 것입니다. 없어져도 아깝지 않은 것입니다. 한 영혼이 천하보다 귀한데 영혼 구원을 어찌 한낱 돼지 떼, 재물과 명성에 비할 수 있겠습니까! 부정한 재물이라도 그것이 구원을 위해 쓰인다면 더할 나위 없는 축복입니다. 없어져도 아깝지 않은 재물과 건강과 명성을 잃고 천하보다 귀한 구원을 얻었으니, 나의 돼지 떼가 몰사한 것은 너무도 감사한 일입니다.

C.S. 루이스는 이 세상의 모든 책을 다 모아도 그것의 가치는 한 영혼을 구원한 것보다 못하다고 했습니다. 영혼 구원이 그토록 중요한 것입니다. 온 세상의 변화는 한 영혼의 변화에서 시작됩니다. 한 집안에 구원받은 한 사람은 금보다 다이아몬드보다 귀한 재산입니다. 내 집에 예수 믿는 한 사람이 있는 것은 억만금보다 온 우주보다 더 귀한 것입니다.

남편이 믿음 없이 의사로 살면서 부정한 돈을 벌었는지는 모르지만 참 성실하게 살았습니다. 자기 나름대로 최선을 다해 살다가 갑자기 죽음을 맞았습니다. 급성 간암으로 쓰러져 하루 만에 세상을 떠났습니다. 마지막에 목사님 앞에서 자신의 죄를 회개하며 주님을 영접하고 갔습니다. 주님을 영접한 뒤에는 더 살겠다고 아우성치지 않고, 평강의 모습을 보이고 갔습니다.

투병 기간도 없이 갔으니, 남아 있는 저와 가족들에게 재물과 감정과 시간의 손해를 전혀 끼치지 않고 떠났습니다. 아무리 생각해도 그러기가 쉽지 않은데, 하나님이 저와 우리 집안을 사용하려고 최선의 길로 인도하셨다고 생각합니다.

살아서 주님께 헌신하지 못하고 일찍 떠난 것이 아쉬운 마음도 있습니다. 하지만 남편이 구원받지 못하고 더 살았더라면, 자신의 성실함과 욕심으로 치닫다가 비탈로 내리달아 몰사했을지도 모릅니다. 육신의 생명을 잠시 연장하려고 재물과 시간을 몰사시키면서 사망으로 치닫는 사람이 참으로 많습니다. 그렇게 해서 살아나면 뭐합니까? 돈으로 최고의 치료를 받아서 잠시 더 사는 것과, 쓰러지고 하루 만에 세상을 떠났어도 영생을 얻은 남편의 삶은 비교할 수 없는 것입니다.

◆ 서로를 외롭게 하고 사납게 만드는 쾌락과 거짓의 귀신이 들렸습니까? 집이 무덤같이 되어서 복음을 전할 때마다 괴로워하며 다투고 있습니까? 돈과 명성의 돼지 떼가 몰살되더라도 배우자와 자녀가 구원되기를 전심으로 기도합니까? 죄와 중독을 끊기 위해 떠나야 할 '우리', 만나야 할 '우리'를 생각해 봅시다.

울타리 밖으로 예수님을 밀어내다

> 33 치던 자들이 달아나 시내에 들어가 이 모든 일과 귀신 들린 자의 일을 고하니 34 온 시내가 예수를 만나려고 나가서 보고 그 지방에서 떠나시기를 간구하더라_마 8:33~34

가다라 지방은 그리스와 시리아의 이방 문화가 판을 치던 곳입니다. '가다라'는 '울타리로 둘러친 곳'이라는 뜻입니다. 수많은 이방 문화를 즐기면서 예수님을 향해 울타리를 친 곳이 가다라입니다.

주님을 향해 울타리를 치면 귀신의 지배를 받을 수밖에 없습니다. 주님의 명령으로 귀신이 쫓겨 갔는데도 예수님에게 떠나 달라고 간구한 곳이 가다라입니다. 귀신을 쫓아내신 주님의 능력을 봤으면서도 여전히 주님께 울타리를 치고 떠나 달라고 합니다.

30대 중반에 남편을 보내고 그의 구원을 간증했을 때 많은 사람이 은혜를 받았습니다. 그야말로 '온 시내'가 저의 간증을 듣고 저를 만나려 했습니다.

"육신의 병을 통해 남편이 회개하고 주님을 영접했습니다. 그러나 병 고침보다 영혼 구원이 목적이기에 남편을 구원하시고, 그 육신은 데려가셨습니다"라고 간증했습니다. 그러면 은혜를 받다가도 "나도 남편 구원을 위해 기도했다가 저렇게 되면 어쩌지? 아무리 구원이 좋아도 큐티했다가 목사님처럼 되는 것은 감당이 안 돼!" 하는 사람들이 있습니다. 그래서 "아유, 나는 큐티 안 해도 괜찮아요. 제발 떠나 주세요!" 하고 간구합니다.

왜 그럴까요? 귀신이 쫓겨난 것은 좋지만 돼지 2천 마리는 아깝기 때문입니다. 예수님이 병도 고치고 귀신도 쫓으시는 것은 알지만, 예수님을 믿었다가 내 돼지 떼를 잃을까 봐 두려운 것입니다.

가다라 사람들은 무덤 사이에서 사납게 구는 귀신 들린 자들이 사라지기를 원했을 것입니다. 마주치기도 싫고 생각하기도 싫었을 것입니다. 그런데 '그 따위' 사람들을 구원하겠다고 돼지 2천 마리를 잃었으니 분한 것이 당연합니다. 힘들고 귀찮은 사람을 고쳐 준 것은 고마운데, 돼지 2천 마리를 손해 본 것을 생각하니 기뻐할 수가 없는 것입니다.

온 시내 사람이 구원에 관심이 있어서 나가 본 것이 아닙니다. 은혜로 고침을 받고 구원받은 간증을 해도 성령 안에서 말씀으로 하나가 되지 않으면 떠나기를 간구합니다. "네가 예수 믿고 큐티해서 달라진 것은 좋은데 나는 감당이 안 돼" 하면서 좀 떠나 달라고 합니다. 영혼 구원보다 기쁘고 귀한 일이 없는데도 함께 웃고 기뻐할 수가 없는 것입니다.

우리들교회는 고난과 죄를 나누는 간증이 끊이지 않습니다. 소그룹 모임뿐 아니라 주일예배에도 그 주의 말씀을 적용하는 간증 시간이 있습니다. 그 간증이 제 설교와 함께 기독교 TV에 방송되면서 설교보다 간증에 은혜를 받고 찾아오기도 합니다.

우리들교회를 보면서 외부 목사님들이나 교계 분들이 놀라워하는 것은, 그렇게 삶을 나누고도 상처받거나 떠나는 사람이 없다는 것입니다. 경건해 보이는 집사님이 나와서 "나에게 음란의 문제가 있습니다"라고 고백하고, 아무개 집사님 아들이 강단에 올라와서 "저는 알코올중독자입니다"라고 간증합니다. 그럼에도 그것으로 정죄하거나 실족했다는 말은 아직 들어 보지 못했습니다.

간혹 간증한 당사자가 감당이 안 돼서 낙심하는 경우도 있다고 합니다. 그런데 우리들교회에서는 죄를 나눌 때마다 모두가 격려하고 기도합니다. 죄를 나눈 사람들이 공동체의 리더로 세워지고, 리더와 부리더로 섬기고 있습니다. 날마다 "우리는 모두가 100% 죄인이고, 모든 것은 각자 삶의 결론이다"라고 외치다 보니 어떤 간증에도 놀라지 않습니다. 간증의 내용이 어떠하든지, 그 결론인 영혼 구원 때문에 함께 울고 함께 기뻐하는 공동체가 된 것입니다.

◆ 귀신 들린 자 같던 가족과 지체가 구원받고 변화된 것을 보면서 함께 기뻐합니까? 암과 부도의 고난으로 주님을 만났다는 간증을 들으면, "예수 믿는 것은 좋은데 암과 가난은 생각하기도 싫다"면서 주님이 떠나시기를 간구하지는 않습니까? 내 가족이 가다라처럼 주님께 울타리를 치고 있는 것은, 내가 구원보다 세상을 향해 있기 때문이라는 것을 인정합니까?

그래도 나를 고치시는 예수님

마가복음 5장을 보면 이들에게 들어간 귀신의 이름이 '군대'며, 그 수가 많다고 기록돼 있습니다(막 5:9). 2천 마리의 돼지 떼를 단번에 잃어야 할 정도로 수가 많은 군대 귀신입니다. 군대가 한 사람에게 들어갔으니 얼마나 괴로움이 크겠습니까. 이길 수 없는 군대 귀신에 이끌려 음란과 중독으로, 자살 충동으로 끌려다닙니다.

귀신은 부정하게 여기던 돼지처럼 더러운 것과 더러운 곳을 좋아합니다. 양은 목자를 알아보지만 돼지는 주인이 아니어도 먹이만 주면 따라갑니다. 하나님을 주인으로 모시지 않기 때문에 귀신이 들어가기에 좋은 부정한 환경이 되는 것입니다. 하나님이 아닌 자기만족을 추구하고 쾌락을 좇으니 음란과 더러운 것에 빠질 수밖에 없습니다.

귀신이 군대로 들어왔으니 그것을 고치기 위한 손해도 엄청납니다. 돼지 2천 마리를 단번에 잃어야 할 만큼 대가를 치러야 합니다. 그러나 비용이 아무리 많이 들어도 예수님은 고통받는 사람을 고쳐 주십니다. 자식이 병에 걸렸는데 수술비가 천만 원이면 수술을 받게 하고, 3천만 원이면 안 받게 하겠습니까?

주님은 온 우주를 없애서라도 나를 고치시는 분입니다. 비용이 얼마가 들든지 고쳐 주십니다. 돈과 주님의 사랑은 비교할 수 없는 것입니다. 돼지 2천 마리가 아깝다고 주님을 떠나시게 해서는 안 됩니다. 어떤 대가를 치르더라도 나와 내 가족을 고치시는 주님을 울타리 밖으로 밀어내서는 안 됩니다.

예수님은 가다라 지방의 귀신 들린 자들을 고치려고 돼지 2천 마리의 값을 치르셨습니다. 우리는 한 영혼을 고치기 위해 무엇을 투자할 수 있습니까? 음란과 도박과 술 귀신에 들린 가족이 "전 재산을 나한테 내놔라. 그러면 교회 다니겠다"고 하면 어떻게 하겠습니까? 그 영혼이 하나님을 만날 수만 있다면 천하를 잃어도 아깝지 않다고, 다 가져가라고 할 수 있습니까?

구원이고 뭐고 손해 보기는 싫은 것이 우리의 솔직한 마음입니다. 전 재산은커녕 내 시간을 쓰기도 아깝습니다. 가출하고 속 썩이면서 용돈 필요할 때만 들어오는 자녀, 생활비는 안 주면서 여자 만나고 술 마시는 데 수백만 원을 써 대는 남편, 집안의 골칫거리로 끊임없이 도움을 요구하는 시동생, 사치하느라고 자식까지 신용불량자로 만드는 시부모님…… 그런 사람들을 위해 무엇도 아깝지 않으니 교회만 다니라고, 예수만 믿어 달라고 말할 수 있습니까?

세상의 화려한 문화가 판을 치고, 주님께 울타리를 치고 있는 가다라에서 주님께 검증받은 사람은 귀신 들린 자 둘입니다. 문제없이 잘 살고 있는 온 시내 사람은 주님이 떠나시기를 간구했습니다. 귀신이 떠났다는 소식을 듣고 '예수를 만나려고 나가서' 봤지만 그뿐이었습니다. 우리를 고치시는 주님, 구원의 주님을 구경거리로만 여겼습니다. 회복을 간구하지 않고, 주님이 떠나시기를 간구했습니다. 불행히도 예수님은 그들의 간구대로 가다라를 떠나십니다. 주님이 그들의 잘못된 간구에 응답하신 것은 가다라의 가장 큰 불행입니다.

우리는 가정을 떠날 수 없습니다. 아내가 예수 믿는 것 때문에 이혼을 요구하며 가정을 떠나 달라고 하는 남편이 있습니다. 그렇다고 가정을 떠나고 이혼한다면, 그것은 그 집안 최고의 불행입니다. 끝까지 참고 인내해야 하는 이유는, 도저히 받아들일 것 같지 않은 가다라에 소망이 있기 때문입니다. 온 시내가 돌아오지는 못해도 주님이 반드시 고쳐 주실 귀신 들린 자, 힘든 자들이 가다라에 있기 때문입니다.

귀신 들린 자들은 괴로워도 주님을 만나고 고침을 받았습니다. 귀신 들려 괴로운 사람보다 더 불행한 사람은 자신의 지식과 교양으로 주님을 쫓아내는 사람입니다.

주님을 따르는 사람은 귀신 들렸다가 고침을 받은 사람입니다. 어떤 귀신이 들렸어도 주님께 고침을 받고 귀신이 떠나면 그 사람이 제일 온전한 사람입니다.

◆ 우리는 예수님을 누구로 압니까? 나를 괴롭게 하는 분입니까? 내 삶에서 떠나시기를 간구하는 분입니까? 어떤 대가를 치르더라도 나와 내 가족을 고쳐 주실 분으로 알고 회복을 간구합니까?

말씀으로 기도하기

주님의 말씀은 나의 아픈 부분, 병든 부분을 찔러 괴롭게 합니다. 그러나 그 찌르심은 나를 고쳐 주시기 위한 것입니다. 돼지 2천 마리보다 더 소중한 나와 우리 가족의 구원을 위해 예수님이 찾아와 주시기를 기도합니다.

나를 괴롭게 하는 말씀이 주님이 나를 고치시는 사건이 됩니다
(마 8:28~32).

온갖 중독으로 방황하며 복음을 거절하는 식구들이 안타까워 눈물을 흘렸습니다. 그러나 말씀을 묵상하며 저야말로 안위와 행복만 추구하는 이기적인 귀신 들린 자인 것을 깨닫습니다. 여전히 내려놓지 못하는 것이 많아 어떤 말씀을 들어도 '나를 괴롭게 하러 오셨나이까' 하며 사납게 달려드는 악한 저를 고쳐 주시옵소서. 주님의 말씀을 듣고 깨달아 나와 우리 가족이 구원받기를 원합니다.

나의 것이 아까워 예수님을 울타리 밖으로 밀어냅니다(마 8:33~34).

나의 돼지 떼가 몰살될까 봐, 돈 걱정, 생활의 걱정으로 예수님을 울타리 밖으로 밀어내는 자가 저였음을 고백합니다. 많은 수고와 큰 대가를 치르고라도 한 영혼을 구원하시는 예수님께 이렇게까지 해야 하냐고 울타리를 치는 저를 용서하여 주시옵소서. 예수님을 믿는다고 하면서 이토록 세상을 사랑하는 저를 돌이키게 해 주시옵소서. 한 영혼이 금보다 더 귀한 것을 알게 해 주시옵소서.

어떤 대가를 치르더라도 예수님은 나를 고치십니다(마 8:31~32).

나를 향한 주님의 사랑을 알기 원합니다. 그 사랑을 알지 못하니 예수님께 떠나 달라고 간청합니다. 나도 사랑할 수 없는 귀신 들린 내 식구들을 사랑하고 살리시는 분은 주님밖에 없는 것을 믿고, 돼지 2천 마리보다 귀신 들린 그 한 사람을 사랑하시는 예수님의 마음을 닮기 원합니다. 이제는 저도 내 곁의 식구들을 기다리고 품으며 영혼 구원을 위한 대가를 치르게 해 주시옵소서.

우리들 묵상과 적용

8년 전, 취직을 위해 간절히 기도하던 중에 하나님의 은혜로 지금의 학교에 교사로 합격했습니다. 당시 저는 예수님께 간구하여 깨끗함을 얻은 나병환자만큼이나 기뻤습니다(마 8:2~3). 그래서 '앞으로는 주님이 허락하신 교사라는 직분을 통해 동료 교사들과 학생들에게 복음을 전하는 사명을 열심히 감당하겠다'고 다짐했습니다. 하지만 시간이 지나면서 저의 다짐은 흔들리기 시작했습니다.

제가 졸업한 고등학교는 역사가 오래되고 유명한 선배가 많으며 학생들도 공부를 잘합니다. 그에 비해 지금 제가 근무하는 학교는 역사도 길지 않고 유명한 선배도 없으며 학생들도 그다지 공부를 잘하는 편이 아닙니다. 이렇듯 무심결에 제 모교와 지금의 학교를 비교하면서, 저는 내 힘으로 학교를 바꿔 보겠다는 생각을 하게 되었습니다. 그래서 열심을 내어 관리자들에게 '학교 발전 방안'을 건의했지만, 돌아오는 것은 시큰둥한 반응뿐이었습니다. 그러다 보니 처음에 다짐했던 사명 의식은 온데간데없고, 하나님이 나를 잘못 보내신 것 같다며 학교를 떠날 궁리만 하게 되었습니다.

그래서 처음에 시작한 것이 주식투자였습니다. 대박을 내겠다는 허황된 꿈을 가지고 당시 전 재산이었던 100만 원을 쏟아부어 주식을 시작했고, 첫날 3만 원을 벌게 되자 '이 기세로 나가면 곧 부자가 되어 학교를 그만둘 수 있을 것'이라는 생각에 기분이 좋아졌습니다. 하지만 주식투자 석 달 만에 50만 원을 잃은 저는 그 이후로 주식을 하지 않게 되었습니다. 학교 생활이나 열심히 해야겠다고 마음먹은 것도 잠시, 이번에는 사업을 구상하기 시작했습니다. '창업 성공 신화'를 다룬 책들을 섭렵하던 저는 제주도 수학여행을 다녀온 뒤 '올레 꿀빵'에 꽂혀, "남한산성에서 남한산성 빵을 만들어 팔면 대박이 날 것"이라며 아내를 달달 볶았습니다. 남한산성이 곧 세계문화유산으로 등재되면 관광객이 많이 올 거라는 생각에서였습니다. 하지만 사업 자금이 없었기에 사업을 시작할 수 없었습니다.

그동안 저는 은혜로 주신 직장에서 사명을 감당하기 위해 노력하기보다는 세상의 기준으로 학교를 판단하여 불평만 늘어놓았습니다. 이런 저의 모습은 귀신 들린 자를 고쳐 주신 것보다 돼지가 죽은 것을 더 중요하게 생각하여 예수님이 떠나시기를 간구하던 사람들과 다를 바가 없는 것 같습니다(마 8:34). 게다가 지난 시간을 돌이켜 보면 저는 7년 전에 시작한 대학원 공부를 아직 마치지 못한 처지인데 반해, 학교는 여러 선생님들의 헌신 속에 조금씩 발전하고 있습니다. 오늘 말씀을 통해 예수님은 저를 '믿음이 작은 자'라고 꾸짖으시는 것 같습니다(마 8:26). 앞으로는 나의 현재(present)가 하나님의 선물(present)임을 기억하여, 사명으로 맡겨 주신 직장에서 충성을 다하는 교사가 될 수 있기를 소원합니다.

영혼의 기도

하나님 아버지, 오늘도 힘든 사람이 곁에 있고 힘든 문제를 잔뜩 안고 살아갑니다. 군대 귀신이 들어간 제 옆의 사람을 보면서, 그가 없어져야 할 사람이 아니라 가다라 지방에서 유일하게 구원될 사람임을 알게 하시니 감사합니다.

저의 교양으로 구원되지 않습니다. 온 시내 사람들은 잠시 동안의 고통도 견디지 못해서, 구원 때문이 아니라 돼지 2천 마리가 아까워서 주님이 떠나시기를 간구했습니다.

저도 죽든지 떠나든지 그것이 해결책이라고 생각했습니다. 그런데 주님은 포기하지 않고 찾아가 만나 주시고, 어마어마한 비용을 쓰면서 귀신 들린 자를 구원하셨습니다. 저는 할 수 없습니다. 시간과 감정도 아깝고, 쓰레기처럼 보이는 그 사람에게 투자할 정성도 없습니다.

주님, 이렇게 이기적인 제 안의 귀신이 먼저 없어지기를 원합니다. 온전히 구원만 목적이 되지 못하는 저를 불쌍히 여겨 주시옵소서. 구원을 위해 어떤 것도 아끼지 않고, 오직 구원을 위해 간구하게 하옵소서.

그 안의 귀신으로 괴로워하는 제 옆의 가족들을 안타까운 마음으로 보기 원합니다. 어쩔 수 없이 술을 마시고 중독에 빠진 그들은 스스로 중독을 끊을 수 없습니다. 사나워서 아무도 그 길로 지나갈 수 없는 고독한 가족들을 불쌍히 여겨 주시옵소서.

집마다 귀신 들린 사람을 위해 기도하오니 나사렛 예수의 이름으로 고쳐 주시옵소서. 고쳐 주시옵소서. 주님이 이 일을 하실 것을 믿습니다.

함께해 주시옵소서. 모두가 나은 것을 증거하며 온전한 정신과 육체로 교회에 나올 수 있도록 인도해 주시옵소서. 예수님 이름으로 기도하옵나이다. 아멘.

Part 3

'어찌하여'를
버리라

10

죄 사함

마태복음 9:1~8

하나님 아버지, 저의 죄를 사해 주시옵소서.
죄 사함의 권능이 무엇인지
말씀하여 주시옵소서. 듣겠습니다.

남편이 사업 부도로 감옥에 들어간 임 집사님의 사연을 앞에서 말씀드렸습니다. 보통 부도가 나도 상대방이 고소를 안 하면 감옥에는 안 갑니다. 그런데 임 집사님의 남편은 감옥에서 두 번의 재판을 받았습니다. 게다가 감옥에 가게 한 고소인이 미국으로 가는 바람에 재판이 일방적으로 연기됐습니다.

그 시간 동안 매일 면회를 가서 말씀을 나누면서 부부가 은혜 가운데 있었습니다. 하지만 추운 겨울을 감옥에서 보내는 남편을 보면 안타깝고 마음이 아팠습니다. 남편의 구원을 위한 하나님의 역사임을 인정하면서도 유능한 변호사를 찾아라, 누구를 찾아가 보라는 주위의 조언에 흔들릴 때가 많았습니다. 그러나 임 집사님은 그것이 최선이 아님을 알았습니다.

"사람들은 남편을 위해 할 수 있는 최고의 대접이 무죄 선고를 받고 감옥에서 빨리 나오게 해 주는 것이라고 합니다. 그러나 제가 진심으로 사랑하는 남편을 위해 할 수 있는 최고의 대접은, 하나님이 죄 가운데서 저를 건져 주신 은혜를 남편도 알게 해 주는 것이라고 생각합니다."

교회 홈페이지에 올라온 임 집사님의 고백입니다. 감옥에서 풀려나는 것보다, 모든 문제가 해결되는 것보다 죄 사함의 은혜가 최고의 대접이라고 합니다. 이 은혜를 알고 있습니까?

나의 본 동네로

예수께서 배에 오르사 건너가 본 동네에 이르시니_마 9:1

연대별로는 가다라 사건 이후에 9장에 나오는 사건이 일어난 것이 아닙니다. 그래도 마태가 이 순서로 기록했으니 성령님의 순서를 따라 읽어 보려고 합니다.

예수님이 귀신 들린 자 둘을 고치신 가다라에서, 사람들은 예수님께 떠나 달라고 간구했습니다. 가다라 지방의 사람들은 예수님을 신뢰하지 않았습니다. 거룩한 것을 개에게 주지 말라고 말씀하셨기 때문에(마 7:6) 예수님은 가다라를 떠나서 '본 동네'에 이르셨습니다.

'본 동네'는 가버나움을 말하는데, 예수님 자신의 성읍이라는 뜻입니다. 가버나움은 예수님의 공생애 초기에 전도의 근거지가 됐던 곳이고, 예수님이 세리 마태를 제자로 부르신 곳입니다. 예수님은 이곳에서 백부장의 하인의 병을 고치시고, 베드로의 장모를 고치시고, 더러운 귀신이 들린 자를 고치시고, 많은 귀신 들린 사람과 병자를 고치셨습니다(막 1:21~28; 눅 4:31~40).

예수님의 본 동네 가버나움, 우리의 본 동네는 이런저런 사건들이 끊임없이 일어나는 곳입니다. 내가 큐티를 하고 전도와 양육을 하며 다른 사람을 살리고 있어도, 나의 본 동네인 가정에서는 숨 쉴 틈 없이 힘든 일이 일어납니다. 남들은 내가 전하는 복음을 듣고 영접하는데, 집에서는 여전히 배우자가 교회 가는 것을 핍박하고 자녀가 가출을 합니다. 그럼에도 기쁠 때나 슬플 때나 내가 가야 할 곳은 나의 본 동네입니다.

고무줄이 늘어났다가 제자리로 돌아가듯, 많은 사람이 내게 은혜를 받고 좋아해도 내가 돌아가야 할 본 동네, 나의 사명이 있는 본 동네가 있습니다. 예수님처럼 병든 자를 고치고 귀신을 쫓으며 엄청난 사역을 해도 생색내지 말고, 전도의 중심지인 본 동네로 가야 합니다.

죄 사함을 누리는 공동체

> 침상에 누운 중풍병자를 사람들이 데리고 오거늘 예수께서 그들의 믿음을 보시고 중풍병자에게 이르시되 작은 자야 안심하라 네 죄 사함을 받았느니라_마 9:2

고단한 사역 중에 본 동네로 돌아가 보니 침상에 누운 중풍병자가 기다리고 있습니다. 중풍병자는 무기력한 사람입니다. 분명히 목숨도 의식도 살아 있지만 자기 힘으로는 움직일 수 없습니다. 살았으나 말도 못하고 밥도 못 먹고, 대소변도 다른 사람의 도움을 받아 처리합니다. 아무것도 할 수 없이 무기력해져서 사회적으로 죽은 사람입니다. 남에게도 불편을 끼칩니다.

임 집사님의 남편도 감옥 안에서 사회적으로 무기력한 자가 됐습니다. 좋은 학벌과 능력을 가졌지만, 그 능력을 쓸 수 없는 중풍병자 같은 처지입니다. 그러나 그 모습 그대로 주님께 데리고 갔더니 주님이 안심하라고 하십니다.

임 집사님은 남편에게 외도 문제가 있었어도, 이제 감옥에 갇힌 몸이 됐어도 날마다 말씀을 나눔으로써 주님께 데리고 왔습니다. 예배에도 참석할 수 없는 처지지만 기도와 큐티와 섬김으로 주님께 데리고 왔습니다. 그랬더니 주님이 안심하라고 하시고, 죄 사함을 받았다고 말씀하십니다.

"감옥에서 풀려나는 것보다 죄 사함의 은혜를 알게 하는 것이 남편을 위한 최고의 대접"이라고 했던 집사님의 고백처럼, 주님은 아무것도 할 수 없는 중풍병자에게 죄 사함의 은혜를 베푸십니다.

사이토 미치오의 책 『지금 이대로도 괜찮아』는 일본 홋카이도에 있는 정신장애인 공동체 '베델의 집'에 관한 이야기입니다.

대부분의 정신장애는 가혹한 생활 환경에서 필사적으로 살아온 사람, 또는 자신에게 엄격한 사람이 인간관계에서 고통을 겪을 때 찾아온다고 합니다. 그런데 베델의 집에는 한 가지 색다른 원칙이 있습니다. "무리하지 않아도 된다. 병을 고쳐야 한다는 생각으로 초조해하지 않아도 된다. 그대로 있어도 된다"는 것입니다.

그것은 정신장애라는 무거운 사실을 마주한 채 살아가는 삶입니다. 그 모습 그대로 살아가는 의미를 계속 물으며, 사람들 앞에 나아가 충돌과 만남을 거듭하는 것이 베델의 집이 제안하는 생활 방식입니다. 그 방식에서 의학 치료라는 틀에서는 결코 평가할 수 없는 새로운 치료가 생겼다고 합니다.

병 때문에 사회에서 내몰리고 관계에서 소외된, 발병한 지 30~40년이 된 '베테랑' 정신병 환자들이 약함을 유대로 공동체를 이뤘습니다. 서로의 약함을 드러내고 서로 인정해 주면서 살아가니 영혼의 평안을 얻는 힘이 생겼다는 것입니다.

베테랑 정신 장애인들이 정직하게 자신을 마주하도록 한 힘은 사람이 태어날 때부터 갖고 있는 '고민하는 힘'이라고 합니다. 그동안 보호나 보살핌의 이름 아래 고생에 직면하는 자유와 고민하는 힘을 빼앗겨 온 그들에게 그 힘을 되찾아 줬을 때, 치료를 넘어선 평안을 누릴 수 있었습니다. 베델의 집을 찾아가는 일반인들이 자신을 있는 모습 그대로 드러내는 그들을 보면서 가면을 쓰고 사는 우스꽝스러운 자신을 보게 된다고 합니다.

사회에서 내몰리고 인간관계에서 소외된 베델의 집 사람들. 그들과 다를 바 없는 모습이 나의 본 동네, 우리 가정에 있습니다. 무기력한 배우자와 무기력한 자녀가 중풍병자처럼 종일 침상에 누워 있습니다. 육체는 살았으나 영적으로 죽은 자가 되어, 죄 앞에서 무기력하게 무너지는 나도 중풍병자입니다.

그것을 인정하십시오. 무기력한 가족과 무기력한 나 자신을 있는 그대로 인정하십시오. 그 모습 그대로 주님께 데리고 오십시오. "내 모습 이대로 받으시옵소서. 날 위해 돌아가신 주님, 날 받으시옵소서" 하고 주님께 데리고 오면 주님이 안심하라고 하십니다.

◆ 구원을 위해 가야 할 나의 본 동네는 어디입니까? 나의 본 동네인 가정에 돈과 출세를 좇다가 무기력해진 배우자가 누워 있습니까? 인생을 포기한 듯 침상에 누워만 있는 자녀가 있습니까? 그들을 주님께 데려오기 위해 그 모습 그대로를 인정합니까? 무기력한 내 가족을 부끄러워하면서 형편이 좋아지면, 아이가 정신을 차리면 교회에 오게 한다고 구원을 늦추고 있습니까?

예수님이 '그들의' 믿음, 침상에 누운 중풍병자를 예수님께 데리고 온 친구들의 믿음을 보고 감탄하십니다. 원어를 보면 "믿음을 보라!"는 감탄사가 기록돼 있습니다. 중풍에 걸려 몸을 가누지 못하는 사람을 예수님께 데리고 오는 것은 믿음이 없이는 불가능한 일입니다.

때로 인간의 사랑도 인간의 일을 성결하게 합니다. 사랑해서 하는 일은 힘들어도 기쁨으로 하게 됩니다. 사랑해서 하는 일은 대충 하는 법도 없고, 시간에 늦는 법도 없습니다. 사랑으로 하는 일이 거룩한 일이 되고, 사랑이 있는 곳이 성역이 됩니다. 중풍병자를 데리고 온 친구들의 사랑이 그런 것이었기에, 주님이 보고 감탄하신 것입니다.

친구들의 믿음을 보셨지만 말씀은 중풍병자에게 하십니다. 그런데 "안심하라. 병이 나으리라"고 하지 않으시고, "안심하라. 네 죄 사함을 받았느니라"고 하셨습니다.

오래 아프다 보면 '내가 뭘 잘못해서 병이 안 낫는 것일까? 무슨 죄 때문일까?'라고 생각할 수 있습니다. 특히 자식이 아플 때는 부모가 죄책감에 빠집니다. 원죄로 인한 인간의 타락이 병을 가져온 것은 사실입니다. 그러나 아플 때 죄책감을 느끼는 이유는 회개보다는 두려움 때문입니다. 아파서 불안한 것이 아니라 죄에 매여 종노릇하기 때문에 불안한 것입니다. 죄 사함의 은혜를 모르면 병이 나아도 죄책감을 떨칠 수 없습니다.

고침을 받기 전에 먼저 죄의 치유를 받아야 합니다. 예수님은 인간을 죄에서 구원하려고 십자가를 지러 오셨습니다. 예수님의 사역의 초점은 죄 사함에 있습니다. 죄 사함의 은혜를 받기 위해서 먼저 내 죄를 보고 회개하지 않으면 어떤 치유도 일어날 수 없습니다. 은혜는 자기 죄를 보는 것입니다.

주님은 개인을 고치시고, 가정과 교회와 나라를 고치시는 분입니다.

공동체마다 영적·육적·정신적으로 치료가 필요한 중풍병자 같은 존재가 있습니다. 오랜 시간이 지나도 해결되지 않고 모두를 무기력하게 만드는 중풍 같은 문제가 있습니다. 그것을 치유하려면 공동체가 한마음이 되어야 합니다. 중풍병자 같은 사람, 중풍 같은 문제를 들쳐 매고 주님께 데리고 와야 합니다.

내 죄를 보는 사람이 중풍병자 같은 가족과 지체를 주님께 데려올 수 있습니다. 자기 죄를 모르는 사람들이 모여 있으면 치유는커녕 분열과 갈등만 일어납니다.

교회에 오래 다니고 성경 박사라고 자기 죄를 볼 줄 아는 것이 아닙니다. 교회에 문제가 생겼을 때 자기 죄를 못 보고 남만 탓하는 목사와 장로와 권사가 수두룩합니다. 지도자가 자기 죄를 못 보니 성도들도 그것을 판단하느라 자기 죄를 못 봅니다. 서로 "저 장로는 교회를 평생 다녔다면서 왜 저러지?" "저 사람은 이제 겨우 초신자면서 뭘 안다고 나서는 거야?" 하다가 공동체 전체가 무너집니다.

각자 자기 죄를 회개하며 죄 사함의 은혜를 누려야만 공동체가 한마음이 될 수 있습니다.

◆ 가정과 교회와 직장에 중풍병자처럼 불편을 끼치는 존재, 골치 아픈 문제가 있습니까? 그것을 치유하기 위해 공동체 안에서 각자의 죄를 회개하며 주님을 감탄시키는 '그들의 믿음'이 되고 있습니까? 아니면 회개와 죄 사함보다 문제 해결에만 급급해서 서로를 탓하고 책임을 떠넘기는 '그들'입니까?

내 생각을 아시는 주님

> 3 어떤 서기관들이 속으로 이르되 이 사람이 신성을 모독하도다 4 예수
> 께서 그 생각을 아시고 이르시되 너희가 어찌하여 마음에 악한 생각을
> 하느냐_마 9:3~4

죄 사함을 경험하지 못한 서기관들은 죄 이야기만 하면 발끈합니다. 개역개정판에서는 '이 사람이 신성을 모독한다'라고 표현했지만 개역한 글판에서는 서기관들이 '이 사람이 참람하도다' 생각했다고 기록했습니다. '참람하다'는 '분수에 맞지 않게 지나치다'라는 뜻입니다. 서기관들은 예수님이 하나님을 모독한다고 생각합니다. 예수님의 겉모습이 자신들에 비해 너무나 형편없기 때문이었습니다.

예수님이 그 생각을 아신다고 합니다. 드러내지 않아도 내 생각을 아시는 주님입니다. 사람의 생각을 모두 아시는 주님입니다. 그래서 예수님께 잘 붙어 있으면 나도 사람의 생각을 알 수 있습니다. 성경을 자세히 읽으면 다른 사람의 생각을 분별할 수 있습니다.

임 집사님이 감옥에 갇힌 남편을 날마다 주님께 데려오며 말씀을 전했더니, 남편도 죄를 회개하고 하나님을 찾았습니다. 재판이 지연되면서 초조해하고 감정의 기복도 보였지만 이제는 남편이 감옥에서 말씀을 전하기 시작했습니다. 같은 방에 수감된 한 명을 집중적으로 전도하면서 임집사님에게도 기도를 부탁했습니다.

그러다 말씀을 전한 사람에게 인간적인 연민이 생겼습니다. 그 사람의 사정이 너무 딱하다면서, 아내에게 2,500만 원만 있으면 나갈 수 있으니 돈을 구해 오라고 했습니다. 그 돈만 구하면 확실히 교회에 나갈 거라

고, 전도를 위해 2,500만 원을 구해 오라는 것입니다.

남편의 입장에서는 그것이 착한 일입니다. 선한 생각입니다. 자기도 부도를 내고 감옥에 갇혀 있으면서, 빚을 내서라도 도와주는 것이 전도라고 생각합니다. 그래서 좀 더 기도하고 말씀의 인도를 받자는 아내의 권유를 받아들이지 못했습니다. 급기야는 당장 돈을 빌려서 가져오라고 호통을 쳤습니다.

우리라면 어떻게 할까요? 이제 겨우 남편이 하나님을 믿고 돌아왔습니다. 감옥 생활이라는 엄청난 대가를 치르면서 말씀을 듣고 있으니, 남편의 말을 들어주는 것이 옳은 것일까요? 남편의 생각이 선한 생각일까요?

옳든 그르든 임 집사님의 형편으로는 2,500만 원의 돈을 마련할 수 없었습니다. 부도내고 감옥에 간 처지에 누구에게 빚을 낼 수도 없었습니다. 소그룹 모임 리더와 전도사님께 남편의 문제를 의논하고 기도를 부탁한 임 집사님은 다음 날 다시 남편을 설득하려고 했습니다. 그랬더니 남편은 화를 내면서 면회 도중에 문을 쾅 닫고 나가 버렸습니다.

이대로는 안 되겠다는 생각이 들었습니다. 남편에게 상황을 인식시켜 주려고 하루 이틀 면회를 빠지기로 마음먹었습니다. 그렇게 주말을 보내고 면회를 가면서 남편이 좀 달라졌을까 했는데 여전히 화가 나 있었습니다. "이제 면회도 오지 마! 감옥에서 평생 살 거야!" 하고 소리를 지르더니 또 문을 쾅 닫고 들어갔습니다.

남편 입장에서는 전도하려고 좋은 일을 한다는데 그것을 반대하는 아내가 자신을 모독한다고 여겨졌을 것입니다. 서기관들이 예수님의 겉모습을 보고 신성 모독을 한다고 생각한 것처럼, 한때 CEO였던 남편이 아내의 말을 들으려니까 모독을 한다고 화를 내는 것입니다.

학벌과 경력과 인간미가 넘치는 남편입니다. 비록 외도의 문제가 있었지만 모든 사람에게 인정받고 칭찬받던 사람입니다. 체면 유지가 인생의 목적인 사람입니다. 그러니 감옥에 있으면서도 다른 사람을 돕겠다고 '2,500만 원 결재'를 지시합니다.

예수님은 스스로 옳다고 여기는 서기관들의 생각을 '악한 생각'이라고 하십니다. 전도를 목적으로 돕는 것이라면서 스스로 옳다 여기는 남편의 생각이 악한 생각이라는 것을 어떻게 알려 줄 수 있을까요? 우리 힘으로 어떻게 선한 생각과 악한 생각을 분별할 수 있을까요?

사람의 생각을 알고 분별하려면 성령님의 도움이 필요합니다. 성경 지식만으로는 안 됩니다. 성경 박사인 서기관들도 죄 사함의 은혜를 모르니 예수님을 알아보지 못했습니다. 믿음의 성숙은 사람을 분별하는 것으로 나타납니다. 어떻게 분별할 수 있습니까? 날마다 성경을 묵상하되 지식으로 하면 안 됩니다. 죄를 깨닫고 죄 사함의 은혜를 누리는 것이 목적이 되어야 합니다. 말씀으로 내 죄를 깨닫고 회개할 때, 다른 사람의 생각을 알고 분별하는 지혜가 내 안에 채워지는 것입니다.

면회 때마다 화를 내고 들어가 버리는 남편을 보면서, 임 집사님은 면회 예약을 취소하고 당분간 안 가기로 마음먹었습니다. 취소하려고 줄을 서서 기다리면서 큐티책을 폈습니다. 그날 말씀은 "너희는 세상의 소금이니 소금이 만일 그 맛을 잃으면 무엇으로 짜게 하리요 후에는 아무 쓸 데 없어 다만 밖에 버려져 사람에게 밟힐 뿐이니라"는 말씀이었습니다(마 5:13).

그 상황에서 자신이 어떻게 하는 것이 소금 역할을 하는 것인지 묵상했습니다. '내가 말씀으로 무장하는 것이 소금이 되어 나와 남편의 부패를 막는 것이다. 내가 면회를 안 가서 남편이 하루라도 말씀을 못 듣는다면 그것이 남편을 부패시킬 수 있다. 면회 안 가는 것이 해결이 아니다. 아무리 화를 내도 말씀을 듣게 하는 것이 남편의 부패를 막는 길이다'라는 생각이 들었습니다. 그래서 면회 취소 줄에서 빠져나와 매일 면회를 가겠다고 적용했습니다.

그날 밤, 남편의 변호사에게 전화가 왔습니다. 남편이 아내에게 미안해하고 있다고, 꼭 면회를 와 달라고 했다는 것입니다. 면회를 취소했으면 어쩔 뻔했나 하는 생각이 들었습니다. 하나님이 모든 것을 알고 인도하심에 기쁘고 감사했습니다.

다음 날 눈이 와서 면회 시간에 1~2분 늦었습니다. 아내가 안 오는 줄 알고 불안해하던 남편의 얼굴이 길이 막혀서 그랬다는 말에 금세 편안해지더랍니다.

남편은 자기 생각이 앞섰다고, 여러 가지로 힘들 텐데 미안하다고, 아직까지 하나님의 뜻을 분별하는 것이 힘들다고 했습니다. 화를 내고 방에 들어가면 말씀을 보고 회개한다고 말하더랍니다.

남편의 말에 임 집사님도 "당신이 전도하려고 하는 그 사람을 위해 기도하고 있어요. 하지만 하나님의 방법으로 일을 해결해야 해요. 빚을 내서 혈기로 복음을 전하는 것은 방법이 아닌 것 같아요"라고 말했습니다. 남편은 자신이 그 사람에게 돈을 해 주겠다고 한 것이 자신의 헛맹세였노라고 고백했습니다. 자기 힘으로 모든 것을 할 수 없음을 아는 것이 감사하다고 했습니다.

> 네 죄 사함을 받았느니라 하는 말과 일어나 걸어가라 하는 말 중에 어느 것이 쉽겠느냐_마 9:5

"죄 사함을 받았느니라" 하는 말과 "일어나 걸어가라" 하는 말 중에 어떤 말을 듣고 싶습니까? 임 집사님의 남편이 감옥에서 풀려나는 것과 감옥에서 죄 사함을 받는 것 중에 어느 것이 쉽겠습니까? 감옥에서 자기 죄를 깨닫는 것보다 무죄로 풀려나는 것이 더 쉬워 보이지 않습니까?

죽을병에 걸렸다 살아나도, 감옥에서 풀려나도 죄 사함을 받지 못하면 영생을 얻지 못합니다. 주님은 병 고침보다 영생을, 완전한 치유를 말씀하십니다.

죄 사함의 권능을 맛보지 못한 사람은 다른 사람이 죄 사함을 받았다고 해도 기뻐하지 못합니다. 내 죄를 알고 그 죄를 사해 주신 주님의 은혜를 알아야 다른 사람의 죄에 같이 아파하고, 죄 사함 받기를 기도할 수 있습니다.

임 집사님의 남편은 자신도 감옥에 갇혀 있으면서 다른 사람을 돈으로 빼 주려고 했습니다. 그것이 왜 악한 생각일까요? 그 내면에 '나는 감옥에 있어도 당신하고는 종류가 다른 사람이다. 얼마든지 당신을 도울 능력이 있는 사람이다' 하는 생각이 있기 때문입니다. 자신이 죄 가운데 있으면서 다른 사람을 돕겠다고 하는 것, 그것이 악한 생각입니다.

물론 우리가 모두 완전해진 다음에 다른 사람을 도울 수는 없습니다. 죄가 없어서 남을 돕는 것이 아닙니다. 먼저 내 죄를 회개하고 죄 사함을 받아야 다른 사람이 죄 사함을 받도록 도울 수 있습니다. 그래서 "감옥에서 풀려나는 것보다 죄 사함의 은혜를 알게 해 주는 것이 남편을 위한 최고의 대접"이라고 고백하는 것입니다.

◆ 외모로 지체를 판단하지는 않습니까? 돈과 능력과 지식을 가진 사람이 아니라 죄 사함을 받은 사람이 다른 사람도 도울 수 있다는 것을 알고 있습니까?

병을 고치고 돈을 쥐어 주는 것보다 죄 사함을 받는 것이 나와 남을 위한 최고의 대접임을 믿습니까?

죄 사함의 증인이 돼라

6 그러나 인자가 세상에서 죄를 사하는 권능이 있는 줄을 너희로 알게 하려 하노라 하시고 중풍병자에게 말씀하시되 일어나 네 침상을 가지고 집으로 가라 하시니 7 그가 일어나 집으로 돌아가거늘 8 무리가 보고 두려워하며 이런 권능을 사람에게 주신 하나님께 영광을 돌리니라_마 9:6~8

나병환자에게는 "깨끗함을 받으라", 백부장의 하인에게는 "믿은 대로 될지어다", 베드로의 장모에게는 "수종을 들라"고 하신 주님입니다. 그런데 중풍병자에게는 "죄 사함을 받으라"고 하시고 "집으로 가라"고 하십니다. 중풍은 가족을 불편하게 하고 괴롭히는 병이기 때문에 그동안 수고한 가족에게 가라는 것입니다.

죄 사함을 받았으면 이제 사회로 돌아가서 공동체에서 자기 역할을 하라고 하십니다. 그냥 가라고 하지 않으셨습니다. 아파서 누웠던 침상을 가지고 가라고 하십니다. 연약하고 부끄러운 그 침상을 들고 다니면서 "내가 이런 죄인이었다"고, "예수 그리스도로 죄 사함을 받았다"고 증거하라는 것입니다.

일본의 정신장애인 공동체 '베델의 집'에서 서로를 있는 모습 그대로 인정하니 놀라운 일이 일어났습니다. 사회에서 소외됐던 그들이 물건을 만들고 장사를 시작했습니다. 점점 규모가 커지더니 치료받아야 할 사람들이 사업체를 운영했습니다.

그 회사의 신조는 "마음 놓고 땡땡이 쳐라! 일할 수 없는 사람은 자라! 누구도 소외시키지 않는다"입니다. 사회는 이 불평등한 시스템을 허용하지 않습니다. 그렇게 하면 망하니까요. 놀랍게도 베델의 집 사람들에게 적용하면 상상할 수 없을 만큼 회사가 잘 돌아갑니다.

누웠던 침상을 들고 가는 것이 이런 것입니다. 베델의 집의 원칙처럼 병을 고쳐야 한다는 생각으로 초조해할 필요가 없습니다. 전혀 아프지 않았던 것처럼 무리할 필요도 없습니다. 아프고 힘들어도 그 모습 그대로 사회 속으로, 공동체로 들어가야 합니다. 아무것도 못하고 누워만 있던 침상, 보기에도 지겨운 침상이지만 그것을 있는 그대로 보여 줘야 합니다. 그것이 나를 고치고 내 죄를 사해 주신 하나님께 영광 돌리는 증인의 인생입니다.

◆ 오늘 내가 들고 가야 할 상처와 수치의 침상이 있습니까? 공동체 안으로 들어가 그 침상을 보여 주고 나누며 죄 사함의 권능을 증거합니까? 일어나 걷게 된 기쁨에 빠져서 집도 교회도 멀리하고, 하나님께 영광 돌려야 할 사명을 묻어 두고 있습니까?

♦♦♦

사랑해서 하는 일은 힘들어도 기쁨으로 하게 됩니다.
사랑해서 하는 일은 대충 하는 법도 없고,
시간에 늦는 법도 없습니다.
사랑으로 하는 일이 거룩한 일이 되고,
사랑이 있는 곳이 성역이 됩니다.

♦♦♦

말씀으로 기도하기

아프고 돈 없고 문제 많은 우리에게 '죄 사함'의 권능을 말씀하시는 주님을 이해할 수 없었습니다. 그러나 우리의 모든 문제의 해결은 돈이 생기고 병이 낫는 것이 아니라 주님의 죄 사함을 받는 것이라고 하십니다. 이제 나의 침상을 가지고 나아가 말씀에 순종하는 주님의 증인이 되기 원합니다.

힘든 식구들이 있는 나의 본 동네로 돌아가야 합니다(마 9:1).

내가 가야 할 본 동네는 핍박하는 배우자와 힘든 자녀가 있는 작은 집입니다. 이제는 배우자와 자녀의 구원만을 바라며 주님 앞에 수치의 모습 그대로 나아가게 하옵소서. 중풍병자같이 아무것도 할 수 없는 무기력한 상태가 되어서야 주님께 나아오는 저를 용서해 주시옵소서.

죄 사함을 누리는 공동체가 있습니다(마 9:2).

공동체의 기도로 중풍병자같이 무기력한 제가 치유받고 회복되었습니다. 그러나 정작 저에게는 중풍병자를 데리고 주님 앞으로 나오는, 주님을 감탄시키는 믿음이 없음을 고백합니다. '나는 못 한다'는 변명만 늘어놓는 저를 용서해 주시옵소서. 모든 문제의 해결은 '죄 사함'의 권능을 가지신 예수님께 있다는 것을 기억하고, 내 죄를 회개하며 가정과 공동체의 문제를 함께 해결해 나가기 원합니다. 인도해 주시옵소서.

주님은 나의 악한 생각을 아십니다(마 9:3~5).

죄 가운데 있으면서도 '나는 남들과 다르다'라고 생각하는 저의 악한 생각을 주님은 아십니다. 내 죄가 얼마나 참담한지 알지 못하기에 나도 남도 분별할 수 없는 어리석은 저를 용서하여 주시옵소서. 성령님, 찾아와 주셔서 저를 깨워 주시옵소서. 내 죄를 회개할 때 영의 눈이 떠지고 다른 사람의 생각을 분별하는 지혜도 채워질 것을 믿습니다.

주님을 만났다면 죄 사함의 증인이 되라고 하십니다(마 9:6~8).

주님을 만나 죄 사함을 받고 방황과 괴로움이 멈추었습니다. 내가 중풍병에서 놓인 그 침상을 들고 가라고 하시니 그 말씀에 순종하기 원합니다. 자유의 몸이 되었다고 기뻐하며 내 침상을 들고 가야 할 집과 교회를 멀리하지 않게 해 주시옵소서. 내 수치와 죄의 침상을 보이며 주님을 증거할 때 나를 살리신 하나님께 영광 돌리는 인생이 될 것을 믿습니다.

우리들 묵상과 적용

아버지는 4년째 암 투병 중이십니다. 저희 부부는 항암 치료를 받으려고 매주 지방에서 서울까지 올라오시는 부모님을 위해 병원 진료가 있는 날에는 마중을 나갔다가, 치료를 다 받고 돌아가시는 날에는 역까지 배웅해 드렸습니다. 그런데 몇 달 전 아버지의 상태가 악화되어 병원에 입원하시게 되자, 아내는 암 환자에게 좋은 음식과 생수를 직접 가져다드리고, 거의 온종일 병원에서 아버지를 간병했습니다. 침상에 누운 중풍병자를 예수께로 데리고 온 사람들처럼 말입니다(마 9:2).

덕분에 아버지는 병세가 호전되어 추석을 앞두고 퇴원하셔서, 저희 부부는 긴 추석 연휴의 절반은 본가에서, 나머지 절반은 처가에서 보내기로 약속했습니다. 그런데 본가에 내려가자마자 아버지는 고열에 시달리셨습니다. 체온이 39도까지 올라서 어머니와 저희 부부는 열을 내리게 하느라 몇 시간 동안 물수건으로 아버지의 온몸을 닦아드렸습니다. 이런 증상이 매일 반복되자 부모님은 "집에 우리 둘만 있다가 무슨 일이 생기면 감당이 안 될 것 같다"고 두려워하시며, 저희에게 "하루만 더 있다 가면 안 되겠냐"고 하셨습니다. 하지만 아내는 4박 5일 동안 시댁에서 아버지를 섬기느라 이미 방전된 상태였기에 저희 부부는 그 요청을 들어드릴 수가 없었습니다. 서운해하시는 부모님을 뒤로한 채 처가로 향하는 차 안에서 제 마음속은 부모님의 부탁을 거절한 것에 대한 죄책감과, 나름대로 최선을 다해 시댁을 섬기는 아내에 대한 미안함, 그럼에도 그렇게 딱 잘라 거절하는 아내에 대한 서운함이 뒤죽박죽되어 요동쳤습니다. 급기야

아내에게 "나 역시 나중에 장인, 장모님이 아프실 때 당신이 원하는 만큼 다 도와주지는 못하겠지"라고 섭섭한 마음을 표현했습니다. 결국 그 감정 섞인 말로 인해 저희 부부는 남은 연휴를 냉랭한 상태로 보냈습니다.

본문 말씀을 묵상하면서 제가 서기관들처럼 마음에 악한 생각을 품고 아내를 율법적으로 정죄한 죄가 회개되었습니다(마 9:4). 아버지는 질병의 고통을 겪으면서 하나님을 믿지 않은 삶을 회개하고 주님을 영접하여 마침내 구원을 받으셨습니다. 그런데 저는 구원보다 병 낫는 것에 더 집착했습니다. 구원의 기쁨과 감사는 잠시였고, 아버지의 병을 안 고쳐 주시는 하나님과 제 마음과 같지 않은 아내를 원망하고 비난했습니다(마 9:3~5).

주님을 모르고 방황하던 삶을 살다가 예수님을 만나 죄 사함을 받고 값없는 구원을 얻었는데, 제게 주신 사명은 잊어버린 채 직장과 물질, 질병, 아이가 없는 고난이 힘들다고 부르짖으며 환경과 남 탓만 했습니다. 이제는 죄책감에서 벗어나 저의 죄를 사해 주시고 구원해 주신 은혜에 대한 기쁨과 감사를 기억하며, 복음 전하는 사명을 감당하며 살아가기를 원합니다.

영혼의 기도

하나님 아버지, 귀신을 쫓아내고 많은 사역을 감당해도 내가 돌아갈 본 동네가 있다고 하십니다. 힘들고 아픈 가족, 무기력한 중풍으로 누워 있는 자들에게 돌아가라고 하십니다. 그것이 제가 살아나는 길이라고 하시오니, 주님과 함께 본 동네로 가기 원합니다.

저의 중풍과 중풍병자 같은 제 가족을 그 모습 그대로 인정하며 주님께 데려오기 원합니다. 친구들의 믿음을 보고 "작은 자야 안심하라. 네 죄 사함을 받았느니라" 하신 것처럼, 저와 가족과 공동체가 한마음이 되어 죄 사함을 받고 살아나기 원합니다.

저와 모든 이들의 생각을 아시는 주님, 내 죄를 회개하지 않으면서 남을 판단하고 돕겠다는 악한 생각을 버리게 하옵소서. 죄를 모르는 것이 분수를 넘어서는 참람한 생각임을 알게 하옵소서. 날마다 하나님의 말씀으로 자신을 비추며 죄 사함의 은혜를 누리게 하옵소서.

죄 사함의 은혜를 받고 그 권능을 알았다면, 아파서 누워 있던 침상을 들고 삶의 현장으로 돌아가라 하십니다. 죄 때문에 무기력했던 과거의 간증으로 저를 살리신 하나님을 증거하게 하옵소서. 아프고 힘들었던 만큼 더욱 하나님의 영광을 나타내게 하옵소서. 많은 사람에게 죄 사함의 권능을 알게 하는 증인의 삶을 살게 하옵소서. 예수님 이름으로 기도하옵나이다. 아멘.

나를 따르라

마태복음 9:9~13

하나님 아버지,
주님의 명령을 따라 제자가 되기 원합니다.
제자가 되기 위해 어떻게 살아야 할지
말씀하여 주옵소서. 듣겠습니다.

어느 교회에서 담임목사를 모시면서 이런 조건을 세웠습니다. "유아세례 교인이어야 하며, 박사 학위를 지닌 45~55세의 남성으로 이혼 경력이 없고, 서울이나 경기도 출신이어야 한다." 여러분은 이 내용에 동감합니까? 우리 교회를 섬길 사역자를 뽑을 때 어떤 자격을 제시하고 싶습니까?

제자 자격 1순위, 죄인

예수께서 그 곳을 떠나 지나가시다가 마태라 하는 사람이 세관에 앉아 있는 것을 보시고 이르시되 나를 따르라 하시니 일어나 따르니라_마 9:9

예수님의 '지나가심'에는 의미가 있습니다. 아무 뜻 없이 지나가다가 마태를 보신 것이 아닙니다. 기독교는 사람에 대한 헌신이 바탕입니다. 예수님은 사람에게 관심을 가지셨습니다. 그래서 지나가는 중에도 사

198

람을 유심히 관찰하고 제자가 될 마태를 알아보신 것입니다.

'세리'는 요즘의 세무공무원이라고 할 수 있습니다. 당시 로마의 식민 치하였던 유대에서는 단순한 공무원이 아니라, 로마의 권력을 업고 백성을 착취하는 사람이었습니다.

로마 정부는 열 가지도 넘는 세금을 유대인들에게 부과했습니다. 세금 외에도 성전 법에 의해 드려야 할 제물이 많았던 유대인들에게 세리는 증오와 멸시의 대상이었습니다. 유대 지도자들은 자신들이 먼저 회개하지는 않고 모든 것을 세리에게 뒤집어씌워 혹독한 세금의 원흉이 세리인 것처럼 만들었습니다.

세리는 자신을 무시하고 배척하는 백성에게 반감을 품고, 로마가 요구하는 세금보다 더 많이 착취했습니다. 사람들이 무시해도 돈이 많으니 창녀를 사서 쾌락을 즐기기도 했습니다. 유대인들 사이에서 세리와 창녀와 사마리아인에게는 거짓말해도 죄가 되지 않는다고 할 정도였습니다. 회개해도 구원받지 못할 인간이 세리라고 생각했습니다.

예수님은 그런 세리 중에 한 사람, 마태를 보십니다. 세관에 앉아 있는, 구원받지 못할 것 같은 죄 중에 앉은 그를 보고 "나를 따르라"고 하십니다. 주님의 제자로 부르십니다.

나병환자와 중풍병자와 귀신 들린 자를 고치시고는 "나를 따르라"고 하지 않으셨습니다. 그런데 세리 마태에게는 따르라고 하십니다. 왜 병에서 나은 자보다 세리를 부르셨을까요?

나병환자와 중풍병자와 세리 중에 누가 더 죄의식을 가졌겠습니까? 병자는 자신의 상황을 원망할 뿐 죄의식을 느끼기는 쉽지 않습니다. 세리는 아무리 돈이 많아도 스스로 죄의식을 느낄 수밖에 없습니다. 백성을 착취하고 늘 욕을 먹으니, 어떤 풍요 속에서도 곤고한 사람들입니다.

여기에 중요한 의미가 있습니다. 예수님은 그런 사람들, 자신이 죄인임을 누구보다 절감하는 사람들을 제자로 부르셨다는 것입니다.

주님의 제자가 되기 위한 첫 번째 덕목은 자신이 죄인이라는 것을 아는 것입니다. 주님은 이 땅에 오셔서 기막힌 진리를 가르치고, 병 고침과 많은 이적을 행하셨습니다. 하지만 이 땅에 오신 가장 중요한 목적은 인간을 죄에서 구원하는 것, 바로 죄의 해결이었습니다.

예수님은 유대인들이 가장 죄인으로 여기는 세리 마태를 부르심으로 모든 사역에 앞서 죄의 문제가 해결되어야 한다는 것을 보이십니다. 하나님의 부르심에는 어떤 배경도 문제되지 않는다는 것을 보여 주십니다. 비도덕적인 마태를 부르심으로 어떤 사람도 주님이 부르시면 제자가 될 수 있고 쓰임받을 수 있음을 보이시고, 우리에게 도전을 주십니다.

또 한 가지 중요한 것은 주님은 자기 자리를 잘 지키고 있는 자를 제자로 부르신다는 것입니다. 주님은 '세관에 앉아 있는' 마태를 보시고 제자로 부르십니다. 앞서 4장에서 베드로를 부르실 때도 베드로와 안드레가 '바다에 그물 던지는 것을 보시고', "나를 따라오라" 하시며 그들을 제자로 부르셨습니다(마 4:18~19). 주님은 이처럼 자기 일을 열심히 하는 사람들을 유심히 보십니다. 자기 일에 충실한 사람들, 직업과 본분에 충실한 사람들을 제자로 부르십니다.

> 예수께서 마태의 집에서 앉아 음식을 잡수실 때에 많은 세리와 죄인들이 와서 예수와 그의 제자들과 함께 앉았더니_마 9:10

마태가 세리였으니 어울리는 부류도 역시 세리와 죄인들입니다. 예수님을 따른다고 해서 갑자기 딴 세상을 사는 것은 아닙니다. 나와 어울리던 사람들, 내 옆에 있는 사람들, 자기 부류의 사람들부터 예수님을 만나도록 인도해야 합니다.

내가 예수 믿고 달라졌다고 전에 어울리던 사람들을 부끄러워하지 마십시오. 자기 부류의 사람부터 잘 섬겼기에, 2천 년이 지난 지금까지도 예수님의 인정받는 제자 마태가 된 것입니다. 이것이 제가 꿈꾸는 리더십이고, 제자의 자격입니다.

마태는 주님을 따르기 위해 세리라는 직업을 내려놓았습니다. 그러면서 예수님을 모셔 놓고 음식을 차리고 친구들을 불렀으니, 일종의 '폐업예배'를 드린 셈입니다.

우리들교회의 허 집사님도 장사를 그만두면서 폐업예배를 드리고 떡을 돌렸습니다. 장사 때문에 예배에 빠지는 일이 많았는데, 이제 본격적으로 주님을 따르게 됐다고 떡을 돌렸습니다.

보통 개업예배는 열심히 드리지만, 폐업예배를 드리는 경우는 거의 보지 못했습니다. 개업할 때는 어떻게든 잘되기를 바라기 때문에 평소 교회에 안 나오던 사람도 목사님을 불러 놓고 예배를 드립니다. 그렇게 해서 돈도 잘 벌고 주님도 따를 수 있다면 참 좋겠지만, 그것은 거의 불가능한 일입니다.

마태는 주님을 따르기 위해 세리를 그만뒀습니다. 그것이 너무 힘든 적용이기 때문에 대부분은 하던 일이 망하고 나서야 주님을 따릅니다. 사업이 잘될 때는 '일어나 따르니라'가 안 됩니다. 망하고 나서야 주님을 따르게 되니까 그것이 감사해서 폐업예배를 드리는 것입니다.

◆ 오늘 어디에 앉아서 어떤 일을 하고 있습니까? 경건하고 도덕적인 자리가 아니라, 내가 죄인임을 아는 죄의 자리에 있을 때 나를 보시는 주님의 시선을 느

낍니까? 그 시선에 응답하여 즉시 '일어나 따르니라'의 순종을 하고 있습니까? 내가 찾아가야 할 내 부류의 사람들은 누구입니까? 예수 믿고 나니 말이 통하지 않는다고 안 믿는 가족과 문제 많은 친구들을 멀리합니까? 그들에게 내가 만난 주님을 소개합니까?

제자 탈락 1순위, 잘난 사람들

> 바리새인들이 보고 그의 제자들에게 이르되 어찌하여 너희 선생은 세리와 죄인들과 함께 잡수시느냐_마 9:11

바리새인들은 학벌과 지식과 영향력으로 보면 능히 제자가 될 만한 사람들입니다. 성경박사 학위와 유대 출신과 세례 교인 등 자격을 골고루 갖춘 사람입니다. 그런데 그 갖춘 것으로 주님의 제자가 되지 못합니다. 그 갖춘 것으로 주님을 비판하고 공격합니다.

바리새인의 수준은 "세리와 죄인 같은 사람들과 교회는 같이 다닐 수 있지만 어울리기는 싫다"는 것입니다. "저런 사람과 성경 공부는 같이 할 수 있지만 밥은 같이 못 먹어!" 하는 것입니다. 겉으로는 경건해도 끼리끼리 모이고 외모로 차별하는 것이 바리새인의 속성입니다.

전문직 종사자들끼리 모이는 교회, 장애인 교회, 과부만 모이는 교회, 사업자 선교회……. 이것은 말이 안 됩니다. 골고루 모여야 교회입니다. 골고루 모여야 소그룹 모임입니다. 지역으로 모이는 것은 이해되지만, 직업과 부와 아파트 평수로 모인다면 그것은 바리새인 공동체입니다. 끼리끼리 모여서 끼리끼리 즐거워해도 주님의 제자는 될 수 없습니다.

교회에서 묶어 줘서 같이 모이기는 하지만 개인적으로 전혀 어울리고 싶지 않은 사람이 있습니까? 소그룹 식구들을 집으로 초대하면서 "우리 집에 점심 먹으러 와요. 그 김 집사한테는 말을 안 했으면 좋겠는데……. 그 사람을 욕하는 것은 아니지만 나와는 영 대화가 안 통하더라고" 하고 말한 적은 없습니까? '어찌하여' 저런 사람을 우리 소그룹 모임에 보냈느냐고 교회에 불만을 품은 적은 없습니까?

무식하고 어쩌고 따지지 마십시오. 교회는 죄인의 공동체입니다. 죄 많고 문제가 많아서 하나님 없이는 살 수 없는 사람들이 모인 곳입니다. 그러니 당연히 무식할 수 있습니다. 상처가 많기에 성격도 꼬일 수 있습니다.

날 때부터 교양 있고 성격 좋은 사람이 있습니까? 어쩌다 잘 먹고 잘 사는 환경을 만나서 그저 남보다 조금 더 배웠을 뿐입니다. 상처 없는 환경에서 살다 보니 남보다 약간 편한 성품을 가졌을 뿐입니다. 그것으로 다른 사람을 차별하고 어울리기 싫어한다면, 아무리 성경을 많이 알고 전도와 구제와 봉사를 열심히 해도 결코 주님의 제자가 될 수 없습니다.

최고의 교양은 예수님을 만나는 것입니다. 돈 때문에 다른 사람을 착취하는 세리도, 창녀도, 어떤 죄인도 예수님을 만나면 함께 있고 싶은 사람이 됩니다. 지식과 교양으로 외모를 취하는 바리새인보다 자기가 죄인임을 아는 겸손한 사람에게 매력이 있습니다. 외모는 갖춘 것이 없어도 예수님을 만나면 최고로 매력적인 사람이 됩니다.

◆ 함께 어울리기 싫은 사람이 있습니까? 누구 때문에 소그룹 예배에 가기가 싫어집니까? 외모는 볼품없어도 자기 죄를 아는 사람들과 함께하는 것이 얼마나 생명력 넘치는 모임인지 경험해 봤습니까? '어찌하여' 세리와 죄인들과 밥

을 먹을 수 있느냐고 하지 말고, '어찌하여' 내 옆에 그런 사람들이 안 모이는 지 그것을 애통해하십시오.

병든 자, 죄인을 부르시는 주님

예수께서 들으시고 이르시되 건강한 자에게는 의사가 쓸 데 없고 병든 자에게라야 쓸 데 있느니라_마 9:12

의원이 병든 자를 찾아가지 않고 건강한 자만 찾아다닌다면 할 일이 없을 것입니다. '개점휴업'이니 열매가 없습니다. 교회와 소그룹도 건강한 자만 찾아다니면 부흥할 수 없습니다.

우리의 본성은 건강한 자를 좋아합니다. 잘 먹고 잘사는 사람, 몸도 정신도 건강한 사람을 좋아합니다. 병든 자와 힘든 자를 찾아다니면 도와줄 일만 생길까 봐 쓸데 있는 사람들은 모른 체하고 쓸데없는 사람들을 찾아다닙니다.

너희는 가서 내가 긍휼을 원하고 제사를 원하지 아니하노라 하신 뜻이 무엇인지 배우라 나는 의인을 부르러 온 것이 아니요 죄인을 부르러 왔노라 하시니라_마 9:13

예수님은 스스로 성경 박사에 모르는 것이 없다고 생각하는 바리새인들에게 "배우라!"고 하십니다. 제자도 아닌 바리새인들에게 이런 명령을 하신 것은 특별한 일입니다. 무엇을 배우라고 하십니까? "긍휼을 원하고 제사를 원하지 아니하노라" 하신 뜻을 배우라고 하십니다. 이는 호세아 6장 6절을 인용하신 것으로 다른 것도 아닌 성경 말씀의 뜻을 다시 배우라고 하십니다. 스스로 똑똑하다고 생각하는 바리새인들에게는 이 말씀이 충격이었을 것입니다.

주님이 굳이 이 말씀을 인용하신 것은 정말 제사를 원하지 않으신다는 뜻이 아닙니다. 호세아 선지자 당시 북이스라엘은 역사 이래 최고의 황금기를 이루었습니다. 하지만 이런 번영은 곧 사치와 타락으로 이어졌고, 당시 제사장들도 예외가 아니었습니다. 정말 제사를 형식적으로 드리며 사악을 행했습니다.

예수님의 공생애 사역 때도 그랬습니다. 제사는 형식적으로 드리고, 제사장들은 자기 배만 불리는 데 혈안이 되고, 율법은 정죄의 도구로 사용되었습니다.

심지어 안식일에 가난한 자, 병든 자를 고치신 예수님을 "안식일을 범했다"며 정죄했습니다. 율법의 정신인 사랑과 공의와 자비는 온데간데없으니 그들이 형식으로 드리는 제사가 무슨 소용이 있겠습니까? 그러므로 이 말씀은 제사를 무시하라는 게 아니라 "하나님의 마음으로 긍휼하라, 사랑하라"는 것입니다. 죄인을 정죄하고 멀리할 것이 아니라 가까이하라는 것입니다.

건강한 자가 아니라 병든 자를 고치러 오신 예수님, 의인이 아니라 죄인을 부르려고 오신 예수님이십니다. 그런데 바리새인들은 자신이 병든 자라는 것을 알지 못합니다.

병을 고치려면 내가 병들었다는 것을 인정해야 하는데, 그것을 인정하지 못하기에 고침을 못 받습니다. 스스로 죄인이 아닌 의인이라고 생각하기 때문에 주님의 제자가 될 수 없고, 될 생각도 없는 사람들이 바리새인입니다.

자신이 죄인이라고 생각하지 않는 사람은 예수님이 도우실 수 없습니다. 그러니 다른 사람의 아픔도 도울 수 없습니다. 죄와 고통을 공감하지 못하니 긍휼은 없고 제사만 강조합니다. 어떤 사람도 고침을 받을 수 있다는 희망은 아예 품지도 않습니다. 자신의 생각을 넘어서는 새로운 것을 기대하지 않습니다. 편견과 교만으로 병들어 있으면서 자신이 환자인 것을 모르니, 다른 사람만 판단하고 힘들게 합니다.

어느 해 명절 즈음에 "말(言) 폭탄이 명절을 망친다"는 제목의 기사가 신문에 실렸습니다. 명절 때 고속도로 정체에서 받는 스트레스는 잠수함과 교도소 같은 폐쇄 공간이 주는 스트레스와 맞먹는다고 합니다. 그런데 그보다 더 강한 것이 '말 폭탄'의 위력이라고 합니다.

명절 때 듣기 싫은 말에 대해 설문 조사를 했는데, 가장 무시무시한 말이 "이번에 어머니 임플란트 해 드려야지", "아버지 칠순 잔치는 우리가 맡아서 해야 할까 봐" 이런 돈 들어가는 이야기라고 합니다.

며느리가 시어머니에게 듣기 싫어하는 말은 "좀 일찍 출발하지 그랬어", "벌써 가려고?", "남편 피곤한데 친정은 왜 가냐"였습니다.

남편에게 듣기 싫은 말 1위는 "어머니 시집살이에 비하면 당신은 편한 거야"입니다. 또 조카들이 가장 듣기 싫어하는 말은 "장가가려면 취직해야지", "시집은 언제 가냐? 너도 많이 늙었다" 등입니다.

동서끼리 주고받는 말 폭탄에는 "월급은 잘 나와?", "그 동네 아파트값은 좀 올랐나?", "동서, 이런 거 평소에 못 먹을 텐데 많이 먹어 둬" 이런 것이 있었습니다.

다들 한 번쯤 당해 보거나, 다른 사람에게 터뜨려 본 말 폭탄 아닙니까? 가장 가까운 가족인데도 어느 집이든 가족끼리 모이면 이런 말 폭탄을 주고받으면서 상처투성이가 됩니다.

왜 그럴까요? 하나님 앞에서 병든 자, 죄인으로 살지 않는 사람은 다른 사람이 무엇 때문에 아프고 상처를 받는지 전혀 모르기 때문입니다.

내가 병든 자, 죄인으로 살아야 내 아픔 때문에 다른 사람의 아픔도 보게 됩니다. 그래야 말 한마디라도 지혜롭게 하고 상처 주는 말을 안 할 수 있습니다.

주님을 따르는 제자가 되려면 병든 모습, 죄인의 모습으로 주님 앞에 서야 합니다. 우리는 예수님을 영접하고 아무 공로 없이 구원을 받았지만, 아직은 온전한 거룩함에 이르지 못한 죄인입니다. 그래서 예수님을 믿기 전보다 믿은 뒤에 더욱 주님의 도움이 필요합니다. 진정으로 죄를 회개하고 주님을 영접하면, 십자가와 죄의 설교가 얼마나 은혜가 되는지 모릅니다. 한 번 구원받았으면 그만이지 왜 자꾸 죄 이야기를 하느냐고 생각하는 것은 위험한 착각입니다.

예수 그리스도의 십자가에서 단번에 구원이 이뤄졌지만, 천국에 가는 그날까지 회개할 죄가 있습니다. "오호라 나는 곤고한 사람이로다 이 사망의 몸에서 누가 나를 건져내랴"고 한 사도 바울의 고백처럼(롬 7:24), 육신을 입고 이 땅에 사는 동안 끊지 못하는 죄와 상처의 문제가 있습니다.

아직 온전하지 못한 나의 병든 부분, 죄인 된 부분을 알아야 합니다. 내 힘으로는 절대 고칠 수 없는 것을 알아야 합니다. 병든 자, 죄인의 모습으로 주님 앞에 설 때, 주님은 그런 나를 제자로 부르십니다. 아프고 형편없는 나를 부르고 제자 삼으시는 것이 주님이 오신 목적입니다.

곤고함으로 세관에 앉은 마태처럼 내가 죄인이라는 것을 처절히 느끼지 못한다면, 제자 되기도 천국도 포기하는 것이 좋습니다. 주님을 따르려니 내려놓을 것이 너무 많아서 한 가지 내려놓는 것이 바닷물을 한 바가지 퍼내는 격일 수도 있습니다. 그렇다고 해도 주님 때문에 내려놓으면 그 한 가지로 능력을 주십니다. 그 한 가지로 주님의 일꾼으로 삼으시고 지경을 넓혀 주십니다.

◆ 술과 담배 중독으로 병들었습니까? 우울함과 분노로 정신에 병이 들었습니까? 긍휼과 회개 없이 형식적인 예배만 드리는 영적인 병이 들었습니까? 병든 것을 인정하기 싫어서 의원이신 주님을 쓸데없다 하며 나도 남도 더 아프게 하고 있습니까? 내 힘으로는 온전할 수 없기에, 의인이 아니라 죄인을 부르러 오신 은혜에 감사하며 감격합니까?

       ···

주님을 따르는 제자가 되려면 병든 모습,
죄인의 모습으로 주님 앞에 서야 합니다.
우리는 예수님을 영접하고 아무 공로 없이 구원을 받았지만,
아직은 온전한 거룩함에 이르지 못한 죄인입니다.
그래서 예수님을 믿기 전보다 믿은 뒤에
더욱 주님의 도움이 필요합니다.

       ···

말씀으로 기도하기

죄 많은 세리 마태가 주님을 따릅니다. 그는 많은 돈을 착취했지만 동족에게 증오와 멸시를 받으며 죄의식에 힘들었습니다. 비싼 밥을 먹어도 좋은 곳에서 쉬어도 마태에게 안식이 없는 것을 아시고 주님은 "나를 따르라" 하셨습니다. 주님은 죄인을 부르십니다.

제자 자격 1순위는 죄인입니다(마 9:9~10).

가진 것이 많았지만 누리던 그 모든 것을 버리고 순종했던 세리 마태처럼, 더 이상 세상에서 기웃거리지 않고 "나를 따르라" 하시는 주님의 음성에 순종하기 원합니다. 가족과 친지들에게 제가 수치 가운데서 주님을 따르게 된 간증을 할 수 있는 용기와 믿음을 주시옵소서. 그들이 손가락질할까 봐 두려워하는 것이 아니라 나 같은 죄인을 불러 주신 은혜를 담대히 전하게 하옵소서.

제자 탈락 1순위는 잘난 사람들입니다(마 9:11).

스스로 나 정도면 괜찮다고 생각해 어울리고 싶지 않은 사람이 많았습니다. 죄인과 함께하시는 예수님을 무시하는 바리새인이 바로 저입니다. 비난하고 차별하는 죄를 용서하여 주시옵소서. 내 죄를 보며 저야말로 주님이 필요한 죄인인 것을 깨닫게 하여 주시옵소서. 교양 있는 척, 아는 척하며 가정에서도 교회에서도 불편한 존재가 되지 않게 하옵소서. 죄인인 내 주제를 깨닫고 겸손하여 함께 있고 싶은 자가 되기를 원합니다.

내가 병든 것을 알아야 주님의 부르심에 응답할 수 있습니다

(마 9:12~13).

내 상처와 슬픔 때문에 주님의 말씀이 들리지 않았습니다. 피해 의식과 상처로 내 죄는 합리화하면서도 다른 이의 죄는 헐뜯고 판단하는 저의 깊은 병을 고쳐 주시옵소서. "내가 긍휼을 원하고 제사를 원하지 아니하노라 하신 뜻이 무엇인지 배우라"고 하시는 주님의 말씀처럼, 나야말로 병든 자임을 깨닫고 깊이 회개하여 다른 사람의 아픔도 돌보게 해 주시옵소서.

우리들 묵상과 적용

모태신앙인이지만 대학교에 들어가면서 예수님을 멀리하여 말씀이 없었기에 모든 것을 저에게 맞춰 주었던 남편과 편한 결혼생활을 꿈꾸며 불신결혼을 했습니다. 그러던 중 유치원 때에도 그랬는데 초등학교 입학 후에도 아들 때문에 친구들이 힘들어한다는 선생님들의 이야기를 들었습니다. 다른 사람 시선이 두려워 더 이상 갈 곳이 없게 되었을 때 지인의 인도로 교회에 갔습니다. 그러나 매주 삶의 어려운 상황 속에서 말씀 듣고 죄를 고백하는 성도들의 지질한 삶의 간증을 듣기가 너무 힘들었습니다(마 9:11). 바리새인처럼 '나는 건강하기에 죄 많고 문제 많은 병든 사람은 만나기 싫고, 나는 의로우니 저런 죄인들과는 함께 어울리기 싫어'라는 교양으로 포장하며, 나와는 상관없다는 교만한 생각이 있었습니다(마 9:9~12).

그러다 제 교만함을 직면하고 회개하게 된 사건이 생겼습니다. 3년 전 전세 생활을 마감하고 낡은 아파트를 계약하고 인테리어를 하려면 잔금을 입주하기 전에 미리 주어야 했습니다. 전셋집 주인께서 전세금을 미리 주기로 했는데 갑자기 못 준다는 바람에 아파트 잔금을 치르지 못할 지경에 처했습니다. 잔금 마련을 위해서 시부모님께 사정을 이야기했으나 아주버님에게 돈을 빌려줘야 해서 못 빌려준다고 거절하셨습니다. '어떻게 아주버님네만 빌려주고 우리는 안 빌려줘?'라는 서운한 생각이 들어서 그 후로 일부러 연락을 드리지 않았습니다(마 9:11). 그 일이 있은 후 시아버님 생신날 시댁 식구들이 다 모인 자리에서 시아버님은 "빵점

짜리 며느리들이다. 막내며느리 너는 내가 예뻐했는데 너도 똑같다"라고 이야기하셨습니다. 그런데 제가 연락을 끊었기에 '아버님 말씀이 맞다'고 인정되어 화가 나지 않았습니다. 그리고 교회를 다니면서도 마음 문을 굳게 닫으며 며느리로서 마땅히 해야 할 도리를 다하지 못한 것이 회개되었습니다(마 9:9).

그래서 이후 추석 명절 때는 이틀 전에 시댁으로 내려가서 저녁을 먹으며 시부모님께 "서운한 것이 있었어요" 했더니 아버님께서는 "그래. 서운한 게 있으면 풀어야지. 이야기해 봐라" 하셨습니다. "저희 집 사며 사정이 생겨 돈 빌려달라고 했을 때 거절당하고 너무 서운해서 일부러 전화 안 드렸어요. 그런데 제가 교회 다니고 성경말씀 보면서 아버님의 마음보다 돈을 더 중요하게 여겼다는 걸 깨닫게 되었어요. 정말 죄송해요" 했더니(마 9:13) 아버님께서는 "괜찮다"고 하셨습니다. 그리고 용기를 내서 "하나님은 정말 살아 계세요. 가까운 교회라도 가 보세요"라고 했습니다(마 9:10). 시부모님은 가겠다는 확답은 없으셨지만, 제 안에 시부모님을 미워했던 마음이 풀렸습니다. 교만한 제게 온유함과 담대함과 지혜를 주셔서 시부모님에게 복음을 전하는 은혜를 허락하신 주님께 감사합니다.

영혼의 기도

하나님 아버지, 주님이 뽑으신 일꾼은 학력과 지위를 가진 사람이 아니고 곤고한 사람이라고 말씀하십니다. 주님, 이런 사람을 볼 수 있는 눈을 허락해 주시옵소서.

날마다 이해타산을 따져 내게 이익이 되는 것만 보는 것을 용서하옵소서. 사람을 볼 수 있는 눈, 곤고한 마태를 볼 수 있는 눈을 허락해 주시옵소서. 자신의 죄와 부족함을 아는 일꾼이 우리의 교회와 기관과 나라에 세워질 수 있도록 은혜를 내려 주시옵소서.

마태가 세관에 앉아 있을 때 주님이 보신 것처럼 주님이 나의 죄인된 모습을 보시는 자리, 말씀과 예배와 나눔의 자리에 앉을 수 있기를 원합니다. 내 힘으로는 주님을 따를 수 없습니다. 날마다 말씀과 예배로 제가 내려놓지 못하는 욕심과 중독을 내려놓게 하옵소서. 한꺼번에 다 내려놓지 못하고 한 가지만 겨우 내려놓아도, 그 한 가지로 저를 사용하시고 지경을 넓혀 주실 것을 믿습니다.

자신의 부류인 세리와 죄인들에게 주님을 소개하는 마태처럼, 저도 제 부류인 가족과 친구들에게 주님을 소개하기 원합니다. 바리새인들처럼 스스로 잘나서 끼리끼리 어울리고 싶은 악을 용서하옵소서. 세리와 죄인들과 아프고 힘든 사람들에게 찾아가는 구체적인 적용을 하기 원합니다.

건강한 자에게는 의원이 쓸데없고 병든 자에게 쓸데 있다고 하셨습니다. 먼저 제가 병든 자의 모습, 죄인의 모습으로 서서 주님의 부르심을 받는 제자가 되게 하옵소서. 그 사랑을 받아 긍휼한 마음으로 가족 중에 병든 사람들을 찾아가기 원합니다. 형식적인 인사나 선물이 아니라 죄인을 부르시는 주님의 긍휼로 부모와 형제에게 다가가게 하옵소서.

어떤 사람도 주님이 부르시면 제자가 될 수 있다는 것을 증거하는 저와 저희 가정이 되기를 간절히 원합니다. 예수님 이름으로 기도하옵나이다. 아멘.

12

새 술은 새 부대에

마태복음 9:14~17

하나님 아버지, 새 술을 새 부대에 담으라는
말씀을 깨닫고 실행하기 원합니다.
말씀하여 주옵소서. 듣겠습니다.

신문 칼럼에서 읽은 이야기입니다. 작은 농촌 교회를 담임하는 어느 목사님이 한 달 동안 김치 금식을 선포했다고 합니다. 사모님이 주일 오후에 김치를 담그고 그것을 저녁 밥상에 올렸기 때문입니다. 주 5일 근무제가 돼서 주일을 지키기가 어려운데, 사모가 주일을 안 지켜서 되겠느냐고 훈계하면서 몇 가지 죄를 지적했다고 합니다. 첫째, 주일을 거룩히 지키라는 계명을 어긴 죄, 둘째, 성도들에게 신앙의 모범을 보이지 못한 죄, 셋째, 자녀들에게 바른 신앙의 유산을 물려주지 못한 죄, 넷째, 세상 사람같이 주의 날을 구별하지 못한 죄가 그것이었습니다.

이런 이유로 한 달 동안 김치를 먹지 않겠다고 선포한 목사님은 바리새인일까요? 칼럼을 쓴 목사님은 이분은 바리새인도 사두개인도 아니고, 옹고집 목사는 더더욱 아니라고 말합니다. 거룩한 것이 무너지는 이 세상에서, 주의 날을 거룩하게 지키려는 이런 목사들 때문에 기독교는 여전히 생명력 있다고 했습니다.

예수님이 비유로 말씀하신 새 술은 복음을 뜻하고, 새 부대는 복음

216

을 받아들일 수 있는 가치관을 뜻합니다. 빠르게 변화하는 세상에서 주님의 말씀을 지키려면, 어떤 새 부대가 필요할까요?

자기 확신의 헌 부대를 버리고

그 때에 요한의 제자들이 예수께 나아와 이르되 우리와 바리새인들은 금식하는데 어찌하여 당신의 제자들은 금식하지 아니하나이까_마 9:14

예수님의 길을 예비한 세례 요한의 제자들이 예수님께 나아옵니다. 예수님을 따르려고 온 것이 아니라, '어찌하여' 금식을 안 하느냐고 비판합니다.

이럴 때 누가 옳아 보일까요? 광야에서 예수님을 소개하며 청렴하고 경건하게 살던 요한입니다. 그의 제자들이 금식을 외치니까 더 경건하고 옳아 보이지 않겠습니까?

저는 피아노 전공으로 음대를 졸업하고 결혼했습니다. 교수가 꿈이었지만, 시집살이를 하면서 모든 것을 접어야 했습니다. 그러다 분가를 하면서 저의 은사인 피아노로 주님의 일을 하겠다고 마음먹었습니다. "피아노로 주님께 영광 돌리기 원합니다"라고 기도드렸습니다.

당장 저를 불러 주는 사람도 없었습니다. 하나님이 어떻게 쓰실지 길이 보이지 않았습니다. 그래서 총신대학교 총장님을 찾아가 저를 써 주십사 이력서를 내고 왔습니다. 박사 학위도 없고 이렇다 할 경력도 없이 무슨 배짱이었는지 모르겠습니다. 그래도 신학을 가르치는 학교이니 뭔가 하나님의 뜻이 있을 것 같아서 무작정 이력서를 냈습니다. 그리고 3일

금식을 했습니다. 3일째 되던 날 총신대학교에서 출강 요청이 왔습니다.

이런 체험을 했으니 금식이 최고의 능력인 것 같았습니다. 금식을 하고 응답받았다고 여기저기에 전했습니다. 4대째 모태신앙이고 장로님 며느리인 제가 금식을 부르짖으니 얼마나 옳아 보였겠습니까?

제가 큐티 사역을 한다고 마른 뼈처럼 말씀과 성경만 부르짖은 것은 아닙니다. 하나님이 때마다 금식과 신유와 방언의 은사를 골고루 체험하게 하셨습니다. 신유의 응답을 받은 일도 있습니다. 하루는 토요일 밤에 아이가 아팠습니다. 남편이 교회에 못 가게 할까 봐 "주님, 고쳐 주시옵소서!" 하고 기도드렸더니 씻은 듯이 열이 내려갔습니다. 그럴 때는 신유가 최고인 것 같았습니다. 방언의 은사를 받아 보니 못하는 사람이 이상해 보였습니다.

그럼에도 그 모든 은사 위에 지혜와 지식의 말씀이 있는 것을 깨달았습니다. 아무리 모두가 옳다고 해도 말씀이 빠진 은사는 능력이 없다는 것을 깨닫게 하셨습니다.

형식과 우월주의에 빠져서 "왜 세리와 죄인과 밥을 먹느냐"고 따진 바리새인이나, 경건주의에 젖어서 "어찌하여 금식을 안 하느냐"고 따진 요한의 제자들이나 주님이 보시기에 안타까운 사람들입니다.

세례 요한이 예수님을 정확하게 소개했음에도 그의 제자들이 예수님께 의문을 제기합니다. 요한의 제자들은 스승인 세례 요한이 감옥에 갇혀 있는데 전통적인 금식일에 먹고 마시는 예수님이 이해가 안 됩니다. 자신들이 옳다고 생각하기 때문에 어찌하여 금식을 안 하느냐고 정말 심각하게 물어봅니다. 예수님이 금식을 안 하시면 거기에도 무슨 뜻이 있는가 보다 생각해야 하는데, 자기 확신이 앞서서 예수님이 틀렸다고 하는 것입니다.

쾌락주의보다 고치기 힘든 것이 스스로 의롭다고 여기는 경건주의입니다. 세례 요한의 제자들은 이 경건주의를 벗어나지 못해서 나중에 '세례요한교'를 만들어 떠났습니다.

윌리엄 거널(William Gurnall)은 "교회에 열심히 나가고 선행에 힘쓰고 고행을 자초하는 사람은 자신이 얼마나 영적으로 벌거숭이인지를 모른다"고 했습니다. 그런데 너무 열심히 신앙생활을 하기 때문에 그런 사람이 나서서 "내가 지키지 않은 계명이 있으면 대 보라"고 할 때, 모든 성도들이 고개를 끄덕이며 그를 인정합니다. 사탄이 이미 그를 스스로 의롭다고 생각하도록 만들어 놓았기 때문에 그런 사람이 자기 죄를 깨닫기는 너무나 어렵습니다.

백지에 그림을 그리는 것은 쉽습니다. 그러나 뭔가 그린 것을 고치기는 어렵습니다. 바리새인과 요한의 제자들과 경건한 사람들을 고치기 어려운 이유가 이것입니다. 자기 생각과 자기 확신과 자기 의로움으로 꽉 차 있어서 주님의 가르침이 들어가기가 너무 어렵습니다.

우리가 보기에는 금식하는 사람이 금식을 안 하는 사람보다 믿음이 좋아 보입니다. 남들 잘 시간에 깨어서 새벽예배와 철야예배를 드리는 사람들이 당연히 믿음이 좋아 보입니다.

우리들교회 판교 채플이 지어지기 전에는 건물이 없어서 학교 체육관을 빌려 예배를 드렸습니다. 사정이 그러니 주일 외에는 모일 장소가 없어서 한동안 새벽예배를 드리지 못했습니다. 그러면 우리들교회에 문제가 있는 것일까요? "새벽예배와 철야예배가 없는 교회가 무슨 교회냐?"라고 한다면 뭐라고 대답하겠습니까?

금식과 신유와 방언, 이 모든 것은 구원을 위해 할 수도 있고 안 할 수도 있는 것입니다. 구원을 위해 금식해야 할 때가 있습니다. 감옥에 갇힌 세례 요한을 위해 금식하고 기도해야 할 때도 있습니다. 그러나 이때 예수님께 중요한 일은 세리와 죄인들을 위해 먹고 마시는 것이었습니다. 그들의 구원을 위해 그들의 집에 들어가 함께 먹고 마시는 것이 금식보다 훨씬 중요한 일이었습니다. 경건을 보여 주는 것보다 삶을 나누는 것이 복음이 들어가는 최선의 방법이기 때문입니다.

◆ 도저히 용납이 안 돼서 '어찌하여'라고 묻고 싶은 일이 있습니까? 정말 하나님의 뜻이 궁금해서 묻고 있습니까? 아니면 하나님의 옳으심을 인정하기 싫어서 '어찌하여'라고 따지고 있습니까? 부부 관계와 자녀 양육과 사업에서 내게 있는 '어찌하여'를 구체적으로 적어 봅시다. 삶의 모든 영역에서 하나님의 옳으심을 인정함으로 나의 '어찌하여'가 처리되기를 기도하십시오.

형식을 넘어 실속 있는 새 부대로

예수께서 그들에게 이르시되 혼인집 손님들이 신랑과 함께 있을 동안에 슬퍼할 수 있느냐 그러나 신랑을 빼앗길 날이 이르리니 그 때에는 금식할 것이니라_마 9:15

예수님은 금식에 대해 묻는 요한의 제자들에게 금식할 때와 안 할 때를 가르쳐 주십니다. 구원을 위해 중요한 것이 '때'를 아는 것입니다. 평소 예수님과 가까이하며 그분의 말씀에 순종하는 사람은 금식할 때와 안 할 때를 분별할 수 있습니다.

예수님은 신랑과 함께 있을 때는 슬퍼하지 말고, 신랑을 빼앗길 때 금식하라고 하십니다. 실제로 유대인들은 금식하는 절기와 결혼식이 겹치면 금식하지 않았습니다. 결혼의 기쁨이 금식으로 깨져서는 안 되기 때문입니다.

요한의 제자들에게는 감옥에 있는 요한 때문에 금식할 이유가 있었습니다. 인간적 스승인 요한이 대단해 보여서 그가 잡힌 것에 슬퍼했습니다. 진정한 스승이자 하나님이신 신랑 예수님이 함께하시는 것을 깨닫지 못했기 때문에 슬퍼하며 금식할 수밖에 없었습니다.

주님이 기뻐하시는 금식은 "흉악의 결박을 풀어 주며 멍에의 줄을 끌러 주며 압제 당하는 자를 자유하게 하며 모든 멍에를 꺾는 것"이라고 하셨습니다(사 58:6). 금식은 내 소원을 이루기 위해서가 아니라 욕심과 상처로 결박된 내 삶이 변화되기 위해서, 정욕과 탐심에서 자유하기 위해서 하는 것입니다.

금식하고 총신대학교 출강이라는 응답을 받고 나니, 문제만 있으면 금식하고 싶었습니다. 그러나 남편이 구원을 받고 떠난 뒤, 건강이나 아이들 입시 문제를 놓고 금식한 적은 한 번도 없습니다. 때마다 사역을 위해서 "올해도 내가 죽어지게 하시고 사역을 잘 감당하게 하옵소서" 하고 기도합니다.

신랑과 함께 있는 자는 말씀이 들리고 순종을 잘 하는 자입니다. 신랑을 빼앗긴 자는 말씀을 빼앗긴 자입니다. 그것이 슬퍼하며 금식해야 할 일입니다. 30대 중반에 육신의 신랑을 잃고 과부가 됐지만, 진짜 신랑이신 예수님과 함께하며 말씀으로 교제하니 슬프지 않았습니다. 아이들이 재수, 삼수를 하면서 "큐티만 한다고 되나? 새벽기도를 안 드려서 아이들이 떨어지는 거예요"라는 말도 들었습니다. 그러나 누구보다 내 신랑이신 예수님을 잘 알고, 그분과 가까이 지내고 있으니 그런 말을 들어도 요동하지 않았습니다.

누가 와서 "내가 네 신랑을 잘 알아서 하는 말인데, 네 신랑이 원하는 것은 금식이야"라고 말한다면 어떨까요? 정말 내가 신랑을 잘 모른다면 불안할 수 있습니다. 하지만 신랑과 친하게 지내며 그의 마음을 잘 알고 있다면 그런 말에 안 넘어갑니다. 종일 말씀을 묵상하고 쉬지 않고 기도하는 사람은 새벽 기도와 금식 문제로 넘어지지 않습니다. 말씀대로 살려고 하지는 않으면서 형식적인 금식과 기도 생활을 하기 때문에 금식한다고 자랑하고, 안 한다고 판단하는 것입니다.

◆ 배우자나 자녀가 성공해서 세상으로 기우는 것 때문에 금식합니까? 어떻게든 성공하게 해 달라고 금식합니까? 하나님이 슬퍼하실 일에 금식하며 매달리고 있습니까? 때에 맞는 금식과 기도 생활을 위해서 매일 말씀 묵상과 기도로 신랑이신 예수님을 가까이합니까?

새 부대의 무한 용량

16 생베 조각을 낡은 옷에 붙이는 자가 없나니 이는 기운 것이 그 옷을 당기어 해어짐이 더하게 됨이요 17 새 포도주를 낡은 가죽 부대에 넣지 아니하나니 그렇게 하면 부대가 터져 포도주도 쏟아지고 부대도 버리게 됨이라 새 포도주는 새 부대에 넣어야 둘이 다 보전되느니라_마 9:16~17

'낡은 옷'은 율법의 시대를 뜻하고, '생베 조각'은 예수님의 새 시대를 뜻합니다. 생베를 낡은 옷에 대고 재단하면 잠시 그럴듯해 보여도 금

222

세 오그라들고 찢어집니다. 예수님은 낡은 죄의 옷을 기워 주려고 오신 것이 아니라 새 옷을 입혀 주려고 오셨습니다. 새로운 세상과 새로운 생명과 새로운 가치관으로 우리에게 오셨습니다.

당시에는 병이 없어서 가죽 부대에 포도주를 담아 보관했습니다. 새 가죽으로 만든 부대는 술을 넣는 만큼 잘 늘어나서 많은 양을 담을 수 있었습니다. 하지만 낡은 가죽 부대는 설탕이 스며들어 딱딱해져서 조금만 더 부어도 금세 터졌습니다. 내가 새 부대인가 헌 부대인가에 따라서 담을 수 있는 양이 정해지는 것입니다.

워터게이트 사건으로 감옥에 갇힌 뒤 회심한 찰스 콜슨(Charles Colson)은 이렇게 말합니다.

"교회 성장은 분명 하나님의 축복이다. 철저히 복음과 정통주의 신앙에 입각한 교회가 거룩하게 살 것을 담대하게 외치면서도 지속적으로 성장하는 것은 축복이다. 그러나 믿기만 하면 이 세상에서 영원한 행복을 누릴 수 있다는 식의 설교로 이뤄 낸 성장은 인간이 만들어 낸 성장에 불과하다."

리처드 노이하우스(Richard Neuhaus)는 "교회의 성장을 위한 성장, 즉 인간이 만든 성장은 사람들을 영적으로 죽이는 것이다. 그것은 죽은 목회의 마지막 피난처다"라고 했습니다. 양적 팽창이 곧 영적 팽창을 뜻하지는 않습니다. 수의 성장만으로 부흥을 말할 수는 없습니다.

새 포도주가 새 가죽 부대에 들어가면 팽창하는 것처럼 은혜는 팽창하게 돼 있습니다. 성도 수가 늘어난다는 말이 아닙니다. 내가 은혜를 받고 변화되어서 하나님의 새 부대가 될 때 삶의 지경이 넓어지는 것입니다. 전에는 사랑하지 못했던 사람들을 사랑하고, 전에는 공감하지 못했던 사람들을 공감하게 됩니다. 낡은 부대일 때는 담을 수 없던 사람들을 품고 용납합니다. 어디를 가든 만나는 사람마다 전도하고, 사역의 지경을 넓혀 가는 것입니다.

복음을 받아들이고 새 시대를 살면서도 여전히 낡은 가치관으로 사는 모습이 많이 있습니다. 설교를 듣고 큐티를 하면서 말씀대로 살아야 하는 새 가치관을 들었는데, 집에 돌아가서는 예전 그대로 살아갑니다. 그것이 생베를 낡은 옷에 붙이는 것입니다.

교회 권사님으로 성도들을 섬기고 성경 공부를 열심히 하면서도, 집에 들어가면 며느리에게 고운 말이 안 나옵니다. 남편이 하는 행동도 하나같이 미워서 면박을 줍니다. 결혼에 대해 숱한 설교를 듣고 신앙 서적을 읽었어도, 결혼할 때는 직업과 외모와 배경을 따집니다. 모든 사람을 이해하고 사랑할 것처럼 전도와 구제를 하면서도, 지역감정을 못 넘어서서 목사를 세울 때 서울과 경기 출신을 따집니다.

이렇게 벗어 버리지 못하는 낡은 가치관 때문에 새 옷과 새 부대가 찢어지고 복음이 보전되지 못합니다. 새로운 가치관을 들었으면 부지런히 나의 부대를 새것으로 바꿔야 합니다. 내가 예수 그리스도를 담아내는 그릇이 되어야 가정과 교회와 공동체가 보전되는 것입니다.

새 술을 새 부대에 담는 것은 낡은 가치관으로는 할 수 없는 적용을 실천하는 것입니다. 어떤 분은 불신자에게 집을 세놓으면서 일억 원짜리 전셋집을 삼천만 원에 살게 해 줄 테니 예수만 믿으라고 했습니다. 그래서 그 가족이 교회에 나왔습니다. 2년이 지나 재계약을 하면서 이번에는 일 년 안에 한 가족만 전도하라고 했답니다. 이렇게 내 것을 포기하고 내려놓는 것이 낡은 가치관으로는 도저히 할 수 없는 '새 술을 새 부대에 담는 적용'입니다.

다른 여자가 생겨 집을 나간 어느 집사님의 남편이 4개월 만에 집에 들어왔습니다. 그동안 돈이라도 좀 벌었나 했지만 남편은 직장도 없이 들어왔습니다. 예전과 다를 것이 하나도 없었습니다.

집사님은 전에는 그런 남편을 견디기 힘들었습니다. 툭하면 회사를 그만두는 남편에게 언제까지 놀고만 있을 거냐고 성화를 부렸습니다. 남편이 늦잠을 잘 때는 문을 열고 이불을 개며 한숨을 쉬어 댔습니다. 놀 때라도 아이를 좀 봐 달라고 떼를 썼습니다. 일을 다녀와서 저녁을 준비할 때는 남편에게 짜증을 냈습니다.

그러나 남편이 없는 동안 집사님이 변했습니다. 남편이 집에 돌아온 것은 하나님이 보내 주신 것이지 집사님을 도우려고 온 것이 아니라는 것을 알았습니다. 남편이 집을 떠나 있어도 남편 옷을 반듯이 다려 놓고, 언제라도 들어와서 입고 나가도록 옷장에 걸어 뒀습니다. 다른 여자를 끊고 돌아오는 것이 아니라, 연약해서 방황하는 남편이 하나님께 돌아오는 것이 기도 제목이 됐습니다.

집사님은 4개월 전부터 다려서 걸어 둔 옷을 꺼내 입고 나가는 남편에게 어디에 가는지, 집에 들어올 것인지 묻지 않았습니다. 아무 질문 없이 "일 잘 보고 와요"라고 인사를 건넸습니다. 남편도 약간의 미소로 "알았어" 하고 집을 나섰다고 합니다.

남편이 집에 돌아왔어도 달라진 것은 없습니다. 언제 다시 집을 나갈지도 알 수 없습니다. 여자 문제를 정리했다고 해도 여전히 경제적으로 무책임하고 무심한 남편입니다. 그럼에도 집사님은 그것이 감사하다고 했습니다. 환경이 달라지지 않아도 그저 최선을 다해 말씀대로 살려고 하니 하루하루가 기쁘다는 것입니다.

새 술을 새 부대에 담으려면 내가 변해야 합니다. 새 부대의 가치관으로 예수 그리스도의 새 술을 담은 사람은 환경을 탓하지 않습니다. '어찌하여' 하면서 남을 원망하거나 판단하지 않습니다. 다른 사람이 금식을 하든 안 하든, 배우자와 자녀가 변하든 변하지 않든, 내가 변하고 있기에 남이 안 하는 것에 화내지 않습니다. 그래야 부대가 터져서 쏟아 버리는 일 없이 은혜를 잘 보전할 수 있습니다.

날마다 말씀으로 새 부대가 되기 바랍니다. 성경을 통해 넘치도록 채워 주시는 은혜를 맛보며, 나와 우리 가정과 그 안에 베푸신 구원의 은혜를 잘 보전하기 바랍니다. 결코 터지지 않는 튼튼한 새 부대로 은혜의 팽창이 일어나는 가정과 교회와 공동체가 되기를 주님의 이름으로 축원합니다.

◆ 각종 중독과 죄에서 헤어나지 못하는, 변화되어야 할 가족이 있습니까? 그들이 변하기를 원한다고 하면서 나의 낡은 집착과 편견을 갖다 붙이며 찢어지게 하지는 않습니까? 내가 새 부대가 되어 다른 가치관과 다른 태도를 가지는 것이 가장 빠른 변화의 길임을 알고 있습니까?

새 포도주가 새 가죽 부대에 들어가면
팽창하는 것처럼 은혜는 팽창하게 돼 있습니다.
성도 수가 늘어난다는 말이 아닙니다.
내가 은혜를 받고 변화되어서 하나님의 새 부대가 될 때
삶의 지경이 넓어지는 것입니다.
전에는 사랑하지 못했던 사람들을 사랑하고,
전에는 공감하지 못했던 사람들을 공감하게 됩니다.
낡은 부대일 때는 담을 수 없던 사람들을 품고 용납합니다.
어디를 가든 만나는 사람마다 전도하고,
사역의 지경을 넓혀 가는 것입니다.

말씀으로 기도하기

어떤 부대에 담느냐에 따라 포도주의 운명이 바뀌듯 가치관에 따라 인생의 방향이 바뀝니다. 나의 낡은 옛 가치관을 버리고 구원을 위한 새 부대가 되기를 기도합니다.

자기 확신으로 가득 찬 헌 부대의 가치관을 버려야 합니다(마 9:14).
금식하는 것이 믿음이 좋은 것인 줄 알았습니다. 구원을 위해서라면 먹을 수도 있고, 안 먹을 수도 있고 가난할 수도, 부유할 수도 있는 것을 깨닫게 해 주시옵소서. 하나님의 옳으심을 인정하지 못해 '어찌하여' 이렇게 하시냐 따졌음을 회개합니다. 하나님의 옳으심을 철저히 인정하며 나의 '어찌하여'가 처리되기를 원합니다.

주님과의 친밀한 사귐이 있어야 실속 있는 새 부대가 됩니다
(마 9:15).
내 앞의 문제에만 급급하여 금식을 했습니다. 하나님이 나를 불쌍히 여겨 주셔서 기도를 들어주시기를 바라며 간절한 마음으로 새벽기도를 나갔습니다. 금식의 때를 몰라 내 욕심으로 금식하고 기도하는 죄를 용서해 주시옵소서. 내 신랑 되신 주님을 가까이하며 때에 맞는 기도와 금식으로 내 정욕과 탐심에서 자유함을 얻게 해 주시옵소서.

무한 용량의 새 부대가 되어야 합니다(마 9:16~17).

설교 말씀과 큐티를 통해 복음의 새 가치관을 들었으면서도 여전히 옛 모습 그대로 살아가는 저를 불쌍히 여겨 주시옵소서. 새 술을 새 부대에 담으려면 내가 변해야 한다고 말씀하십니다. 들은 말씀을 삶에 적용하며 부지런히 나의 부대를 새것으로 바꾸기 원합니다.

우리들 묵상과 적용

몇 주 전 주일 아침, 컴퓨터를 켰더니 쇼핑몰 광고 팝업창 여러 개가 한꺼번에 좌르륵 열리며 화면을 가득 메웠습니다. "무슨 사이트를 봤길래 컴퓨터가 이래?" 저도 모르게 아내에게 짜증 섞인 목소리로 물었습니다. 특별히 본 것이 없다는 아내의 대답에도 "뭘 봤으니까 이러지. 무슨 쇼핑몰이야? 무슨 학원이야?" 하며 재차 짜증을 냈습니다. 아내가 요즘 아이의 입시 정보 수집을 위해 컴퓨터를 쓰는 것을 보았기에, 곧 공부 문제로 딸을 다그치다 집안이 시끄러워질 것이 못마땅했기 때문입니다. "요즘 인터넷 쇼핑몰은 당신이 보지, 내가 보나?" 아내도 몇 번 참다가 저에게 한마디를 했고, 우리는 서로의 탓을 하며 다투었습니다. 저는 서둘러 말다툼을 마무리하려고 "내가 믿음이 좋으니까 먼저 사과한다"고 엉뚱한 생색을 냈지만, 습관처럼 아내의 잘못을 또 조목조목 지적하다가 싸움이 커져 결국 교회에 늦고 말았습니다.

여러 해 전 처음 소그룹 리더 직분을 받고 나서, 예전에 유흥업소에 출입하고 아내 몰래 미안한 짓을 저지른 것이 찔렸습니다. 편한 마음으로(?) 소그룹 예배를 인도하고 싶은 마음에 아내에게 먼저 죄를 오픈했는데, 그 와중에 "나는 다른 사람들 따라서 어쩔 수 없이 간 거고, 남들 열 번 갈 때 한 번 꼴로 갔으니 난 양호한 사람"이라고 항변하며 스스로 면죄부를 주고 생색을 냈습니다. 게다가 이런 나를 금세 용서하지 않고 화를 낸다고 아내에게 또다시 불평했습니다. 그러고는 아내의 어이없어하는 모습을 보며 수준 낮다고 속으로 무시했습니다. 사실 이 사건은 아직 제가 진정성 있는 사과를 못 했기 때문에 지금도 아내가 여전히 아파하는 부분입니다.

저는 아내가 '쩨쩨하고 계산적이며 믿음 없다'고 자주 흉을 봅니다. 그러나 사실 저는 가난한 불신 가정의 외아들로 성공에 목마른 회사원이었지만, 아내는 외모도 예쁘고 믿음도 좋은데다 유력한 집안의 딸이라 놓치면 후회할 것 같아 제가 결혼을 서둘렀습니다. 아내는 나 하나만 보고 결혼한 것인데, 알고 보면 이처럼 제가 훨씬 계산적이었습니다.

본문에서는 바리새인들과 요한의 제자들이 자기 확신에 가득 차서 '우리는 옳은데, 너희들은 왜 그 모양이냐'고 비난합니다(마 9:11, 14). 저도 온순한 성격에, 어휘를 골라서 사용하고, 교양 있게 행동하는 저 자신이 진짜 선한 의인이라고 착각합니다. 그래서 끝없이 아내를 찌르고 소그룹 예배 때마다 아내를 고발하며 창피를 주었습니다. 요즘은 아내가 믿음이 없어서 딸아이 공부 하나 못 내려놓는다고 흰소리를 합니다. 게다가 '저 못 깨닫는 가족을 위해 내가 수고한다'며 스스로 의롭게 여기고, 아내에겐 지적질, 딸에겐 충고질을 남발합니다. 늘 가식으로 포장하고 다니며 '나는 죄 없다'고 외치는 제가 바리새인들과 요한의 제자들보다 죄질이 더 나쁜 죄인입니다.

영혼의 기도

하나님 아버지, 새 술을 새 부대에 담으라고 하시는데, 저의 경건주의와 형식주의와 기복주의 때문에 '어찌하여'가 많습니다. 아직도 용서하지 못하고 순종하지 못하는 이유가 "나는 옳고 하나님은 틀렸다"는 무서운 자기 확신에 있음을 알았습니다. 주님, "나는 이렇게 수고하는데 너는 어찌하여!" 하는 판단과 원망이 없어지게 하옵소서. 내가 옳다는 확신을 버리고 주님을 담는 새 부대가 되도록 은혜를 내려 주시옵소서.

누가 뭐라고 해도 신랑 되신 예수님과 친밀함으로 담대하기 원합니다. 형식에 매인 정죄로 주님과 함께하는 기쁨을 잃지 않게 하옵소서. 누가 저를 외모로 무시한다고 해도 제 안에 주님을 담고 있기에 늘 충만한 새 부대가 되게 하옵소서.

주님이 부어 주시는 새 술을 담으려면 내가 변화되어야 함을 알았습니다. 내가 새로운 가치관으로 변화될 때, 담아도 담아도 터지지 않는 은혜로 채우시는 것을 알았습니다.

그러나 주님, 내 힘으로는 결코 변화될 수 없습니다. 낡은 부대에 새 술을 담다가 쏟고, 터져서 버리게 되는 경험을 했습니다. 도저히 담을 수 없어서 가족을 모른 척하고 버리고, 지체를 버리고, 이웃을 버렸습니다. 도저히 담아낼 수 없어서 미움과 원망의 감정을 쏟았습니다.

그럼에도 그 경험으로 모든 것을 내려놓고 주님만 담게 하시니 감사합니다. 여전히 변하지 않는 가족과 환경일지라도, 내가 새 부대가 되어 오늘도 말씀대로 살고자 하는 그 마음을 주시니 감사합니다. 주님의 은혜가 제 안에서 팽창함으로 다른 사람들에게도 새 부대에 새 술을 담는 적용을 실천하게 하옵소서.

　　날마다 주님의 말씀으로 거듭나는 새사람이 되게 하옵소서. 예수님 이름으로 기도하옵나이다. 아멘.

13

새 부대의 샘플

마태복음 9:18~26

하나님 아버지, 새 술을 담는 새 부대가 되라고
모델을 보여 주십니다. 말씀을 잘 듣고 깨달아
새 부대의 모델로 살아가기 원합니다.
말씀하여 주옵소서. 듣겠습니다.

새가족 모임에 오신 한 귀부인이 우리들교회의 예배가 너무 형식이 없고
설교가 길어서 고역이라고 불평했습니다. 그분과 함께 오신 또 다른 귀부
인은 아픈 아들 때문에 고난이 있어서 그런지 불평이 전혀 없었습니다.
그분들을 보면서 복음의 가치관을 담는 새 부대는 되고 싶어서 되는 것이
아니라, 하나님이 되게 하시는 것임을 새삼 깨달았습니다.

자식 때문에 길이 없는 사람

예수께서 이 말씀을 하실 때에 한 관리가 와서 절하며 이르되 내 딸이
방금 죽었사오나 오서서 그 몸에 손을 얹어 주소서 그러면 살아나겠나
이다 하니_마 9:18

예수님은 율법에 매인 낡은 가치관을 버리고, 복음의 가치관을 담는

새 부대가 되라고 하십니다. 그 말씀에 즉시 반응한 사람이 '한 관리'입니다. 다른 복음서에는 '회당장'이라고 나옵니다. 유대인을 대상으로 쓴 마태복음에서는 그들을 자극하지 않으려고 '관리'라는 말을 썼습니다.

'관리'에는 '다스리다', '주관하다'라는 뜻이 있습니다. 당시 회당은 신앙과 사회생활의 중심지였습니다. 예배드리고, 율법을 가르치고, 재판과 제사와 일을 행하려고 열 명의 회당장을 세웠습니다. 그들 중 3명은 원로 장로로 세우고, 나머지 7명이 회당 관리자를 감독했습니다. 회당장이라는 것이 그만큼 대단한 위치입니다. 그런 사람이 목수의 아들인 예수님께 와서 엎드려 절한 것은 상상할 수 없는 사건입니다.

마가복음에서는 "딸이 죽게 되었사오니"(막 5:23), 누가복음에서는 "외딸이 죽어감이러라"(눅 8:42)고 했는데, 마태는 "죽었다"고 하면서 죽음을 부각시킵니다. 예수님이 이 땅의 마지막인 죽음마저 정복하실 수 있는 분이라는 믿음이 회당장에게 있음을 강조한 것입니다.

바리새인과 서기관과 요한의 제자들은 예수님이 세리랑 밥을 먹네, 금식을 안 하네 따지는데 그들의 CEO라고 할 수 있는 회당장은 주님을 믿었습니다. 비판하고 따지는 사람들 앞에서 주님께 절하며 "오셔서 그 몸에 손을 얹어 주소서. 그러면 살아나겠나이다"라고 하는 것은 놀라운 믿음입니다. 이 사람이 잘나서 믿었습니까? 자식이 죽어 가니까 급해서 믿었습니다.

급해야 예수님을 찾고 믿는 것이 어쩔 수 없는 우리의 본성입니다. 자식 문제는 능력과 지위를 갖춘 회당장이라도 예수님께 무릎을 꿇게 하는 사건입니다. 대통령도, 목사도 자식 문제는 비켜 갈 수 없습니다. 인간에게는 자존적인 교만이 있고, 특히 남자들은 아무에게나 못 엎드립니다. 그러나 자식이 아픈 것이 내가 아픈 것이고, 자식이 죽는 것이 내가 죽는 것이기에 엎드릴 수밖에 없습니다.

회당장은 가장 큰 원수인 죽음 앞에서 비본질적인 것을 따질 겨를이 없이 예수님 앞에 엎드렸습니다. 그래서 고난이 축복입니다. 자식이 죽게 되니까 저절로 새 부대가 되는 것입니다.

우리들교회의 사역자인 류 전도사님의 이야기를 하려고 합니다. 평신도에서 어떻게 전도사가 되었을까요? 딸 때문에 그렇게 됐습니다. 딸이 홈페이지에 올린 간증입니다.

저는 그리 부요하지 않은 가정에서 혼자만 부유하게 자랐습니다. 어렸을 때부터 온 가족의 사랑을 독차지하며 자랐으니까요. 근본부터 교만했던지라 학교에서 아이들을 잘 따돌렸습니다. 공부도 잘하는 편이어서 선생님들에게 예쁨만 받았습니다.

초등학교 4학년 때부터 엄마를 좇아 교회를 다녔습니다. 교회를 다니면서 투병 중이던 아버지가 레스토랑을 차리셨습니다. 장사가 잘됐던 걸로 기억합니다. 돈도 많이 벌게 되자 엄마와 백화점을 다니며 명품관을 쇼핑했던 기억도 납니다.

하지만 엄마가 가게에 나가시면 할머니 저녁상을 차려 드려야 했습니다. 그것 때문에 스트레스를 받았습니다. 저녁이면 밖에 나가 친구들과 놀기 시작했습니다. 내 마음대로 돌아다니며 더 교만해졌고, 마음 한편에서는 열등감도 생겼습니다.

'나도 아빠하고 놀러 가고 싶어. 가족끼리 외식도 하면 좋겠어.'

6학년 때, 옆 가게에서 불이 나서 저희 가게까지 모두 타 버리는 일이 생겼습니다. 저희는 빚더미에 올라앉았습니다. 아버지는 앓고 있던 병이 심각해져서 요양원에 들어가셨습니다.

중학교 1학년 때 아버지가 돌아가셨습니다. 저는 거짓말이라면서 믿지 않으려 했지만, 하루아침에 얼굴도 못 본 채로 아버지는 묻히셨습니다. 아버지의 죽음 앞에서 '방황하지 말고 열심히 공부해야지'라고 마음을 다 잡았지만, 작심삼일이었습니다.

비싼 가방과 신발로 치장하고 놀러 다니는 제 모습이 눈에 띄었는지, 노는 선배들이 저를 부르기 시작했습니다. 저는 쉽게 늪에 빠졌습니다. 그해 겨울, 첫 가출을 했습니다. 그 뒤로 일진회라는 모임에서 '짱'이 되었습니다. 가출과 결석을 밥 먹듯이 반복해서 학생부에도 이름이 올랐습니다. 엄마는 날마다 학교에 불려 오셔야 했습니다. 폭력, 흡연, 금품 갈취, 무단 결석……. 정학과 근신의 처벌이 이어졌습니다.

선생님들은 모두 제가 주동자라며 저만 학교에서 나가면 아이들이 모두 마음을 잡을 것이라고 했습니다. 그럴 때마다 엄마는 선생님들께 빌어야 했습니다. 저는 학교라는 곳 자체가 싫어서 자퇴하고 싶었습니다.

류 전도사님이 남편을 여의고 호랑이 같은 시부모님을 모시고 시집 살이를 하는데, 딸은 이렇게 문제를 일으키고 있었습니다. 어떻게 간절하지 않을 수 있겠습니까? 너무 간절해서 주님 앞에 엎드릴 수밖에 없었습니다. 예수님이 그 간구를 들으셨습니다.

예수께서 일어나 따라가시매 제자들도 가더니_마 9:19

예수님은 관리에게 딸을 데려오라고 하지 않으시고, 일어나 따라가십니다. 우리의 간절한 간구에 예수님이 일어나 따라가십니다. 그것이 이미 기도의 응답입니다. 우리는 그저 믿고 기다리면 됩니다.

23 예수께서 그 관리의 집에 가사 피리 부는 자들과 떠드는 무리를 보시고 24 이르시되 물러가라 이 소녀가 죽은 것이 아니라 잔다 하시니 그들이 비웃더라_마 9:23~24

예수님이 가던 길에 혈루증을 앓는 여인을 고쳐 주시느라 잠시 지체됐습니다(마 9:20~22). 그러니까 사람들이 피리를 불고 떠들어 대고 난리가 났습니다. 예수님이 소녀가 잔다고 하시니까 비웃습니다. 주님이 혈루증을 앓는 여인 앞에 멈추셨다면 뜻이 있는 것으로 알아야 하지 않습니까? 여인을 고쳐 주셨으니 기뻐해야 하지 않습니까? 그런데 그렇게 하지 못합니다. 내 딸 죽는 것만 안타까워서 다른 사람이 살아난 간증과 믿음이 들리지도, 보이지도 않습니다. 예수님이 지체하시는 것만 야속합니다.

윌리엄 거널은 이렇게 말했습니다.

"당신이 교만이라는 덫에 걸리기 쉬운 또 다른 증상은 다른 사람의 은사를 부러워하는 것이다. 우리 마음속에 질투를 품는 것은 두 사람의 연인을 동시에 만나는 것만큼 힘든 일이다. 가인이 아벨을 죽인 최초의 살인 사건도 질투에서 비롯된 것이다. 당신이 다른 사람의 은사를 질투한다는 것은, 하나님이 각 사람에게 다양한 은사를 나눠 줄 권리를 지니고 계시다는 것에 의심을 품는 것이다. 그런데도 계속 골을 내며 투정을 부린다면, 당신에게 주어질 은사마저 다른 사람에게 옮겨 갈지도 모르는 일이다. 하나님은 선한 일을 중단하실 수 없다. 당신이 하나님의 하시는 일을 방해하는 것은 하나님의 하나님 되심을 인정하지 않는 것과 같다."

예수님을 신뢰하지 못하면 내 사건에만 집중합니다. 예수님은 다른 사람을 고치느라 내 기도를 외면하시는 분이 아닙니다. 목사인 저도 성도들을 똑같이 대하려고 애쓰는데, 무소부재하고 전지전능한 예수님이 어떻게 나를 잊으시겠습니까?

예수님이 내 기도의 응답으로 따라가고 계신데도 당장 문제 해결에
만 집중하니까 주님을 비웃는 것입니다. 내가 기도해도 지체하실 때는,
'나를 단련하시는구나'라고 생각하고 기다려야 합니다. 그렇지 않고 '하
나님이 나를 잊어버리셨어. 하나님도 내 사건을 해결하지 못하시는 거
야'라고 한다면, 주님을 비웃는 것입니다.

류 전도사님이 딸의 문제로 주님께 엎드려서 주님이 따라오고 계셨
지만, 그 과정에도 기다림과 인내의 시간이 필요했습니다.

제가 학교에 가기 싫다고 하니까 엄마는 백화점에서 옷 사 줄 테니 교회
에 가자고 하셨습니다. 옷 얻어 입는 재미로 큐티 모임에 참석했지만, 의
자에 누워 잠을 자거나 흘려듣거나 했습니다. 그러다가 어느 날 강단에서
말씀을 전하시는 목사님을 보면서 '나도 저런 사람이 되고 싶다'는 생각
이 들었습니다.

중학교 2학년 여름방학 때 금연학교를 다니면서 마음을 잡고, 공부도 큐
티도 열심히 했습니다. 중학교 졸업식 때는 단상 위에서 '진보상'을 받았
습니다. 인문계 고등학교에 진학해서 열심히 공부하며 친구들과 큐티 나
눔도 했습니다. 공부하면서 불어난 몸무게를 10kg이나 줄였습니다. 무리
한 다이어트와 함께 진학에 대한 불안과 친구들에 대한 부담이 저를 힘들
게 했습니다. 게다가 돌아가신 아버지의 외도 사실을 알게 되면서 분노와
절망으로 우울증이 찾아왔습니다.

어떻게 내가, 그렇게 똑똑하고 잘난 내가 정신과 치료를 받게 됐는지…….
약을 먹으면서도 늘 괴로웠습니다. 학교에서는 아무렇지 않은 듯 이중생
활을 했습니다. 친구들과의 큐티 나눔도 그만두고 학교를 빠지기 시작했

습니다. 다시 담배를 피웠고 술도 마셨습니다. 한 달 동안 거의 매일 술을 마신 적도 있습니다. 죽기로 결심하고 수십 알의 약도 먹었지만, 다음 날 아침에 정신만 몽롱할 뿐 다시 눈이 떠졌습니다.

옷을 사 준다고 달래면서 딸을 큐티 모임에 데려왔는데, 말씀을 잘 듣는 것 같다가도 금세 예전으로 돌아가곤 했습니다. 아버지가 돌아가시고 집안 형편이 어려운데도 꼭 백화점에서 옷을 사 입어야 했습니다. 버스나 지하철은 타지도 않았습니다. 어렸을 때부터 사치를 좋아하고 돈을 잘 썼던 터라 규모를 줄이지 못하고 엄마를 힘들게 했습니다.

그럴 때 주님을 비웃게 되지 않겠습니까? 내 딸은 달라지지 않는데 다른 사람을 고쳐 주시는 예수님이 원망스럽지 않겠습니까?

무리를 내보낸 후에 예수께서 들어가사 소녀의 손을 잡으시매 일어나는지라_마 9:25

예수님은 비웃는 무리를 내보내시고 딸의 손을 잡아 일으키십니다. 주님이 하시는 일을 무시하고 비웃는 마음이 있다면, 주님이 기적을 베푸실 수 없습니다. 주님을 신뢰하지 못하는 비웃음을 내보내야만 주님이 일하실 수 있습니다.

◆ 나를 엎드리게 하는 아픈 자녀나 문제아 자녀가 있습니까? 회당장 같은 지위와 돈이 있어도 주님이 만져 주셔야만 자녀가 살아나는 것을 믿고 있습니까? 교회에 데리고 다녀도 달라지지 않는다고 원망하면서 주님이 하시는 일을 비웃지는 않습니까? 문제가 아닌 주님께 집중하며 신뢰하고 있습니까?

끝없는 수치 가운데 있는 자

20 열두 해 동안이나 혈루증으로 앓는 여자가 예수의 뒤로 와서 그 겉옷 가를 만지니 21 이는 제 마음에 그 겉옷만 만져도 구원을 받겠다 함이라 22 예수께서 돌이켜 그를 보시며 이르시되 딸아 안심하라 네 믿음이 너를 구원하였다 하시니 여자가 그 즉시 구원을 받으니라_마 9:20~22

주님이 회당장의 딸을 고치러 가시는 길에 혈루증 여인이 등장합니다. 여인은 12년 동안 혈루증을 앓으면서 얼마나 비참하고 소외된 삶을 살았을까요? 마음이 곤고하다는 것조차 사치스러운 표현일 것입니다. 회당장과는 비교할 수도 없는 비참한 수치 가운데 있었기에 겉옷만 만져도 구원을 받겠다는 믿음이 생겼습니다. 오셔서 손을 대 달라고 하는 회당장의 믿음보다, 뒤로 가서 겉옷만 만져도 낫겠다는 여인의 믿음을 예수님이 먼저 보신 것입니다.

끝없이 수치당하며 공동체에도 들어갈 수 없는 여인이었습니다. 주님은 돌이켜 그녀를 보십니다. 우리의 처절한 기도를 외면하지 않으십니다.

예수님은 회당장의 딸에게는 "일어나라"고 하셨는데(막 5:41), 혈루증을 앓는 여인에게는 "구원하였다"고 하셨습니다. 우리는 일시적으로 병이 나아도 때가 되면 죽을 수밖에 없습니다. 우리가 안심할 수 있는 것은 구원받는 것밖에 없습니다. 우리가 원하는 것은 구원이어야 합니다. 믿음으로 구원을 얻어야 합니다.

류 전도사님은 딸 때문에 끝없는 수치 가운데 있어도 오직 구원을 원했습니다. 딸이 왜 달라지지 않는지, 언제 달라질지 묻지 않았습니다. 딸의 구원을 위해 애통해하면서, 다른 사람의 구원을 위해서도 애썼습니다. 딸 때문에 학교에 불려 다니면서 만나는 선생님마다 전도했습니다. 나중에는 문제아의 학부모인 류 전도사님이 학교 선생님들을 모시고 큐티 모임을 인도했습니다. 그랬을 때 하나님은 어떤 응답으로 구원을 앞당기셨을까요?

고등학교 졸업을 앞두고 여전히 방황하다가 남자 친구를 만났습니다. 남자 친구와 어울리면서 타락은 더 심해졌습니다. 술을 마시고 친구를 때린 적도 있습니다. 본드에도 손을 댔습니다. 처음에는 기분이 좋고 모든 것이 잊히는 듯했지만 잠시뿐이었습니다. 점점 양이 늘고, 눈동자의 초점이 흐려졌습니다. 방금 내가 무슨 말을 했는지 알 수 없을 때가 많았습니다. 두려웠습니다. 이건 아니다 싶어서 끊기로 결심했습니다. 몇 달 만에 처음으로 하나님께 기도드렸습니다. 본드를 끊고 공부를 시작하자는 결심으로 남자 친구와 학원에 다녔습니다. 다시 큐티 모임에도 나갔습니다. 하지만 그때만 해도 방탕과 하나님의 길에 두 발을 모두 올려놓고 있었습니다. 수능 시험을 치르고 남자 친구와 저는 담배를 끊기로 했습니다. 쉬운 일은 아니었지만 나름대로 노력했습니다. 몸에서 담배를 안 받는 것 같아 하나님이 도와주시는가 보다 생각했습니다. 도와주신 것은 맞는데, 정확히 말하면 내 배 속의 태아가 담배를 거부하고 있었던 것입니다.

당시 저는 임신 4개월이었습니다. 엄마는 임신 소식을 듣고 저를 안아 주며 눈물을 흘리셨습니다. 목사님께 말씀드리고 "형편이 안 되면 입양 보내더라도 아이는 반드시 낳아야 한다"는 처방에 순종해서 아이를 낳기로 했습니다. 남자 친구도 말씀으로 양육을 받으면서 믿음을 갖게 되었습니다. 우리는 큐티 모임과 교회 지체들의 축복 속에 결혼했습니다. 시댁과 집안 어른들이 반대했지만, 엄마의 믿음으로 은혜 가운데 결혼식을 치렀습니다.

고등학교 졸업을 앞둔 딸의 임신 소식에 어떻게 안심할 수 있겠습니까. 그러나 아이를 낳기로 결정하고, 딸과 그 남자 친구를 말씀으로 양육했습니다. 그러면서 전도사님은 변함없이 안식을 누렸습니다. 어린 아들을 결혼시킬 수 없다는 사돈어른들을 찾아다니며 자신이 맡아서 돌보겠다고, 사위도 아들처럼 여길 테니 허락해 달라고 했습니다.

그런 수고와 기도 끝에 은혜로운 결혼식을 치렀습니다. 집안의 문제아였던 사위는 누구보다 장모님을 존경하며 따르고 있습니다. 교회에서 열심히 봉사하고, 건실한 가장이자 직장인으로 살아가고 있습니다.

"딸아, 안심하라. 네 믿음이 너를 구원하였다"의 응답이 이것입니다. 류 전도사님은 딸의 문제에만 매달리지 않고 다른 사람의 구원에도 힘썼습니다. 그랬기에 주님은 임신이라는 엄청난 사건 앞에서도 '그 즉시' 구원을 얻는 축복을 허락하셨습니다.

류 전도사님은 원래 평신도 사역자였습니다. 학벌은 야간상업학교 졸업이 전부인 분입니다. 그런 것과 전혀 상관없이 우리들교회의 전도사로 섬길 수 있는 것은, 이토록 구원을 원하는 간절함이 있기 때문입니다. 혈루증을 앓는 여인에게 학벌이 있었겠습니까? 감히 예수님 앞에 나서지도 못하고 뒤로 다가갈 수밖에 없는 겸손이 여인을 살렸습니다. 끝없는 수치 가운데서 "겉옷만 만져도 구원을 받겠다"는 믿음이 있었기에, 병 낫는 것과는 비교할 수 없는 구원으로 응답을 받았습니다.

◆ 기도 제목도 내놓기 힘든 수치의 고난이 있습니까? 내 수치는 말해도 자식의 수치는 드러내기 어려운 곤고함이 있습니까? 병이 나아도 안심할 수 없는 인생에서 구원 얻는 것만이 안심인 걸 압니까? 내 자녀 때문에 애통한 만큼 다른 사람의 구원을 위해 전도하면서 구원의 안식을 누리고 있습니까?

구원의 소문을 전하는 사람

그 소문이 그 온 땅에 퍼지더라_마 9:26

죽었다고 생각할 때는 비웃던 사람들이 살아나니까 소문을 전합니다. 세상은 십자가의 소문은 비웃고, 병이 낫고 살아난 소문만 좋아합니다. 그러나 살아난 소문만이 아니라 십자가의 소문도 전해야 합니다. 번영의 소문보다 십자가의 소문을 전하는 것이 교회의 사명입니다.

류 전도사님에게도 아직 십자가 질 일이 남아 있습니다. 딸도 사위도 아직은 온전하지 못합니다. 그래도 자꾸만 딸의 소문이 퍼지는 것은 그 구원을 통해 다른 힘든 이들을 살리고 있기 때문입니다.

아이를 낳고 너무 기뻤습니다. 그러나 기쁨도 잠시, 산후우울증이 찾아오고 남편과 다투는 날이 많아졌습니다. 다시 살찐 내 모습에도 화가 났습니다. 남편과 다투고 나가서 술을 마시기도 했습니다. 대학 생활을 하면서 담배도 다시 피웠습니다. 멋 내는 것을 좋아하는 남편과 한마음이 되어 일주일이 멀다 하고 야시장을 돌아다니며 옷을 사 입었습니다.

이렇게 아직 온전하지 못한 제가 글을 띄우는 이유는, 이 글을 보시는 여러분이 한마디라도 저를 위해 기도해 주시기를 바라기 때문입니다. 정말 저도 마약 같은 담배와 술을 끊고 싶습니다. 이제는 시간을 낭비하고 싶지 않습니다. 하나님의 영광을 저 때문에 가리고 싶지 않습니다.

제가 심하게 방황할 때도 "엄마하고 하나님은 늘 너를 위해 두 팔을 벌리고 있어. 넌 하나님의 공주야. 돌아오기만 하면 돼!" 하시던 어머니! 이제는 그만 속 썩이고 싶습니다.

244

주님은 회당장의 딸보다 혈루증 여인을 먼저 살리셨습니다. 지위와 능력을 갖춘 회당장이 엎드린 것도 너무 귀하지만, 주님은 감히 엎드릴 수도 없을 만큼 수치 가운데 있는 여인을 돌이켜 보셨습니다.

저는 세상에서 일류라는 사람들과 모임을 가져 봤습니다. 그러나 살아오면서 제게 힘이 된 사람은 류 전도사님 같은 분이었습니다.

류 전도사님이 자녀들에게 공부를 강요하지 않았어도, 지금 두 딸은 재주 많은 일꾼이 되었습니다. 우리들교회의 전도사와 주일학교 교사로 섬기고 있습니다. 여느 부목사님 못지않은 섬김으로 많은 사람을 전도하고 양육하고 있습니다.

류 전도사님은 학벌도 재력도 남편도 없습니다. 자식은 문제를 일으켰습니다. 무시할 수밖에 없는 환경에 있었습니다. 그러나 결국에는 가장 성공한 사람이 됐습니다. 그런 류 전도사님을 제 인생에서 만나게 하신 하나님께 감사와 찬양을 드립니다.

◆ 세상적인 성공의 소문보다 고난 속에서 믿음으로 일어난 소문이 퍼지기를 바랍니까? 내 이름은 가려지고 주님이 하신 일만 나타내는 믿음의 소문을 퍼트리고 있습니까?

말씀으로 기도하기

삶의 고난을 통해 주님의 말씀을 듣는 자가 새 부대가 되고 구원을 얻는 다고 하십니다. 고난은 피해야 할 것이 아닌 신앙 여정의 필수 과정임을 깨닫고 내게 주신 고난을 통해 주님께 더욱 가까이 나아가기를 원합니다.

자식 고난으로 길이 없어도 주님께 엎드리면 새 부대가 됩니다
(마 9:18~19, 23~25).

나는 내 힘으로는 주님께 나아갈 수 없는 백 프로 죄인이기에, 아픈 자녀, 문제 자녀를 통해서라도 주님 앞에 엎드리게 하시는 것이 축복임 을 믿습니다. 그런데도 주님이 나의 기도에 지체하시는 것 같으면 불신 하고 비웃는, 믿음 없는 저를 불쌍히 여겨 주시옵소서. "자기 생각을 내려 놓고 나를 따라오라"는 예수님의 말씀에 잠잠히 순종하오니 인도해 주시 옵소서.

끝없는 수치 가운데서도 주님을 따르는 자는 구원을 얻습니다
(마 9:20~22).

누구와도 비교할 수 없는 비참함 가운데 있었기에 주님의 겉옷만 만 져도 낫겠다는 간절한 믿음이 혈루증 여인에게 생겼습니다. 그런 그녀를 돌이켜 보고 구원해 주신 주님을 찬양합니다. 저의 처절한 기도도 결코 외면하지 않으실 것을 신뢰하며, 끝없는 수치 가운데 일어날 힘 없을 때 도 주님을 붙들 수 있기를 소망합니다.

구원의 소문을 전하는 인생이 되어야 합니다(마 9:26).

번영의 소문보다 십자가의 소문을 전하는 것이 성도와 교회의 사명이라고 하십니다. 고통과 수치의 환경 속에서 나의 십자가를 지고 주님을 따르며 구원의 소문을 전하는 자가 되게 해 주시옵소서.

우리들 묵상과 적용

십삼여 년 전에 영국에서 한국에 온 지 얼마 되지 않아 의사도 진단할 수 없는 여러 가지 신체 증상을 겪기 시작했습니다. 여러 병원에 가서 검사하고 증상을 말했지만, 의사들은 스트레스 때문인 것 같다고 말했고 저는 그것을 믿으려 하지 않았습니다. "분명히 뭔가 심각한 문제가 있는데 의사들이 능력이 부족해서 찾아내지 못하는 거야"라며 아내에게 불평했습니다. 이런 일이 반복되니 아내도 점점 스트레스를 받아 서로 화를 내고 싸우게 되었습니다. 그 후 1년이 지나 건강검진을 했는데, 소변에서 피가 나왔고 초기 신장병 증세라는 진단이 나왔습니다.

30대 중반의 나이에 만성 전립선염 진단을 받았고, 과민성 대장 증후군과 섬유 근육통 증세를 겪게 되었습니다. 거기다 허리와 무릎까지 아프니 절망이 되었습니다. 젊은 나이에 이런 증상을 겪는 것이 인정되지 않아 하나님을 원망했습니다. 그리고 주님께 간절히 기도하기보다는 유사 요법과 같은 여러 세상적인 치료법을 찾았습니다. 그러나 혈루증을 앓던 여인처럼 돈과 시간만 낭비할 뿐 모두 도움이 되지 않았습니다(막 5:26). 본문의 혈루증 앓던 여인이 예수님의 겉옷만 만져도 구원받을 것이라 믿은 것처럼 저도 주께 나아가야 했습니다(마 9:20~22).

10대 후반부터 저는 낮은 자존감에서 벗어나고자 건강을 우상으로 삼고 보디빌딩에 집착했습니다. 그 후 15년 동안 디스크 손상 등 많은 부상을 입었는데, 이것이 지금 저의 건강에 많은 문제를 일으키고 있는 것 같습니다. 외모를 우상으로 취한 제 삶의 결론입니다. 보디빌딩을 10년 동안 쉰 적도 있지만, 허영심이 슬그머니 올라와 40대 초반에 다시 시작하게 되었습니다. 그러자 몸이 중압감을 견디지 못해 통증과 피로 등의 증상을 나타냈고, 결국 몇 년 뒤에 그만두어야 했습니다. 그 후에도 여러 번 보디빌딩을 다시 해 보려 했지만, 그때마다 같은 증상을 겪었습니다. 하나님이 저의 건강 우상을 깨뜨리고자 분명한 경고의 메시지를 보내시는 것이 느껴졌습니다. 건강까지도 주께 맡기기를 원하신다는 것을 깨달았습니다.

저는 걱정과 불안을 달고 삽니다. 오랫동안 걱정과 스트레스를 받는 것이 습관화되다 보니 이제는 스트레스를 받아도 저 자신이 스트레스를 받는 것조차 인식하지 못합니다. 이런 걱정과 불안도 주님을 신뢰하지 못해 생기는 것이기에 이 또한 죄임을 알게 되었습니다. 본문 말씀에 나온 관리처럼 저도 주님 앞에 무릎을 꿇고자 합니다(마 9:18). 주님이 저의 손을 잡아 주심으로 잠자고 있는 저의 믿음이 깨어 일어나기를 기도합니다(마 9:25).

영혼의 기도

하나님 아버지, 제게 있는 작은 권위와 지위 때문에 주님이 지체하심을 기다리지 못하는 회당장의 마음이 있습니다. 바로 응답하지 않으신다고 피리 불고 떠들며 비웃는 마음이 있음을 고백합니다. 비웃음을 내보내지 않으면 주님이 기적을 행하실 수 없습니다. 저의 불신과 비웃음을 용서해 주시옵소서. 혈루증 여인처럼 겉옷만 만져도 구원받겠다는 간절함과 겸손함을 허락해 주시옵소서.

오늘도 자녀 때문에 주님께 엎드립니다. 그 몸에 손을 얹어 주시옵소서. 아이의 무기력과 무감각과 일류병과 미움과 시기와 질투와 모든 질병을 주님이 만져 주시옵소서. 주님이 만지시면 그가 살겠나이다. 나사렛 예수의 이름으로 모든 마귀가 물러가게 하시고, 고쳐 주시옵소서.

열두 해 동안 질병과 수치 가운데 있었던 혈루증 여인처럼 끝없는 수치 가운데서 주님을 따르기 원합니다. 감히 주님 앞에 설 수도 없는 저이지만, 끊어지지 않는 죄와 중독을 가지고 주님께 나아가기 원합니다. 주여, 저의 곤고함을 돌이켜 보시옵소서.

"딸아, 안심하라. 네 믿음이 너를 구원하였다"고 하십니다. 주님이 주시는 안식을 누리기 원합니다. 병이 낫고 돈이 생겨도 안심할 수 없는 인생에서 진정한 구원의 안식을 얻기 원합니다. 나음을 얻고 온 땅에 믿음의 소문을 전하게 하옵소서. 예수님 이름으로 기도하옵나이다. 아멘.

14

너희 믿음대로 돼라

마태복음 9:27~34

하나님 아버지, 힘들고 어려운 상황에서
믿음대로 되는 것이 무엇인지
말씀하여 주옵소서. 듣겠습니다.

중학교 교사인 백 집사님의 이야기입니다.

교사라는 타이틀을 가진 저에게 아들의 방황은 참을 수 없는 고통이며 수치였습니다. 아들은 끝이 보이지 않는 방황으로 담배를 피우고 일진회와 어울리며 폭력에 연루되어 학생부에 드나들었습니다. 파출소와 경찰서에도 불려 다녔습니다.

아들이 중학교 때부터 아들을 찾아 오락실을 헤매다 몇 시간씩 차에서 기다리며 기도하던 시간들, 그래도 안 들어오면 하나님께 의탁하고 잠을 청하다가 제대로 자지도 못한 채 새벽예배로 달려가던 날들……. 하나님께 울부짖지 않고는 살 수가 없던 시절입니다.

그래도 전혀 변하지 않는 아들을 보면서 "하나님! 어느 때까지입니까? 이만하면 되지 않았나요?"라고 불평도 했습니다. 내가 기도하니 아들이 잘된다는 것을 보여 줘야 전도도 되지 않겠느냐면서 그럴듯한 표적도 구했습니다.

아들은 학교에 데려다 줘도 그냥 담을 넘고 나오는 '충동성 부적응'의 상태였습니다. 졸업을 못할 정도로 결석 일수가 찼습니다. 학교만 제대로 갔다 와도 얼마나 감사한지……. 오늘은 학교에 있었다는 아들의 빤한 거짓말이라도 믿고 싶었습니다. 학교에 와서 수업 시간에 앉아 있는 아이들이 너무 부러웠습니다. 제가 담임을 맡고 있는 아이들에게 결석하지 않고 와 줘서 고맙다고 인사할 정도였습니다.

학교 선생님도 자식은 마음대로 되지 않습니다. 그래도 그토록 오래 기도했는데, 안 믿는 가족들에게 전도도 해야 하는데, 아들이 좀 달라져야 하지 않겠습니까? 이런 상황에서 주님은 어떤 믿음을 보이기 원하실까요? 믿음대로 되는 응답은 어떤 것일까요?

부르짖는 믿음

예수께서 거기에서 떠나가실새 두 맹인이 따라오며 소리 질러 이르되 다윗의 자손이여 우리를 불쌍히 여기소서 하더니_마 9:27

예수님이 다윗의 자손이라는 고백을 한 사람은 '두 맹인'이 처음입니다. 눈 뜨고 있는 바리새인과 제사장들은 예수님을 알아보지 못하는데, 맹인들이 메시아를 알아봤습니다.

예수님을 다윗의 자손이라 부르는 것이 얼마나 멋진 신앙고백인지, 다윗의 인생을 모르는 사람은 공감할 수 없습니다. 다윗의 인생이 어떠했습니까? 사울에게 죽도록 쫓기며 살았고, 왕이 된 뒤에는 부하의 아내와 간음을 저질렀습니다. 그것을 감추려고 살인하고 자식을 잃었습니다. 자식의 배반과 온갖 자식 문제로 참 험한 인생을 살았습니다. 가장 사랑했던 아들에게 배반당하면서, 다윗은 눈물로 자기 죄를 고백했습니다.

"무릇 나는 내 죄과를 아오니 내 죄가 항상 내 앞에 있나이다 내가 주께만 범죄하여 주의 목전에 악을 행하였사오니 주께서 말씀하실 때에 의로우시다 하고 주께서 심판하실 때에 순전하시다 하리이다 내가 죄악 중에서 출생하였음이여 어머니가 죄 중에서 나를 잉태하였나이다"(시 51:3~5).

여기에 다윗의 위대함이 있습니다. 고통 가운데서도 자기 죄를 본 것입니다. 예수님이 이런 다윗의 자손이라는 고백을 맹인들이 처음으로 했습니다. 교회를 다니면 누구나 이런 고백을 할 것 같지만, 생각보다 그런 사람은 많지 않습니다. 예수님이 죄 많고 문제 많은 다윗의 자손이라는 고백이 쉽게 나오지 않습니다. 누가 이런 죄의 고백을 합니까? 바리새인보다는 딸의 죽음 앞에 엎드린 회당장이, 회당장보다는 수치 가운데 있는 혈루증 여인과 맹인이 합니다.

우리는 영적 맹인이기에 기도의 대상이신 예수님을 알아보지 못합니다. 누구나 영적으로 맹인 된 부분이 있습니다. 돈이나 자식이나 음란이나 욕심 등 도무지 하나님의 뜻이 깨달아지지 않는 그 부분이 바로 나의 맹인 된 부분입니다. 그것을 가지고 다른 사람이 아닌 다윗의 자손 예수님께 나를 불쌍히 여겨 달라고 부르짖어야 합니다. 내가 부르짖을 대상은 대단한 권위자도, 배우자도, 부모와 형제도 아닙니다. 음란과 배신의 문제를 겪으며 눈물의 인생을 산 다윗의 자손 예수님이 내 기도의 대상이십니다.

다윗의 자손 예수님이시기에 나의 죄와 고통을 아시고, 나를 불쌍히 여겨 주시는 것입니다. 하나님이 불쌍히 여겨 주지 않으시면 남들이 나를 불쌍히 여깁니다. 남들이 불쌍히 여기는 것은 동정입니다. 하나님은 내가 동정받기를 원하지 않으십니다. 내가 다스리기를 원하십니다.

백 집사님도 남편과 자식을 향해서는 울부짖지 않았습니다. 기도와 예배로 부르짖고 소그룹 모임에서 부르짖었습니다. 아들을 제대로 가르치지도 못하면서 어찌 교단에 설 수 있겠느냐고, 어떻게 학생을 훈계하며 학부모들을 대할 수 있겠느냐고, 나를 불쌍히 여겨 달라고 주님께 부르짖었습니다.

그렇게 처절한 낮아짐 가운데서, 집사님은 학교에서 문제아로 불리는 아이들을 자식처럼 여겼습니다. 그 아이들 때문에 교단에 서야 할 이유를 깨달았습니다. 학교에서 성경연구반을 인도하면서 아이들과 말씀을 나눴습니다. 신기하게도 아들이 크게 속을 썩일 때면 은혜가 더욱 넘쳤습니다. 학생들에게 솔직하게 아들 이야기를 나눴습니다. 그랬더니 특별히 문제가 많던 아이들이 은혜를 받고 자기 이야기를 나눴습니다.

◆ 영적으로 깨어 있지 못한 나의 맹인 된 부분은 무엇입니까? 눈물의 인생을 산 다윗의 자손 예수님이시기에 나의 죄와 고통을 불쌍히 여기시는 것을 믿고 부르짖습니까? 사람에게 불쌍히 여겨 달라고 부르짖다가 위로는커녕 비참함을 맛보고 있지는 않습니까?

주님이 만져 주시는 믿음

28 예수께서 집에 들어가시매 맹인들이 그에게 나아오거늘 예수께서

이르시되 내가 능히 이 일 할 줄을 믿느냐 대답하되 주여 그러하오이다
하니 29 이에 예수께서 그들의 눈을 만지시며 이르시되 너희 믿음대로
되라 하시니 30a 그 눈들이 밝아진지라……_마 9:28~30a

맹인들에게 간절함이 있기에 가만히 기다리지 않고 나아왔습니다.
나의 눈먼 부분에 대해서 간절함을 가지고 예배와 기도와 큐티로 나아올
때, 주님이 내 믿음을 보십니다. 주님이 나의 연약함을 만져 주시며 믿음
대로 되리라고 하십니다.

백 집사님은 교사로 늘 바쁘게 살았지만, 수요예배와 소그룹 예배에
한 번도 빠지지 않고 나왔습니다. 큐티도 열심히 하고 홈페이지에 나눔도
올렸습니다. 아들이 여전히 학교에 안 가고 가출해도, 학교에서 학생들과
말씀을 나누고 교회 청소년부에서 아이들을 섬겼습니다. 날마다 순간마
다 주님께 나아오며 만져 주심을 구했습니다.

어떤 날은 아들을 차로 데려다주면서 "너하고 나하고 죽자"고 한 적도 있
습니다. 하지만 정말 죽고 싶었을 때, 하나님은 학교의 문제 학생들을 통
해 내가 살아갈 이유를 말씀해 주셨습니다. 내 아들만 쳐다보지 말고 아
들을 통해 더 힘든 아이들에게 나아가라고 하셨습니다. 철저한 낮아짐을
경험하게 하셨습니다. 내 자식이지만 나는 손가락 하나 까딱할 수 없다는
귀한 진리를 깨닫게 하셨습니다. 그렇게 내가 0%가 되었을 때 하나님이
일하셨습니다.

아들을 교회에 데리고 가려고 일주일 내내 온갖 궁리를 했습니다. 토요일
저녁에 아들이 어쩌다 일찍 들어오면 내일은 교회에 가겠거니 하지만, 오
히려 안 간다고 버팁니다. 밤새 놀다가 주일 아침에 들어오는 아들을 보

고 교회에 못 가겠거니 포기하고 있으면, 교회에 간다고 따라 나섭니다.

아들이 고등학교 때 학교를 그만두겠다고 완강하게 말해서 하나님이 허락 안 하시면 할 수 없다고 생각했습니다. "주님! 고졸 학력도 내려놓습니다"라고 기도했습니다. 그랬더니 다시 학교에 다니게 하시고, 출석 일수를 겨우 채워 졸업하게 하셨습니다.

하나님은 아들을 통해 우리 부부를 훈련시키십니다. 오직 하나님의 은혜로만 모든 것이 가능함을 일깨우십니다. 내가 살아 있는 동안 아들이 돌아오면 더욱 좋겠지만, 내가 죽은 뒤에라도 돌아오게 하실 것을 믿고 오늘 내가 할 일에 최선을 다하라는 목사님의 말씀에 큰 위로를 받았습니다.

하나님은 전문대학도 아닌 4년제 지방대학에 아들을 입학시켜 주셨습니다. 등록 미달로 겨우 들어간 학교지만, 고교 졸업장도 내려놓았던 우리 부부에게는 더할 수 없는 감격이었습니다. 공부를 거의 안 했는데 대학에서 성적이 좋을 리 없지요. 그래도 너무 감사합니다.

백 집사님은 아들의 사건을 말씀으로 해석하는 눈이 밝아지니 얼굴도 밝아졌습니다. 늘 울면서 기도했지만 누구보다 밝은 얼굴로 우리를 즐겁게 해 줬습니다.

집사님만 우리의 사랑을 받은 것이 아닙니다. 문제아 아들도 교회의 사랑을 받았습니다. 엄마가 중계방송을 하면서 기도를 부탁하니까 온 교회가 관심을 갖고 기도했습니다. 어쩌다 교회에 오는 날이면 보는 사람마다 달려가서 쓰다듬고 안아 줬습니다. 주일 전날에 밤새 놀다가 여자친구와 같이 교회에 나타나는 일도 있었습니다. 머리를 울긋불긋하게 염색하고, 귀걸이에 피어싱까지 하고 오는 날도 많았습니다. 하지만 아무도 이상한 아이로 여기지 않았습니다. 무조건 반가워서 "어쩜 그렇게 멋있니,

어쩜 그렇게 잘생겼니" 하면서 진심으로 사랑해 줬습니다.

어떻게 그럴 수 있었을까요? 모두가 백 집사님의 태도 때문입니다. 엄마가 모든 것을 나누고 기도를 부탁하니까 만져 주지 않을 수 없었습니다.

내 자식이 문제라고, 내세울 것이 없다고 숨기고 창피해한다면, 어디를 가도 창피한 존재밖에 안 됩니다. 내가 내 자식을 사랑하지 않으면서 어떻게 밖에 나가서 사랑받기를 원할 수 있습니까? 내 가족이 사랑을 받고 안 받고는 나의 태도에 달려 있습니다.

◆ 주님이 만져 주실 수밖에 없도록 예배와 소그룹 모임과 양육으로 나아갑니까? 지체의 아픔에 관심을 보이며 기도와 격려의 말 한마디로 만져 줍니까? 말씀으로 눈이 밝아져서 다른 사람까지 인도하며 밝음을 전염시킵니까? 자존심과 체면 때문에 주님께 나아오지 못하고, 문제를 숨긴 채 어두움을 전염시키지는 않습니까?

입이 열리는 믿음

30 그 눈들이 밝아진지라 예수께서 엄히 경고하시되 삼가 아무에게도 알리지 말라 하셨으나 31 그들이 나가서 예수의 소문을 그 온 땅에 퍼뜨리니라_마 9:30~31

개역한글판에서는 '경고하다'라는 말을 '경계하다'로 표현하고 있습니다. '경고하다'는 '조심하거나 삼가도록 미리 주의를 주다'라는 뜻이고,

'경계하다'는 '뜻밖의 사고가 생기지 않도록 조심하여 단속하다'라는 의미입니다.

주님을 만나서 눈이 밝아졌어도 엄히 경계해야 할 때가 있습니다. 평신도 사역 시절에 큐티 모임을 인도하면서 많은 사람들이 은혜를 받고 변화되었습니다. 그러나 집사로서 모임을 인도하는 것이 송구스러워서 엄히 경계했습니다. 제가 드러나는 것보다 말씀을 나누고 사람들이 살아나는 기쁨이 너무 컸기에, 그 기쁨이 침범당할까 봐 더 경계했습니다.

이렇게 엄히 경계했는데도 소문이 퍼지는 때가 있음을 알았습니다. 제가 소문내지 않았는데도 큐티로 회복된 사람들이 힘들어하는 사람들을 데려오고, 또 다른 힘든 사람에게 모임을 안내하면서 저절로 소문이 전파되게 하셨습니다.

> 32 그들이 나갈 때에 귀신 들려 말 못하는 사람을 예수께 데려오니 33 귀신이 쫓겨나고 말 못하는 사람이 말하거늘 무리가 놀랍게 여겨 이르되 이스라엘 가운데서 이런 일을 본 적이 없다 하되_마 9:32~33

맹인들은 눈이 밝아지니 '귀신 들려 말 못하는 사람'을 예수님께 데리고 옵니다. 주님의 만져 주심으로 눈이 밝아지면, 다른 힘든 사람들이 눈에 보입니다. 이것이 영적 원리입니다. 눈이 밝아지니 입이 열려서 예수님을 전하게 되는 것입니다.

믿음으로 대화가 통하지 않는 사람, 세상 가치관을 가진 사람, 기도를 못 하고 전도를 못 하는 사람이 모두 영적으로 말 못하는 자입니다. 주님을 만났다고 하면서도 사랑의 말과 용서의 말과 사과의 말 한마디를 못하는 사람이 영적으로 말 못하는 자입니다.

말 못하다가 입이 열렸다는 것은 무엇입니까? 남편이 실직하고 집에 누워만 있어도 정성스럽게 식사를 차려 주며 "맛있게 먹어요" 하는 것입니다. 시험을 망치고 들어온 아이에게 "우리 딸 고생했네. 하나님이 그 수고를 알아 주실 거야"라고 하는 것입니다. 사소한 오해로 불편해진 지체에게 "집사님, 미안해요. 제가 생각이 짧았어요" 하는 것입니다.

이렇게 입이 열리면 무리가 나를 놀랍게 여깁니다. 내 아내와 엄마 입에서 이런 말이 나오는 것을 본 적이 없다고 하면서, 하나님이 하시는 일임을 인정합니다.

바리새인들은 이르되 그가 귀신의 왕을 의지하여 귀신을 쫓아낸다 하더라_마 9:34

무슨 일에든 뛰어난 사람을 '귀신같다'고 합니다. 계산 실력이 뛰어나도 귀신같이 한다고 하고, 피아노를 잘 쳐도 귀신같이 잘 친다고 합니다. 그렇게 하나님보다 사람에게 영광을 돌리고 싶은 것이 바리새인의 마음입니다. 자꾸 사람에게 점수를 주려고 하는 것은 나사렛 목수 출신인 예수님을 인정하고 싶지 않기 때문입니다.

10년 동안 부인을 핍박하고 교회에 못 나가게 하던 어떤 분은 제가 여자 목사라는 이유로 교회 오기를 더 거부했다고 합니다. 그런데 딸이 속을 썩이자 얼마 전에 교회에 왔습니다. 딸을 위해서 청년부 예배에 참석했습니다. 제 설교보다 설교 뒤에 이어진 청년들의 나눔에 은혜를 받았다고 합니다. 애들은 교회에 보내야겠다고 하더니 부부가 함께 저를 만나러 왔습니다. 제가 10년 동안 기도해 왔던 분인데, 스스로 저를 찾아왔습니다. 그렇게 강한 분이 여자 목사가 담임하는 우리들교회에서 문제 많고 연약한 청년들의 간증을 듣고 마음이 열린 것입니다.

백 집사님의 남편도 처음에는 아들 이야기를 꺼내는 것을 경계했다고 합니다. 큐티를 하고 사람들과 나눈다고 아들이 달라지겠는가 생각했을 것입니다. 말씀으로 변화되는 다른 아이들을 보면서도, 하나님의 능력보다 사람이 하는 일에 의지하고 싶은 마음이 있었던 것입니다. 그러나 아내와 함께 큐티를 하고 양육을 받으면서 말씀의 능력을 인정했습니다. 부모의 믿음이 그렇게 바로 서기까지 아들이 수고한 것입니다.

아들은 대학 1학년을 마치고 군대에 갔습니다. 군대 가기 전날, 여러 지체들 앞에서 가족 찬양을 하고, 목사님의 특별 기도와 축복을 받고 입대했습니다. 그리고 남편은 중국 지점장으로 발령이 났습니다. 입대와 함께 저희가 중국으로 떠나게 됐으니, 아들에게는 외롭고 힘든 시간이 될 것입니다.

그러나 너무도 달라진 것은, 그렇게 아빠에게 대들고 싸우던 아들이 아빠를 이 세상에서 가장 존경한다고 말하는 것입니다. 술 먹고 늦게 들어온 아들을 깨워서 매일 학교에 데려다준 아빠가 얼마나 힘들었겠느냐고, 자기는 나중에 부모가 돼도 그렇게 할 자신이 없다고 합니다.

오늘 아들이 훈련소 분대장으로 남게 되었다는 소식을 들었습니다. 그런데 신체검사에서 아들의 왼쪽 팔에 문신이 발견되었다고 합니다. 문신을 본 적이 없는데, 아마 군대 가기 전날에 새긴 것 같습니다. 속으로 한심하기도 했습니다. 스스로 한 일이니 상관에게 벌을 받고 차별을 당해도 할 수 없다고 생각했습니다.

그런데 중대장님의 이야기를 들어 보니, 분대장 심사에서 문신은 왜 했느냐고 물어보는 심사위원들에게 아들이 "저는 독실한 크리스천이어서 예수님 형상을 문신한 것입니다"라고 답변했답니다. 그래서 통과되었다는 것입니다.

뭐든 솔직해야 직성이 풀리는 아들은 "그냥 재미로 했는데 휴가 나가면 지우겠습니다"라고 말할 수도 있었을 것입니다. 임기응변이라 해도, 상관들 앞에서 자기 입으로 크리스천임을 시인하고 선포한 것은 성령님이 하신 일이라 생각합니다. 할렐루야! 그 입술의 고백대로 책임져 주시기를 소원합니다.

훈련소 분대장이 된 아들이 자기처럼 방황했던 신병들이나 가정에 힘든 일이 있는 동료들을 교회로 데려가기를 기도합니다. 친구를 잘 사귀고 이끄는 성품으로 전도도 많이 하기를 소망합니다. 저도 하나님과 지체들에게 받은 사랑의 빚을 저와 비슷한 처지에 있는 사람들에게 나눠 주며 갚고 싶습니다.

백 집사님의 입이 열려서 고난을 숨기지 않고 말씀을 나눴더니, 아들도 입이 열려서 크리스천이라고 시인했습니다. 그토록 속을 썩이고도 이토록 사랑받는 아들이 너무 부럽지 않습니까? 그래도 속 썩이고 공부 못하는 자녀가 부끄럽다고 입을 닫고 계시렵니까?

주님을 만나 눈이 밝아진 사람은 맹인이었던 것이 부끄럽지 않습니다. 내가 귀신 들려 말 못하는 자였다고 해도, 복음으로 입이 열리고 나면 그 어떤 것도 부끄럽지 않습니다. 어떤 것도 부끄러워하지 않으며 내가 만난 주님을 전파할 때, 믿음대로 되는 축복이 삶에 이어질 것입니다.

◆ 말씀을 깨닫고 밝아진 눈으로 다른 힘든 사람들을 전도합니까? 말 못하던 나의 입이 열려서 사랑과 용서의 말을 하게 되었습니까? 아직도 입이 열리지 않

아서 전도 한마디 못하고, 사람과 돈을 의지해서 문제가 해결됐다고 합니까?
내가 입을 열어 전해야 할 '믿음대로 된 간증'이 있습니까?

말씀으로 기도하기

"다윗의 자손 예수님"이라고 고백하며 주님께 간절히 부르짖은 두 맹인 처럼 예수님을 나의 그리스도로 고백하는 인생이 되어야 합니다. 우리가 영적으로 깨어 있지 못한, 나의 맹인 된 부분에 대해 간절함을 가지고 나아갈 때, 주님이 그 믿음을 보시고 만져 주십니다.

주님을 부르짖는 믿음이 필요합니다(마 9:27).

예수님을 다윗의 자손이라고 고백하며 "나를 불쌍히 여겨 달라"고 부르짖은 두 맹인처럼 저도 예수님을 나의 그리스도로 고백하기를 원합니다. 오직 예수님만이 기도의 대상이신 것을 알고 나의 죄와 고통을 주님 앞에 내어놓을 때 놀라운 구원의 역사가 일어날 것을 믿습니다.

주님이 만져 주시기를 구하는 믿음이 필요합니다(마 9:28~30).

예수님을 믿는다고 하지만 저 역시 날마다 죄와 욕심에 넘어지는 영적 맹인임을 고백합니다. 누구보다 나의 연약함을 잘 아시는 주님께 간절히 부르짖을 때 주님이 나를 만져 주시고, '믿음대로 되라'고 응답해 주실 것을 믿습니다.

입이 열리는 믿음이 필요합니다(마 9:30~34).

주님을 만났다고 하면서도 기도도, 전도도 제대로 못 하고 "미안합니다, 감사합니다"라는 사과의 말, 사랑의 말 한마디 못하는 저를 불쌍히 여겨 주시옵소서. 주님의 은혜로 나의 입이 열리고 관계가 회복되어서 예수님을 전하는 인생이 되게 해 주시옵소서.

우리들 묵상과 적용

어릴 때부터 말씀을 들으며 자랐기에 무슨 일이 생기면 하나님을 먼저 찾았습니다. 문제를 해결하기 위한 기도였지만, 그런 기도에도 신실하게 응답해 주셨기에 하나님이 저를 무척 사랑하신다는 확신이 있었습니다. 그래서 어른이 되어 결혼한 후 낳은 셋째 아이가 희귀 난치 질환으로 5~8세까지밖에 살지 못한다는 것을 알았을 때도 하나님이 해결해 주시리라고 믿었습니다. 그러나 생명이 언제 다할지 모르는 아이를 바라보는 일은 너무도 힘들었습니다. 감기만 걸려도 응급차를 불러야 하니 그런 아이를 양육하는 일은 저의 몸과 마음을 지치게 했습니다. 무호흡 증세까지 있었기에 아이가 언제 숨을 멈출지 몰라 두려웠습니다. 수시로 아이의 코에 손을 대고 호흡 여부를 확인해야 했고, 밤에는 잠 한숨 못 자고 아이를 지켜봐야 했습니다.

그러다 한번은 감기에 걸린 아이가 갑자기 숨을 못 쉰 적이 있었습니다. 저는 구급차를 불러 아이와 병원으로 가는 동안 '하나님! 너무 힘드니 아이를 살려 주시고 이 두려움에서 건져 주세요! 불쌍히 여겨 주세요!'라고 간절히 기도했습니다(마 9:27). 하나님은 그 기도에 신실히 응답하셔서 감사하게도 아이의 호흡이 정상으로 돌아오게 해 주셨습니다. 그리고 그날, 이 땅에서의 사명을 다하고 죽는 모세에 관한 말씀으로(신 34:7) 영적 맹인인 제 눈을 뜨게 하시고 두려움에서 해방되게 하셨습니다(마 9:30). 그 뒤로도 여러 번 위험한 상황이 왔지만, 그때마다 저는 아이를 지켜 주시리라는 믿음으로 간절히 기도하며 고비를 넘길 수 있었습니다.

그리고 아이가 열 살의 나이로 천국에 갈 때는 사명을 다하고 가는 것이 기에 '아멘'으로 화답하며 감사함으로 보낼 수 있었습니다.

아이가 천국에 입성한 지 4년이 지났습니다. 저는 여전히 아이와 함께 살던 집에서 살고 있습니다. 10년 동안 한동네에서 살았기에 저희 사정을 아는 이웃 주민들은 "아이를 일찍 떠나보내고도 어떻게 그렇게 밝은 얼굴로 살 수 있냐?"고 묻습니다. 그때마다 저는 예수님을 전하며(마 9:31), '영혼 구원이 목적이 되는 인생'을 조금이나마 살 수 있는 것에 감사합니다.

아이를 보낸 이후 20여 년 전 함께 근무했던 직장 동료가 자기 여동생의 아들에게 장애가 있는 문제로 힘들어 저를 찾아왔습니다. 저는 직장 동료에게 "힘들고 지쳤던 시간을 예배와 말씀으로 살아낼 수 있었다"고 나누었습니다. 그리고 "하나님께 예배를 드리자"고 권했더니 그 이후로 동료도 교회에서 예배를 드렸습니다(마 9:32~33). 그런데 육적으로 편해지니 영적으로 느슨해진 제게 최근 집안의 반대로 교회를 가지 못한다는 동료의 소식이 들리니 말씀으로 기도로 함께하지 못함에 회개와 애통이 됩니다. 제게 임한 말씀이 직장 동료에게도 들려 두려움이 감사함으로 변하여 진정 예배를 드릴 수 있는 은혜를 주시기를 간절히 기도합니다.

영혼의 기도

하나님 아버지, 저를 불쌍히 여겨 주시옵소서. 주님만이 기도의 대상이신 것을 알고, 저의 죄와 연약함을 아시는 다윗의 자손 예수님께 부르짖기 원합니다.

모든 사건을 영적으로 보지 못하고 말씀을 깨닫지 못하는 저의 눈먼 부분을 불쌍히 여겨 주시고 만져 주시옵소서. 세상에 눈이 멀어 하나님을 보지 못하는 가족을 불쌍히 여겨 주시옵소서. 내 힘으로는 그들을 돌이킬 수 없습니다. 주님이 그들을 만져 주시옵소서. 주님이 만져 주시면 능히 나을 것을 믿사오니, 믿은 대로 되는 응답을 받기 원합니다.

이제는 눈이 밝아지고 입이 열려서 예수님을 전하지 않고는 못 견디는 심령이 되기 원합니다. 밝아진 눈으로 다른 힘든 사람들을 찾아가게 하옵소서. 저의 입이 열려서 온 땅에 예수님의 소문을 전하는 삶을 살게 하옵소서. 예수님 이름으로 기도하옵나이다. 아멘.

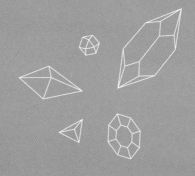

15

병과 약함을 고치는 권능

마태복음 9:35~10:1

하나님 아버지, 모든 병과 모든 약함을 고치시는
그 권능을 우리도 받기 원합니다.
말씀하여 주옵소서. 듣겠습니다.

조선 시대의 궁중을 배경으로 왕과 광대들의 이야기를 그린 영화 〈왕의 남자〉가 대중의 큰 호응을 얻었습니다. 개봉 당시 두 달 만에 천만 이상의 관객을 모았다고 합니다. '짧은 시일 안에 천만 명을 모으는 전도 집회가 있을까? 어떤 교회가 사람을 그만큼 모을 수 있을까?' 한번 생각해 봅니다.

〈왕의 남자〉는 다원론적인 영화로 정치권력과 서민의 삶을 다뤘습니다. 장생이라는 인물에 초점을 맞춰서 정치권력을 희화화할 때 많은 사람이 카타르시스를 느꼈습니다. 여자보다 예쁜 꽃미남 광대 공길을 중심으로 위험한 동성애를 엿볼 수 있습니다. 등장인물의 처세에서 자신이 원하는 인물상을 보고 공감하는 등 각자 이 영화에서 좋아하는 부분이 있을 것입니다.

그러나 천만 명 이상의 사람을 극장으로 불러들인 영화라도 다양한 아픔과 문제를 내놓기만 할 뿐 치유해 줄 수는 없습니다. 도리어 악이 합리화되고 팽배해집니다.

〈왕의 남자〉는 하나님의 창조 질서를 거스르는 가장 큰 죄이자 인류 최고의 병인 동성애를 아름답게 묘사하고 있습니다. 영화에서 공길 역을 맡은 배우는 한 인터뷰에서 자신은 동성애자가 아니지만 동성애를 좋게 생각하게 됐다고 말했습니다. 한 명의 영화배우가 이 시대를 온통 사로잡는 문화 코드가 될 수 있음을 생각하니, 참으로 안타까웠습니다.

저도 동성애자들을 안타깝게 생각합니다. 성도는 그들에 대한 사회적 편견이 있음을 이해하되, 그 편견의 선봉에 서면 안 됩니다. 그들의 아픔을 안고 가야 합니다. 동성애는 분명 병이기에 치유되어야 합니다.

치유의 확실한 답은 세상 어디에서도 발견할 수 없습니다. 오직 예수님에게서 발견할 수 있습니다. 예수님이 우리에게 베푸신 치유의 권능은 어떤 것일까요?

두루 다니는 사랑

예수께서 모든 도시와 마을에 두루 다니사 그들의 회당에서 가르치시며 천국 복음을 전파하시며 모든 병과 모든 약한 것을 고치시니라_마 9:35

예수님은 나병환자와 귀신 들린 자와 혈루증 여인과 회당장의 죽은 딸과 맹인 두 명을 고쳐 주셨습니다. 폭풍을 잔잔하게 하신 기적 외에는 모두가 치유 사역이었습니다. 그런데 순서가 '고치시며, 전파하시며, 가르치시며'가 아니라 '가르치시며, 전파하시며, 고치시니라'입니다. 가르치고, 전파하고, 고치는 예수님의 3대 사역 중에 고치는 것이 가장 나중입니다.

치유를 위해 먼저 해야 할 것은 올바른 복음을 가르치고 전파하는 것입니다. 치유가 먼저 강조되면 믿음의 균형이 깨집니다. 그렇다고 가만히 앉아서 성경을 가르치기만 하면 율법주의가 되기 쉽습니다. 하나님 나라를 소개하려면 눈에 보이는 치유 사역이 필요합니다. 먼저 복음을 잘 가르치고 전파하면 치유라는 열매는 저절로 나타납니다.

가르치고 전파하고 고치시고 도시와 마을을 두루 다니시는 예수님입니다. 멸시받는 사마리아와 기득권층인 유대인의 회당에도, 스불론과 납달리와 갈릴리에도 두루 다니십니다. 가난한 자와 부자에게도, 병든 자와 건강한 자에게도, 배척받는 자에게도 모두 찾아가셨습니다. 차별 없이 열심히 다니시고, 한 번 갔던 곳이라도 다시 찾아가서 열심히 양육하셨습니다. 이것이 '두루 다니셨다'는 뜻입니다.

결혼해서 두 자녀를 키우는 어떤 자매가 계획에 없던 임신을 했습니다. 낳을 마음 반, 안 낳을 마음 반으로 고민하다가 동네에 있는 산부인과를 찾아갔습니다. 그 병원의 의사가 임신 5주째면 심장도 없고 아기집만 있으니까 생명이 아니라고 했답니다. 전문가인 의사가 그렇게 말하니, 교회에 다니는 사람이라도 그 말을 믿고 싶지 않겠습니까?

그 병원은 학교 근처에 있어서 청소년들이 쉽게 찾는 곳입니다. 산부인과인데 분만은 하지 않고 성별을 간접적으로 가르쳐 준다고 알려졌습니다. 그러니 '낙태 전문병원'이라고 할 만합니다.

우리들교회의 류 전도사님이 그 이야기를 듣고 병원에 찾아갔습니다. 대학 입학을 앞두고 임신한 딸에게 결혼을 허락하고, 사위와 손자까지 맡아 양육한 바로 그 전도사님입니다.

산부인과 진료실에서 의사를 만난 저는 생명을 살려야 하는 의사로서 낙태를 유도한 것은 유감이라고 말했습니다. 그리고 "심장이 안 생겼으면 임신이 아닙니까?"라고 물었습니다. 의사는 "잘 모르시는군요" 하면서 책을 펴고 가르치려 했습니다.

류 전도사 : 저는 의사가 아닙니다. 하지만 생명의 씨가 잉태되었기에 아기집이 만들어진다고 생각해요. 선생님은 임신 5주 전 환자들에게는 임신이 아니라고 말씀하시나요?

의　사 : 임신이라고 하죠.

류 전도사 : 임신이라는 말 자체가 생명이 그 안에 있다는 증거 아닌가요? 생명을 없애는 낙태 수술은 엄연한 살인이에요!

의　사 : (답답해하며) 저는 유산을 절대 권하지 않습니다. 환자에게 몇 번씩 물어보고 할 수 없이 하는 거예요. 어린 학생들이 찾아와도 수술하지 말라고 합니다. 의사로서 절대 원하지 않아요.

류 전도사 : 선생님 마음이 그러시다니 정말 다행이네요. 제게 좋은 생각이 있는데요. 병원 입구에 "이 병원은 낙태 수술은 하지 않음"이라고 써 붙이시면 어떨까요?

의　사 : (벌떡 일어나며) 아니, 어머니가 뭔데 하라 마라 하십니까?

류 전도사 : 제가 하라 마라 하는 것이 아니에요. 선생님이 절대 원하지 않는다고 하셔서 말씀드리는 거예요.

의　사 : 어머니가 낙태하려는 사람들의 아기를 다 키워 주신다면 제가 설득하죠!

류 전도사 : 박사 학위까지 받은 분이 그런 억지 말을 하시나요?

의　사 : 만약에 아직 어린 학생이 아기를 낳으면 어떻게 합니까?

류 전도사 : 환경이 허락하면 키우고 아니면 입양 보내야죠. 생명은 하나님 것이니까요.

의   사 : (기가 차다는 듯 웃음을 터트리며) 참 이기적이시네요.

류 전도사 : 선생님, 제가 이기적이라면 대학 입학을 앞두고 임신한 딸에게 아기를 낳게 했을까요?

저는 차분히 앉아서 의사에게 딸의 간증을 들려줬습니다. 그분도 자신의 이야기를 했습니다. 시댁이 불교라서 교회에 다니지 않지만, 동생이 교회 장로라고 했습니다. 저는 우리의 만남은 우연이 아니며 동생분의 기도 때문이라고, 하나님이 선생님을 사랑하신다고 말했습니다. 그분도 결국 낙태한 것은 잘못이라고 고백했습니다.

이틀 뒤에 다시 병원을 찾았습니다. 평소에 성별을 간접적으로 가르쳐 준다는 말이 들려서 물어봤습니다. 그랬더니 의사는 이런저런 변명을 늘어놓았습니다.

어느 날 유도 분만으로 낙태한 의사에게 살인죄가 적용된다는 기사가 신문에 실렸습니다. 저는 신문을 들고 또 찾아갔습니다. 의사의 약점을 잡아서라도 전도하려는 마음이었습니다.

왜 분만을 안 하는지 물어보면서 "산부인과의 목적은 산모가 분만을 잘하도록 돕는 것 아닌가요?"라고 했습니다. 의사는 아기를 받는 것이 얼마나 스트레스를 받는 일인지 아느냐고 했습니다. 그 스트레스로 심장병이 생겨서 안 하게 됐다는 것입니다.

저는 선생님이 박사 학위까지 받은 똑똑한 분이지만, 그것이 인간의 한계라고 말했습니다. 낙태 수술로 살인했으니, 마음이 불안한 것이 당연하다고 했습니다. 낙태하지 않는 '은혜 산부인과' 얘기도 해 줬는데, 잘 들으려 하지 않았습니다. 저는 "선생님, 제가 신고할 수도 있는데 많이 봐 드린 것 아시죠?"라고 했습니다. 의사는 알아도 인정하기 싫다는 듯 얼굴을 외면했습니다.

저는 세상의 어떤 지식과 종교도 우리를 구원할 수 없다고, 예수님을 만나셔야 한다고 말했습니다. 그리고 의사의 손을 붙잡고 (그분이 달가워하지는 않았지만) 기도했습니다.

며칠 뒤, 병원 근처에 있는 헌책방을 지나다가 목사님의 간증이 실린 기독교 월간지가 생각났습니다. 지나간 기독교 잡지가 이런 곳에 있겠는가 싶어서 그냥 지나가려다가, 하나님이 주신 마음이라 생각하고 들어갔습니다. 목사님의 간증이 실린 그달 잡지가 두 권이나 남아 있었습니다. '하나님이 예비하신 것이구나' 생각하면서 의사에게 전해 줬습니다. 산부인과 의사로서 낙태 수술을 한 것을 회개하고 떠나신 목사님 남편의 간증이 그분의 마음을 움직이기를 기도했습니다.

저를 못마땅하게 쳐다보는 간호사에게도 목사님의 설교 테이프를 전하고 왔습니다. 저는 의사에 비하면 야간 여상 출신으로 아무것도 내세울 것이 없는 사람입니다. 그럼에도 하나님은 의사와 대화할 때마다 지혜를 주셨습니다. 도리어 의사는 한 번도 저에게 논리적인 대답을 못 했습니다.

날마다 말씀으로 총명을 주신 하나님께 감사드립니다. 부족한 저는 감춰지고 하나님만 나타나시기를 기도드립니다. 앞으로도 계속 전도해야 하는데, 의사의 마음이 열리도록 기도를 부탁드립니다.

누가 그 의사를 이만큼 사랑하겠습니까! 어떤 목사님이 그 모멸을 받으면서 계속 찾아가겠습니까? 가르치며 전파하며 고치려고 두루 다니는 것이 바로 이것입니다. 학벌이 없으면 어떻습니까? 나에게 복음만 있다면 최고의 지성이라는 의사에게도 복음을 가르치고 전할 수 있습니다.

돈이 없어서, 지식이 없어서 전도를 못 하는 법은 없습니다. 나를 가르치시고 나에게 전하시고 나를 고쳐 주신 주님의 사랑을 경험했다면, 그 사랑으로 내가 살아났다면, 어디에든 두루 다니며 가르치고 전파하고 고치는 사역을 할 수 있습니다.

◆ 내 병과 약함을 고쳐 주신 주님을 증거하려고 두루 다닙니까? 나의 관심과 섬김을 바라는 지체들에게 두루 다니며 나눠 주고 있습니까? 외모로 차별하면서 내가 만나고 싶은 사람만 만나고, 내가 가고 싶은 곳만 골라서 가지는 않습니까?

불쌍히 여기는 마음

무리를 보시고 불쌍히 여기시니 이는 그들이 목자 없는 양과 같이 고생하며 기진함이라_마 9:36

주님이 두루 다니시며 가르치고 전파하고 고쳐 주셔도 '불쌍히 여길' 일이 또 있습니다. 주님이 아무리 고쳐 주셔도 우리에게는 아직도 불쌍히 여길 부분이 남아 있습니다. 목사인 제게도 주님이 불쌍히 여기시는 죄가 끊임없이 남아 있을 것입니다. '불쌍히 여기는' 것은 창자가 끊어질 듯이 아파하는 것입니다. 류 전도사님이 산부인과 의사에게 어떻게 그런 마음을 품을 수 있었겠습니까? 창자가 끊어질 듯 아파할 일이 계속 찾아왔기 때문입니다.

문제아였던 전도사님의 딸이 임신하고, 말씀을 적용해서 아이를 낳았습니다. 아이를 낳으려고 사돈어른을 설득하고, 온 교회가 기도했습니다. 그렇게 축복 속에 결혼했는데, 아이를 낳고 나자 딸에게 심각한 산후 우울증이 찾아왔습니다. 남편과의 싸움이 잦아지면서 술을 마시고 힘들어하더니 갑자기 둘째를 임신했다고 합니다. 그런데 도저히 감당이 안 된다며 낙태하겠다고 한 것입니다.

전도사님은 절대 안 된다고 하면서 병원에 못 가게 지켰습니다. 하지만 딸은 어느 날 몰래 나가서 낙태를 하고 왔습니다. 얼마나 가슴이 미어지는 일입니까! 전도사님의 마음이 얼마나 아팠겠습니까! 저도, 전도사님도 창자가 끊어지는 아픔으로 불쌍히 여길 수밖에 없었습니다.

전도사님의 딸이 간증하면서 자신은 아직 온전하지 않다고 고백한 것처럼, 우리에게도 그런 모습이 있습니다. 힘들게 전도해서 교회에 데리고 와도, 은혜를 받은 듯하다가 금세 딴소리를 합니다. 고쳐지는 것 같다가도 아니고, 고쳐 주셔도 또 다른 죄를 짓습니다. 그러니 주님이 창자가 끊어질 듯 아파하실 수밖에 없습니다.

'목자 없는 양'같이 고생하는 것은 발에 힘이 빠지고 부르튼 상태, 나무껍질에 다쳐 살갗이 벗겨진 상태입니다. 양은 깨끗해 보이지만 가까이 가서 보면 지저분한 동물입니다. 스스로 깨끗하게 할 줄 모릅니다. 게다가 방향 감각도 없습니다. 길치입니다. 저쪽에 풀이 있다고 가르쳐 줘도 저쪽으로 못 가고, 그쪽은 위험하다고 해도 그쪽으로 갑니다. 목자 없이는 제대로 갈 수 없습니다. 자녀들도 그렇습니다. 믿음 없는 사람과 결혼하면 안 된다고 해도 그 사람에게 갑니다. 교회만 오면 살길이 있다고 해도 안 옵니다.

성경은 우리를 개에 비유하지 않고 양 같다고 합니다. 개는 똑똑하고 주인을 알아보지만 양은 유순해 보여도 멍청합니다. 총기라고는 하나도 없습니다. 목자가 없으면 꼼짝도 못하는 것이 양입니다. 하나님 없이는 꼼짝도 못하는 것이 우리입니다. 하나님이 없으면 미움과 음란과 중독에서 내 힘으로 빠져나오지 못합니다. 그래서 낙망을 이야기할 때 '뒤집힌 양'이라는 표현을 씁니다. 양이 뒤집히면 스스로 일어나지도 못하고, 독수리에게 쪼아 먹히다가 죽습니다. 그것이 낙망입니다. 낙망하여 자기 힘으로 일어설 수 없는 무리에게 필요한 것은 돈도 아니고 지식도 아니고 목자입니다. 예수님은 자신은 치유자도 아니고 교사도 아니고 선한 목자라고 말씀하셨습니다. 교회에 학자와 교사만 있고 목자가 없다면, 왔던 사람들이 돌아가게 돼 있습니다. 소그룹 모임에 교사만 있어서 가르치려고만 한다면, 사람들이 모였다가도 흩어집니다.

'목자 없는 양'을 불쌍히 여기시는 주님입니다. 목자가 없어서 고생하며 방황하는 양을 주님의 마음으로 품고 기다려야 합니다. 더럽고 냄새나는 양을 끌어안으시는 주님의 마음이 없이는 목자가 될 수 없습니다.

나의 유익 때문에 목자가 된다면 그것은 삯꾼 목자입니다. 양을 가족같이 살펴야 합니다. 중동 지방에서 양을 가족같이 살피는 것은 양이 생명 줄이고 기업이기 때문입니다. 교회와 소그룹 모임과 직장에서 내게 맡겨진 양을 가족같이 돌보는 것이 우리 집에 생명을 가져다주는 것입니다. 목자의 마음으로 고생하는 양을 돌보면 하나님이 우리 집안을 살리십니다.

◆ 더럽고 냄새나는 양, 뒤집힌 양처럼 자기 힘으로 아무것도 못하는 가족과 지체가 있습니까? 그들이 내 뜻을 따라 주지 않는다고 지겨워하고 외면하지는 않습니까? 주님 앞에 내가 그런 모습임을 알고, 나를 불쌍히 여기시는 주님의 마음으로 그들을 품고 기도합니까?

제자의 권능

37 이에 제자들에게 이르시되 추수할 것은 많되 일꾼이 적으니 38 그러
므로 추수하는 주인에게 청하여 추수할 일꾼들을 보내 주소서 하라 하시
니라_마 9:37~38

다들 전도가 안 된다고 합니다. "예수 천당 부르짖어서 전도하는 시
기는 지났어. 이젠 교회 부흥도 옛말이야!"라고 합니다. 정말 그렇습니
까?

어제도 오늘도 동일하신 주님은 2천 년 전이나 지금이나 "추수할 것
은 많되 일꾼은 적다"고 하십니다. 교회에 목자가 없어서 많은 사람이 떠
납니다. 그런데 주님이 구원하기로 예정하신 사람들은 아직 이 땅에 너무
많습니다. 그들을 위해 내가 일꾼이 되어야 합니다. 멀리 있는 선교지뿐
아니라 바로 내 옆에도 곳곳에 희어져 추수할 것이 많음이 보여야 합니다
(요 4:35).

누가 추수할 일꾼입니까? 하나님을 몰라서 낙태 수술을 하는 의사
에게 누가 일꾼이 되어서 찾아가겠습니까? 류 전도사님처럼 자식의 고난
으로 불쌍히 여기는 사람이 가는 것입니다. "교회가 동성애자를 불쌍히
여기고 품어야 한다. 그것은 고침을 받아야 할 병이다"라고 누가 말하겠
습니까? 끊어지지 않는 죄를 불쌍히 여기는 마음을 품은 사람이 하는 것
입니다.

그런 마음이 없기 때문에 모두가 일꾼이 아닌 구경꾼으로 살고 있습
니다. 자기는 예수님을 믿고 천국에 간다고 하면서, 곳곳에 희어져 구원
받아야 할 영혼을 외면하고 있습니다.

수십만 명이 예수님을 따랐지만, 끝까지 남은 사람은 열두 명의 제자와 몇 명의 여자와 칠십 명의 사도들뿐이었습니다. 많은 사람이 유대의 지도자들이 무서워서 드러내고 예수님을 믿지 못했습니다. 예수님이 베푸시는 기적만 바라고 주님을 따랐습니다. 그래서 구경꾼은 많아도 일꾼은 적었습니다.

오늘날도 마찬가지입니다. 주일에 텔레비전을 보고 여가를 보내느라 교회에 가지 않는 성도가 늘고 있습니다. 교회에는 빠짐없이 출석해도, 양육도 안 받고 봉사도 안 하고 일꾼이 안 되기로 '결심'하고 다닙니다. 성도 수가 아무리 많아도 사역과 봉사에 적극적으로 동참하는 사람은 언제나 극소수입니다. 교회마다 사역자가 부족해서 골치를 썩고 있습니다.

교회가 그 교회의 일꾼을 길러 내야 합니다. 신학 학위와 능력만으로 사역자를 세우려고 하니까 일꾼이 적어지고, 교회 지출의 상당 부분이 인건비로 나갑니다. 우리들교회가 개척 초기부터 구제와 선교에 힘쓸 수 있었던 것은, 평신도 사역자들이 자비량으로 헌신하며 섬겼기 때문입니다.

일꾼이 적다고 불평만 하지 말고, 교회 안에서 제자 삼는 사역을 해야 합니다. 주일학교 때부터 말씀을 묵상하게 해서 말씀으로 가치관이 정립된 일꾼을 키워야 합니다. 그렇게 키운 일꾼을 교회의 주춧돌로 삼아야 하는 것입니다.

> 예수께서 그의 열두 제자를 부르사 더러운 귀신을 쫓아내며 모든 병과 모든 약한 것을 고치는 권능을 주시니라_마 10:1

가장 중요한 제자 사역을 위해 주님이 권능을 주셨습니다. 모세가 여호수아에게 리더십을 물려주고, 엘리야가 엘리사에게 두 배의 능력을 물려준 것처럼, 주님은 2천 년 동안 교회를 통해서 주님의 능력이 세상으로 흘러가게 하셨습니다.

교회는 영혼 구원을 최고로 아는 공동체입니다. 내가 구원을 받았다면, 이제 다른 사람의 구원을 위해 제자 사역을 해야 합니다.

"그러므로 너희는 가서 모든 민족을 제자로 삼아 아버지와 아들과 성령의 이름으로 세례를 베풀고 내가 너희에게 분부한 모든 것을 가르쳐 지키게 하라 볼지어다 내가 세상 끝날까지 너희와 항상 함께 있으리라 하시니라"(마 28:19~20).

제자 삼는 것이 우리 인생의 목적입니다. 하나님이 우리에게 주신 사명입니다. 각자 사명의 땅에서 "나를 써 주시옵소서" 하고 주님께 자신을 드려야 합니다.

병과 약함을 고칠 의술과 능력이 없어도, 주님의 제자가 되면 다른 사람을 살릴 수 있습니다. 더러운 귀신이 들린 자, '모든 병과 모든 약함'을 가진 자들을 불쌍히 여기며 그들을 섬기기로 결단할 때, 주님의 제자가 되어 쫓아내고 고치는 권능을 행할 수 있습니다.

◆ 일꾼이 적다고 하시는 주님의 탄식을 나를 향한 부르심으로 듣고 있습니까? 교회 학교와 양육 프로그램과 전도 집회에 구경꾼으로 참여하면서 '교양 있게' 신앙생활을 합니까? 나의 교양으로는 누구를 고칠 수도, 도와줄 수도 없습니다. 모든 병과 약함을 고치는 권능을 받기 위해 제자가 되기로 결단합니까?

말씀으로 기도하기

예수께서 두루 다니시며 가르치시고 천국 복음을 전파하시며 모든 병과 약한 것을 고치십니다. 아프고 병든 나를 치유해 주시고 나의 악한 죄를 창자가 끊어질 듯 아프게 여기십니다. 우리를 목자 없는 양같이 불쌍히 여기시는 주님의 사랑을 알기 원합니다.

예수님의 사랑은 두루 다니는 사랑입니다(마 9:35).
가르치시며, 전파하시며, 두루 다니신 주님입니다. 나를 고쳐 주신 주님의 사랑을 생각하며 내가 찾아가야 할 지체가 떠오르게 해 주시옵소서. 주저하고 계산하며 혼자가 좋다고 외치는 여전히 이기적인 제 모습을 회개하기 원합니다. 가르치고 전파하고 고치는, 손이 가고 발이 가는 수고로 내가 받은 주님의 사랑을 전하는 자가 되기를 기도합니다.

예수님의 마음은 불쌍히 여기는 마음입니다(마 9:36).
나의 죄를 불쌍히 여기신 주님이 나를 돌이키시고 회복시켜 주셨습니다. 더럽고 병든 나를 고쳐 주신 주님처럼 저도 양을 돌보는 목자의 심령이 되기를 원합니다. 주님을 모르는 가족을 불쌍히 여기며 그들에게 원망과 불평을 들어도 끌어안고 품을 수 있는 마음을 주시옵소서.

제자 삼으시기 위해 권능을 주셨습니다(마 9:37~38, 10:1).

제자의 권능은 세상의 능력이 아닌 섬기고자 하는 마음인 것을 알게 하시니 감사합니다. "일꾼이 적다"고 하시는 주님의 말씀을 저에게 주시는 말씀으로 듣사오니 주의 제자로 써 주시옵소서. 능력이 없어도 제자 되어 섬기기로 결단할 때 주께서 저를 통해 모든 병과 약함을 고치는 권능을 행하실 것을 믿습니다.

우리들 묵상과 적용

주일 이른 아침부터 요란하게 울리는 남편의 휴대폰 벨소리가 온 방 안을 진동합니다. "도대체 이 시간에 누구야!" 저는 모처럼 여유로운 시간에 단잠을 깨운 방해꾼에게 짜증이 나서 투덜거렸습니다. 벨소리의 주인공은 우리 부부 소그룹 모임에 처음 오신 '돌싱(돌아온 싱글)남' ○○ 성도였습니다. 소그룹 리더인 남편과 주일 1부 예배에 함께 가고자 집 앞으로 오겠다는 전화였습니다. 예고에 없던 일이라 놀라서 옷을 주섬주섬 챙겨 입는 남편의 등 뒤로 "당신 성도들 영혼 살리느라 고생이 이만저만 아니네"라고 우스갯소리를 했지만, 소그룹 모임 식구들의 일이라면 밤낮을 가리지 않는 남편의 섬김이 귀하게 여겨졌습니다.

○○ 성도님은 이제 막 신앙생활을 시작한 초신자입니다. 개인 사업체를 크게 운영하다 부도나고, 사람에 대한 배신감과 세상에 대한 분노가 가득한 채 교회에 오셨습니다. 소그룹 모임에서 처음 만난 그분의 초라한 모습은 마치 목자 없이 길을 잃고 기진해 가는 외로운 양과 같았습니다 (마 9:36). 예수님이 무리를 보시고 불쌍히 여기셨던 것처럼, 우리 소그룹 모임 식구들도 그 성도님을 긍휼히 여기는 마음으로 교회에 잘 정착할 수 있도록 품어 주고 아픔을 함께 위로해 주었습니다. 그럼에도 그분은 성경 말씀이 잘 이해되지 않고 부부 소그룹 모임도 자기와 맞지 않는 것 같으니 더 이상 교회에 다니지 않겠노라고 선포했습니다. 이 모든 일이 리더인 자신의 책임이라고 여긴 남편은 안타까운 마음에 그분을 자주 만나 함께 시간을 보냈습니다. 감사하게도 그 성도님은 교회를 떠나지 않았고,

새신자 교육에 열심히 참여했습니다.

예수님이 두루 다니시며 천국 복음을 전파하셨던 것처럼(마 9:34), 남편도 그 어떤 사람을 만나든 아랑곳하지 않고 담대하게 복음을 전합니다. IMF로 인한 사업실패, 강직성 척추염 투병, 이혼과 음란 중독 등으로 하나님을 깊이 만난 자신의 간증으로 힘들고 외로운 이들을 위로하고 마음을 치료해 주기도 합니다(마 9:35). 구원을 위해 이렇게 자신감 있게 행동하는 남편에 반해, 타인의 구원에 대한 애통함 없고, 늘 상대의 감정과 시선을 의식하느라 복음에 대한 말 한마디 못 전하는 저 자신이 무척 창피합니다. 사고로 척추를 다쳐 휠체어를 타게 되면서 힘든 고난의 광야를 지날 때 말씀으로 치유해 주시고, 회복시켜 주신 하나님의 사랑과 큰 은혜를 경험했기에, 믿지 않는 세상 사람들에게 천국의 비밀을 전하고 싶지만 남들이 듣기 싫어하는 소리를 하지 못하는 저는 여전히 구경꾼으로 살고 있습니다.

주님은 오늘 '추수할 것은 많되 일꾼이 적다'고 탄식하십니다(마 9:37). 세상의 화려한 스펙은 없어도 주님이 제게 친근함과 편안함이라는 권능을 주셨기에(마 10:1), 이제 이 땅의 구원받을 영혼들을 추수하기 위해 나서야 할 때라 생각합니다. 저의 육신이 연약하여 힘들지라도 주님이 부르신다면 예비된 주의 참제자로서 기쁜 마음으로 달려가겠습니다.

영혼의 기도

하나님 아버지, 모든 병과 약함을 고치시는 주님의 권능을 믿습니다. 그 권능으로 가르치고 전파하고 고치려고 두루 다니시는 주님을 생각하며, 제가 가르침과 고침을 받고도 두루 다니지 못하는 것을 회개합니다. 가고 또 가야 하는데 두려워서 못 다니고, 치사해서 못 다니고, 게을러서 못 다니는 것을 용서해 주시옵소서.

두루 다니며 고쳐 주셨어도 불쌍히 여길 일이 있습니다. 제 안에도 주님이 불쌍히 여기실 일이 많습니다. 저의 죄와 연약함 때문에 주님이 창자가 끊어지듯 아파하심을 알고, 저도 다른 사람들을 불쌍히 여기기 원합니다. 목자가 없어서 불쌍한 양들, 방향을 모르고 방황하는 양들을 품기 위해 제가 그런 양 같은 존재임을 깨닫게 하옵소서. 주님이 그런 저를 품으시기에, 저도 다른 사람을 품고 인내하며 사랑하게 하옵소서.

고난을 통해 불쌍히 여기는 마음을 주시고, 제자가 되게 하시는 것을 알았습니다. 자식과 배우자 때문에, 가난과 질병 때문에 길이 없어서 주님을 따랐더니 저를 가르치고 고쳐 주시고, 제자가 되라고 하십니다.

주님, 저를 써 주시옵소서. 제 안의 욕심과 음란과 더러운 귀신을 쫓아내고, 모든 병과 약함을 고칠 수 있도록 권능을 주시옵소서. 그리하여 더 이상 구경꾼으로 살지 않고, 주님의 권능을 이 땅에 펼치게 하옵소서.

제가 먼저 헌신함으로 희어져 추수해야 할 영혼, 구원받아야 할 영혼을 추수하는 가정과 교회가 될 수 있도록 역사해 주시옵소서. 예수님 이름으로 기도하옵나이다. 아멘.

Part 4

하나님의 구원 방법을
믿으라

16

거저 주어라

마태복음 10:1~8

하나님 아버지, 거저 받았으니 거저 주라고 하십니다.
주님께 받은 것으로 줄 것만 있는 인생을 살 수 있도록
말씀하여 주옵소서. 듣겠습니다.

우리들교회에는 유명한 변호사 집사님이 있습니다. 전문인으로서 능력을 인정받고 있고, 모태신앙인에 외모도 훤칠하게 잘생긴 분입니다. 그분이 얼마 전에 간증을 했습니다.

저는 뚜렷한 중생의 체험이 있는 아버지와 목회자 집안인 어머니 슬하에서 4대째 모태신앙인으로 자랐습니다. 아버지가 공직에 계셔서 경제적으로 윤택하지 못했습니다. 하지만 그런 것을 별로 개의치 않는 집안 분위기 속에서 순탄하게 성장했습니다.

공부는 고등학교 2학년 때까지는 두각을 나타내지 못하다가 3학년 때 성적이 갑자기 올랐습니다. 재수 한 번 안 하고 서울대학교 법대에 입학했습니다. 대학 4학년 때 말석으로나마 사법고시에 합격했습니다. 사법연수원 성적도 좋아서 지금도 가장 선망의 대상인 로펌에 입사했습니다. 그 뒤 풀브라이트 장학생으로 뽑혀서 동기 변호사들 가운데 가장 먼저 미국 로스쿨로 유학을 갔습니다.

선한 일과 봉사에 대한 열심도 남달라서 유학 직후 한 선교 단체에서 자원 봉사활동을 했습니다. 그때 장애인 학교 건립에 기여해서 칭찬을 많이 받았습니다. 일찍이 시민 단체 활동에 참여해서 언론의 주목을 받기도 했습니다. 집단 소송을 전문으로 하는 법무법인과 대기업의 탈법 행위를 통쾌하게 분석하는 연구소를 만들어 운영했습니다. 그러면서 약자를 대변하는 선한 청년이라고 인정받았습니다.

공천 제의도 있었습니다. 큰 이권이 걸린 위원회나 국회의원 공천자, 장관 후보, 공기업 사장 후보 등을 뽑는 곳에도 참여했습니다. 이름이 알려지면서 해외 언론사와 국제단체가 선정한 글로벌 리더에 선정되었습니다.

이런 열심과 능력을 가진 분이 자격 없이 거저 받는 하나님의 은혜를 공감할 수 있을까요? 거저 받았으니 거저 주라고 하시는 말씀을 어떻게 적용할 수 있을까요?

거저 받은 제자 자격증

1 예수께서 그의 열두 제자를 부르사 더러운 귀신을 쫓아내며 모든 병과 모든 약한 것을 고치는 권능을 주시니라 2 열두 사도의 이름은 이러하니 베드로라 하는 시몬을 비롯하여 그의 형제 안드레와 세베대의 아들 야고보와 그의 형제 요한, 3 빌립과 바돌로매, 도마와 세리 마태, 알패오의 아들 야고보와 다대오, 4 가나나인 시몬 및 가룟 유다 곧 예수를 판 자라_마 10:1~4

예수님은 귀신을 쫓아내고 '모든 병과 모든 약함'을 고치는 권능을 제자들에게 주셨습니다. 그런데 겉으로 보면 다 자격 미달인 사람들이 제자가 되었습니다.

베드로와 야고보와 요한과 안드레와 빌립은 어부 출신입니다. 마태는 로마 권력에 붙어 서민들의 세금을 받아먹는 매국노요 파렴치한이었습니다. 예수님을 팔아먹을 유다도 있습니다. 베드로와 야고보와 요한과 마태는 제자로 부르는 과정이라도 있지만, 다른 제자는 과정도 없습니다. 예수님은 이런 사람들을 열두 제자로 부르고 권능을 주셨습니다. 성경에서는 이후에 이 열두 사람에게만 제자라는 호칭을 씁니다.

제자들의 면모를 살펴보면, 베드로는 어부 출신에 다혈질이고 나서기를 좋아합니다. 얼마나 장담을 잘하는지 주를 버리지 않겠다고, 주와 함께 죽겠다고 장담하다가 주님을 세 번이나 부인합니다. 베드로의 본명은 시몬입니다. 주님이 그를 제자로 부르고, '베드로(반석)'라는 이름을 붙여 주셨습니다. 말 그대로 '돌쇠' 같은 베드로입니다.

그런 베드로가 "주는 그리스도시요 살아 계신 하나님의 아들이시니이다"라고 고백했습니다(마 16:16). 그러자 예수님은 그를 베드로라 부르지 않고 시몬이라 부르셨습니다. 시몬을 베드로가 되게 하신 주님을 기억하고, 끝까지 연약함을 잊지 말라는 뜻으로 그러셨을 것입니다.

안드레는 부지런히 누군가를 주님께 데려가는 역할을 합니다. 베드로를 주님께 데려가고, 오병이어의 기적 때 어린아이를 주님께 데려가고, 헬라인을 주님께 데려갑니다. 눈에 띄는 설교나 이적이 없어도, 사람들을 주님께 데려가는 일도 제자로서 할 일입니다.

세베대의 아들 야고보와 요한의 엄마는 극성스러워서, "내 아들 둘을 주님의 보좌 좌우에 앉혀 달라"고 했습니다. 그 엄마에 그 아들이라고,

야고보는 열정적으로 사역하다가 제일 먼저 순교했습니다.

요한도 불같은 데가 있었습니다. 사마리아의 한 마을이 예수님을 영접하지 않자 야고보랑 둘이서 "우리가 불을 명하여 저들을 멸할까요?" 하고 달려듭니다(눅 9:54). 예수님은 그런 요한에게 자신의 어머니를 부탁하셨습니다. 요한일이삼서를 보면 알 수 있듯 나중에 요한은 사랑의 사도가 되었습니다.

야고보처럼 성품대로 사용하시는 경우가 있고, 요한처럼 성품을 변화시켜서 사역을 감당하게 하시는 경우도 있습니다.

빌립은 오병이어 기적에서 보면 분석은 잘해도 해결책이 없는 사람입니다. 교회에도 문제를 잘 꼬집어 내는 사람이 꼭 있습니다. 그런 사람일수록 대안은 제시하지 못하는데, 그래도 꼭 필요한 사람입니다.

바돌로매는 나다나엘의 다른 이름입니다. 나사렛에서 무슨 선한 것이 나겠느냐고 예수님을 무시했던 사람입니다. 이런 그가 나중에는 예수 그리스도를 전하다가 순교했습니다.

도마는 "우리도 주와 함께 죽으러 가자"고 하면서 의리의 사나이 같은 모습을 보였습니다. 하지만 실제로는 예수님의 못 자국을 확인하고서야 부활을 믿은 의심 많은 인물입니다.

알패오의 아들 야고보는 세베대의 아들 야고보와 구별하려고 작은 야고보라 불렸습니다. 이름도 빛도 없이 충성한 사람인데, 하필 자신이 '작은 야고보'로 불리는 것이 싫지는 않았을까요? 교회에도 동명이인이 많아서 이름 뒤에 알파벳이 붙기도 합니다. 그럴 때 내가 A가 아니라 C, D로 불리는 것이 왠지 불쾌합니까? 전혀 그럴 일이 아닙니다. 야고보 A가 되었든 B가 되었든, 주님의 제자로 성경에 이름이 올랐으니 이보다 더 큰 영광이 어디 있겠습니까!

다대오는 가룟 유다와 다른 유다입니다. 이 사람은 유대의 열심당원이었습니다. 친로마파로 살았던 마태와 달리 반로마파로 산 사람입니다.

가나나인 시몬은 다대오보다 더 열심인 반로마파였습니다. '열심당원'이라는 말은 가슴에 칼을 품고 다니며 변절자를 처단한다는 뜻입니다. 그렇게 열렬히 로마를 처단하려고 하는 반로마주의자와 로마에 붙어사는 친로마주의자가 모두 예수님의 제자가 됐습니다. 가나나인 시몬도 아프리카에서 순교했습니다.

제자 가운데 예수님을 팔아먹은 가룟 유다가 있습니다. 열두 명 중에 변화되지 않은 유일한 사람입니다. 유다는 세리 마태를 제치고 재정을 맡을 정도로 똑똑했습니다. 그렇게 인정과 신뢰를 받고, 예수님과 같이 먹고 자던 사람 가운데 예수님을 배반하는 자가 나왔습니다.

그럼에도 주님은 이들을 제자 삼으시고 권능을 주셨습니다. 못나고 죄 가운데 있는 사람을 불러 주셨으니, 우리 가운데 제자 못할 사람은 없다고 생각합니다.

주님은 열두 제자 가운데 수제자로 꼽힌 베드로와 야고보와 요한에게 특별히 별명을 붙여 주셨습니다. 반석이라는 뜻의 베드로라는 이름을 붙여 주셨고, 성격이 불같은 야고보와 요한에게는 '우레의 아들'이라는 별명을 붙여 주셨습니다. 이렇게 별명을 마음대로 부를 수 있는 사람이 수준 높은 사람입니다. 진정한 유머는 자기의 부족함과 약점에 웃을 수 있는 여유라고 했습니다. 누가 나를 편하게 부른다고 기분 나빠할 것 없습니다. 주님이 돌쇠나 번개로 부를 수 있는 사람이 수제자가 된 것처럼, '내가 받아 줄 만한 수준이 되니까 편하게 부르는구나' 하고 뿌듯해하기 바랍니다.

예수님의 열두 제자와 비교할 때 변호사 집사님은 참으로 제자가 되기 힘든 분입니다. 고난이 없는 분이 우리들교회에 와서 십자가 설교를 듣고 있으니, 그분을 볼 때마다 궁금한 마음이 들었습니다. 그래서 "집사님은 고난이 축복이라는 제 설교가 이해가 되세요? 연약한 자를 택하고 사용하신다는 말씀이 집사님께 주시는 말씀으로 들리세요?" 하고 자꾸 물었습니다. 처음에는 제 질문에 그저 웃기만 하더니, 이제는 이렇게 이야기합니다.

목사님이 간혹 제게 물으십니다. 뚜렷한 고난이 없는 것 같은데 말씀이 이해가 되느냐고, 내게 주시는 말씀으로 받아들여지느냐고 말입니다. 그때마다 저는 우리들교회에 와서 진짜로 수지맞은 사람은 저와 제 가족이라고 말씀드립니다. 그냥 드리는 말씀이 아닙니다. 정말로 그렇습니다.
저는 마태복음 19장에 나오는 부자 청년 같은 사람입니다. 세상에서 성공하고, 게다가 착한 일도 많이 해서 인정받은 부자 청년입니다. '내가 무슨 선한 일을 해야 영생을 얻을 수 있을까' 하면서 나의 선행으로 영생을 얻고자 했습니다. 선한 분은 오직 예수님 한 분이라는 사실을 받아들이지 못했습니다. 자기 죄를 깨닫지 못하니 예수님을 떠났습니다.
부자 청년은 자기 의와 재물 때문에 구원을 얻지 못했습니다. 그렇게 구원과 상관없는 인생이 될 뻔했던 제가 우리들교회에 와서 말씀으로 죄를 깨달았습니다. 이 얼마나 수지맞은 인생입니까!

제자의 자격은 자기 죄를 보는 것입니다. 세상이 부러워하는 변호사로, 존경받는 신앙인으로 살았어도 이제야 자기 죄를 깨달은 것이 거저 받은 은혜입니다. 이 은혜를 알아야 거저 주는 인생을 살 수 있습니다.

◆ 나는 열두 제자 가운데 어떤 사람과 비슷한 것 같습니까? 그들보다 미천하고 평범하다고 해도 내가 주님을 따르고자 할 때 제자 삼아 주시는 것을 믿습니까? 어느 일류 단체의 명단에 오르는 것보다 예수님의 제자 명단에 오르는 영광을 누리고 있습니까? 교회의 양육 프로그램과 제자 훈련을 거부하고 화려한 이력서를 만드는 데만 분주합니까?

거저 섬겨야 할 이스라엘의 잃어버린 양

5 예수께서 이 열둘을 내보내시며 명하여 이르시되 이방인의 길로도 가지 말고 사마리아인의 고을에도 들어가지 말고 6 오히려 이스라엘 집의 잃어버린 양에게로 가라_마 10:5~6

예수님은 열두 제자들을 이방인이나 사마리아인의 고을이 아니라 '이스라엘 집의 잃어버린 양'에게 보내십니다. 아예 하나님을 모르는 사람들이 아니라 하나님을 아는 사람들, 교회에 다니면서도 구원받지 못한 잃어버린 영혼들에게 가라고 하십니다.

변호사 집사님은 자신이 '이스라엘 집의 잃어버린 양'이었다고 말합니다. 왜 그런 적용을 하게 됐을까요?

저는 모태신앙인으로 교회에 다니면서 항상 칭찬만 받는 장로님 아들이었습니다. 그러나 개인적으로는 기도도 거의 하지 않았고, 말씀도 거의 읽지 않았습니다. 그러면서도 성경의 기본 골격을 잘 이해하고 있다고 생각했습니다. 내심 찔리기는 했지만 직분도 많이 맡았습니다. 그렇게 스스로 착각하면서 감히 예수님 앞에 와서 "무슨 선한 일을 하여야 영생을 얻으리이까?" 하고 묻는 청년이 되었던 것입니다.

스스로 똑똑하고 분별을 잘하고 착하고 의롭다고 생각했습니다. 내가 무언가를 할 수 있고 선해질 수 있다고 생각했습니다. 그러나 제 마음속에는 평안이 없었습니다.

하나님이 100% 옳으시다는 것을 인정하지 못했기에, 어쩌다 내 의가 꺾일 때면 원망이 너무도 깊었습니다. 내 힘으로 할 수 있다고 생각했기 때문에 할 수 없는 일이 생기면 심한 좌절감에 시달렸습니다. 사람의 연약함에 대한 이해가 없어서 사랑하지 못했습니다. 항상 비교의 잣대로 보면서 우월감과 열등감 사이를 왔다 갔다 했습니다.

내가 선하고, 더 선해질 수 있다고 믿었습니다. 그래서 간혹 내 안에 있는 이기심이 드러나면 이중적인 내 모습에 진저리를 쳤습니다. 모든 일에서 나만 잘났다고 생각했기에, 아내와 후배와 부하 직원을 보면서 내 꿈을 이해하지 못한다고 섭섭해했습니다. 내 옆의 강퍅하고 교만한 사람에게서 나의 강퍅함과 교만을 보지 못했습니다. 그래서 그들에게 상처받았습니다.

목사님 말씀처럼 제게는 물질 고난과 건강 고난과 자식 고난과 가정불화의 고난이 없습니다. 하지만 내 죄를 보지 못하는 고통이 저에게 있었습니다. 죄의 회개와 죄 사함의 은혜를 알지 못하니 내 짐을 벗지 못하고 계속 지고 가는, 절대치의 고난이 있었습니다.

변호사 집사님이야말로 '이스라엘 집의 잃어버린 양'에게 가기 위해 가장 필요한 증인이라고 생각합니다. 고난과 어려움 없이도 자기 죄를 고백하는 것은 결코 쉬운 일이 아닙니다.

외적인 선행과 풍요 때문에 평생 주님을 찾지 못하고 떠나는 사람이 너무 많습니다. 교회를 다닌다는 이유로 구원에 대해 들으려고도 하지 않는 이스라엘 집의 잃어버린 양들이 너무 많습니다. 그런 사람들에게 십자가 복음을 전하라고 주님이 변호사 집사님에게도 사명을 주셨다고 생각합니다.

◆ 모태신앙인으로 신앙 연륜이 있고 직분을 가졌다고 당연히 구원받은 것으로 생각합니까? 이스라엘 집의 잃어버린 양이 되어 주님의 말씀을 떠나고, 예배와 교회를 떠났습니까? 나 자신을 돌이키기 위해, 교회 공동체를 떠나 방황하는 가족과 지체를 위해 애통하며 말씀에 귀를 기울입니까?

적극적으로 거저 주는 인생

가면서 전파하여 말하되 천국이 가까이 왔다 하고_마 10:7

'가면서 전파하라'는 것은 적극적으로 전하라는 뜻입니다. 그냥 한 번 전하고 마는 것이 아니라, 예수님처럼 두루 다니며 차별 없이 반복적으로 전파해야 합니다.

전파할 내용은 "천국이 가까이 왔다"는 것입니다. 환경이 힘든 사람에게는 "천국이 가까이 왔다"고 전하기가 쉽습니다. 이 땅에서의 삶이 힘든 만큼 천국을 사모하기 때문입니다. 그런데 변호사 집사님 같은 분이 "천국이 가까이 왔다"고 말하기가 쉽겠습니까? 명예나 대권이나 지위가 가까이 왔다고 외쳐야 할 사람이 "천국이 가까이 왔다"고 외치려면 얼마나 고난이겠습니까!

고난 중에 예수님을 만나고 말씀을 깨닫는 것은 대단한 은혜입니다. 그런데 고난 없이 복음을 받아들이고 전파하는 사람이 어쩌면 더 대단하다고 생각합니다. 부자 청년도 '재물이 많으므로 근심하며' 예수님을 떠났습니다. 변호사 집사님이 주님을 떠나지 않고 붙어 있으면서 말씀으로 죄를 깨달았다는 것은 기막힌 고백입니다.

집사님은 정말 바쁜 분입니다. 지역 이기주의 때문에 들어서지 못하는 장애인 학교의 소송을 맡아서 승소하기도 했습니다. 세계경제포럼 (WEF)이 선정한 차세대 글로벌 리더 200인에도 뽑혔습니다. 좋은 일로 이름이 알려지니 여기저기에서 부르는 곳도 더 많아졌습니다.

그렇게 바쁜 가운데서도 교회 양육과 소그룹 예배, 수요예배와 주일예배로 일주일에 나흘을 주님께 드리고 있습니다. '가면서 전파하는 것'이 이런 것입니다. 적극적으로 내 시간과 물질과 수고를 드리지 않으면 천국이 가까이 왔다고 전파할 수 없습니다.

> 병든 자를 고치며 죽은 자를 살리며 나병환자를 깨끗하게 하며 귀신을 쫓아내되 너희가 거저 받았으니 거저 주라_마 10:8

주님은 '병든 자를 고치며 죽은 자를 살리며 나병환자를 깨끗하게 하며 귀신을 쫓아내는 권위'를 우리에게 주셨습니다. 어떻게 이 권위를 사용할 수 있을까요? 변호사 집사님의 적용입니다.

요즘 매일의 큐티 말씀이 제게 주시는 말씀으로 받아들여지는 축복을 누리고 있습니다. 내가 100% 죄인이라는 것, 아무것도 할 수 없다는 것이 인정되는 축복을 누리고 있습니다. 겉으로는 온유한 모습을 하고 있지만, 사람을 사랑의 대상으로 보지 못하고 정죄의 대상으로, 일의 수단으로 생각하는 것이 저의 강퍅함과 교만입니다. 항상 새것을 바라고, 남의 것과 내 것을 비교하는 마음이 저의 음란함입니다.

이분은 외모도 잘생겨서 신사복 모델까지 했습니다. 어떻게 많은 유혹을 이겨 내는지 물었더니 '허벅지를 꼬집어 가며' 이긴다고 합니다.

모든 것을 갖춘 환경이 좋은 환경은 아닙니다. 환경이 어려우면 저절로 주님을 찾게 되는데, 좋은 환경 때문에 허벅지를 꼬집어야 주님을 찾을 수 있으니 결코 좋은 환경이라고 할 수 없습니다. 내 힘으로 쫓아낼 수 없는 더러운 유혹을 환경이 받쳐 주지 않아서 쫓아내게 되는 것이 가장 좋은 환경입니다.

그렇기 때문에 주님은 "거저 주라"는 명령을 하실 수 있습니다. 환경이나 자격이 아닌 은혜로 받은 구원이기에, 다른 사람에게도 거저 줄 수 있는 것입니다.

무엇을 하면 가장 기쁠 것 같습니까? 좋은 집에서 살고 좋은 차를 타고 좋은 옷을 입고 일류 모임에 가면 기쁠까요? 그런 모임에 가면 더 좋은 옷을 입은 사람과 비교하느라 금세 인생이 슬퍼집니다. 자녀가 일류 대학에 가면 기쁠까요? 그 기쁨을 구하다가 자녀가 대학에 떨어지면 죽고 싶은 마음이 듭니다. 쾌락과 기쁨은 전혀 다른 것입니다.

저도 변호사 집사님처럼 4대째 모태신앙인으로, 교회에서 믿음이 좋다고 인정을 받았습니다. 교수가 되겠다는 야망을 품고 일류 대학에 들어갔습니다. 의사 남편을 만나 결혼도 했습니다. 그렇게 살아서 제게 기쁨이 있었을까요? 전혀 그렇지 않았습니다.

저는 큐티를 하고 말씀을 전하면서 정말 기쁜 인생을 살았습니다. 처음에는 집에서 두세 사람이 모여서 말씀을 나눴습니다. 그분들이 다른 힘든 분들을 데리고 오면서 모임이 점점 커졌습니다. 한때 저희 집에서 매주 열 개가 넘는 모임을 가졌습니다. 저야말로 내 시간을 빼앗기는 것을 누구보다 용납하지 못하던 사람입니다. 그런데 살고 있는 집을 내놓고, 매주 열 개가 넘는 모임을 인도하는 것이 제게 너무나 큰 기쁨이 되었습니다. 제 만족 때문이 아니었습니다. 그 모임 안에서 사람들이 살아나고 있었기 때문입니다.

'내가 왜 집까지 내놓고 소그룹 예배를 드려야 해? 왜 내 시간을 뺏기면서 전도를 해야 해?' 이런 생각이 드는 것은 거저 받은 은혜를 모르기 때문입니다.

하나님 나라는 희생 없이 세워지지 않습니다. 아니, 희생이라고 할 수도 없습니다. 진정한 희생은 죄 없이 십자가에 못 박히신 예수님에게만 있습니다. 우리는 그 은혜를 거저 받았을 뿐입니다.

"또 내 이름을 위하여 집이나 형제나 자매나 부모나 자식이나 전토를 버린 자마다 여러 배를 받고 또 영생을 상속하리라"(마 19:29). 주님은 우리의 힘든 섬김을 백배로 갚아 주십니다. 천하보다 귀한 영혼의 구원을 위해 살 때, 이 땅에서도 여러 배로 갚아 주시고 영생을 주십니다. 자신을 부자 청년이라고 소개하며 죄를 고백한 변호사 집사님에게도 하나님이 갚아 주신 열매가 나타났습니다.

말씀으로 저의 교만을 깨닫고 저 자신을 알게 되니, 하나님이 더욱 많은 것을 주십니다.

변호사라는 직업에서 가장 중요한 것은, 의뢰인들이 사건을 객관적으로 보게 하는 것입니다. 때로 변호사 자신의 이익 때문에, 또는 의뢰인의 간절한 소망 때문에 객관적이지 못할 때가 있습니다. 변호사들이 똑똑하지 못해서가 아닙니다. 의뢰인의 연약함을 이해하지 못하고 욕심에 이끌리기 때문에 객관적인 처방을 내리지 못하는 것입니다.

부부 소그룹 모임에서 리더로 힘든 지체들을 섬기면서 의뢰인의 아픔을 좀 더 이해하게 되었습니다. 그러면서 객관적인 처방도 내렸습니다. 당연히 더욱 많은 사람이 저를 찾았습니다. 단순한 법률 문제뿐 아니라 중요한 사업이나 인생에서의 중대 결정도 상담하러 옵니다. 스트레스를 느꼈던 변호사 업무가 지금은 너무 즐겁습니다.

얼마 전에는 외형이 140억 달러에 달하는 다국적 기업과 경영권 다툼을 벌인 국내 상장사를 도와 거의 완벽한 승리를 거뒀습니다. 주주 총회를 앞두고 날마다 가진 대책 회의는 거의 큐티 모임 수준이었습니다. 승패가 갈리는 주주 총회 전날 밤에는 그 회사의 최고 경영자와 함께 신앙고백을 나눴습니다. 하나님이 모든 것을 주관하신다는 것을 믿고 의지하니, 결과에 자유할 수 있는 담대함을 주셨습니다. 말씀을 붙잡고 내 죄를 보려고 하니, 때로는 하나님이 재판부까지 감동시키십니다.

가정과 직장에서 내 의를 버리니까 제자 훈련이 시작됩니다. 내가 대접 받고 싶은 대로 남을 대접하라는 말씀을 적용해서, 변호사들과 직원들에게 각자 희망하는 연봉 조정액을 제시하라고 한 뒤 그대로 받아들였습니다. 그랬더니 형편이 어려워지는 것이 아니라, 능히 감당할 수 있도록 사업을 인도하십니다.

이제는 처가 식구들의 구원을 위해서도 일하라고 하십니다. 지난 10여 년 동안 처가의 불신과 고통을 보고도 못 본 척했습니다. 그저 어느 정도 경제적 도움을 드리는 것으로 사위의 도리를 지켰다고 생각하고 방관했습니다. 그런데 처가에 힘든 사건이 생겨서 그것을 구원의 기회로 삼게 하십니다. 이 사건을 주시기 전에 말씀을 깨닫게 하신 것이 너무 감사합니다. 아직도 되었다 할 수 없는 연약한 인생입니다. 하지만 이 말밖에 할 것이 없습니다.

"이것이 도대체 웬 은혜입니까!"

하나님의 선하심과 인자하심이 영원하다는 고백밖에는 할 것이 없습니다.

변호사 집사님의 고백이 한편으로는 감사하면서도, 다른 한편으로는 앞으로 걸어갈 증인의 삶을 생각하며 기도하게 됩니다. 그러나 이 고백을 하게 하시는 이는 하나님이심을 믿습니다. 환경이 좋아서 허벅지를 꼬집어야 깨어 있을 수 있다는 집사님을 위해 함께 기도해 주시기 바랍니다.

◆ 적극적으로 내 시간과 물질과 수고를 드리며 복음을 전합니까? 돈과 성공이 아니라 천국이 가까이 온 것을 급하고 애통한 마음으로 전하고 있습니까? 하나님께 거저 받은 모든 것을 생각할 때, 거저 줄 수밖에 없는 인생인 것을 인정합니까?

◆◆◆

하나님 나라는 희생 없이 세워지지 않습니다
아니, 희생이라고 할 수도 없습니다.
진정한 희생은 죄 없이 십자가에 못 박히신 예수님에게만 있습니다.
우리는 그 은혜를 거저 받았을 뿐입니다.

◆◆◆

말씀으로 기도하기

은혜도 구원도 거저 받은 것이라는 주님의 말씀처럼 거저 받았으니 거저 나누어 주라고 하십니다. 주님이 내게 주신 시간과 물질을 주의 일에 나누며 적극적으로 섬기는 인생이 되기 원합니다.

제자 자격증은 거저 받았습니다(마 10:1~4).

주님은 부족해 보이는 제자들을 뽑으셨지만 제자들은 결국 순교하여 자신의 몸을 철저히 주님께 드렸습니다. 자격 없는 저를 불러 주신 은혜가 감사해서 주께 받은 은혜를 거저 나누어 주는 자가 되기 원합니다. 제자들처럼 주님을 끝까지 따르는 인생 되게 해 주시옵소서.

거저 섬겨야 할 이스라엘의 잃어버린 양이 있습니다(마 10:5~6).

교회를 다녔어도 주님을 만나지 못하고 방황하다가 떠나는 가족과 지체가 많습니다. 외적인 선행과 풍요 때문에 교회를 떠나 방황하며 주님을 찾지 못하는 그들을 위해 기도하고 그들의 구원을 위해 섬기는 자가 되게 해 주시옵소서.

적극적으로 거저 주는 인생이 되어야 합니다(마 10:7~8).

은혜도 구원도 생명도 거저 받았으니 거저 주라는 말씀을 들으며 주님께 받은 것이 너무나 많은 인생임을 고백합니다. 주님이 저를 살리셨으니 저도 영혼 구원을 위해 일하는 자가 되게 하옵소서. 적극적으로 내 시간과 물질과 수고를 드리며 복음을 전하게 해 주시옵소서.

우리들 묵상과 적용

4년 전 직장의 모든 자리에서 물러나는 사건을 겪게 되었습니다. 억울함과 분함으로 잠을 못 이루고 3일 밤을 꼬박 지새운 저는 죽고 싶은 심정이었습니다. 그런 고통 가운데 있을 무렵 아내의 권유로 교회에 다니기 시작했습니다. 교회에 가서 처음으로 설교를 듣는데, 예수님이 죽은 나사로에게 "나사로야 나오라"고 부르시는 말씀이 제 귀에 꽂혔습니다(요 11:43). 예수님이 저를 흑암에서 건져 주시는 것만 같아 이전에 그 누구에게도 받지 못한 큰 위로를 받았습니다.

그 후 저는 교회에 잘 정착하여 각종 예배는 물론 소그룹 모임에도 열심히 참석했습니다. 그러던 어느 날 한 대기업에서 스카우트 제의가 들어왔고, 저는 그것이 '하나님이 주신 선물'인 줄 알았습니다. 모든 조건이 마음에 들어서 면접까지 다 보고 회사를 옮길 작정을 한 후에야 소그룹 지체들에게 그 소식을 전했습니다. 그런데 그 당시 실직 중이셨던 두 집사님이 이구동성으로 "비록 지금 직장의 자리가 힘들고 불편해도 회사를 옮기면 안 될 것 같다"며 이직을 말렸습니다. 불편한 자리를 박차고 나가 조금이라도 더 나은 곳으로 가고 싶은 마음이 절실했던 저는 "회사를 옮기지 않는 것이 정말 하나님의 뜻이라면 하나님이 어떻게든 저를 막아 주세요"라고 간절히 기도했습니다. 그리고 정말 며칠 후, 면접까지 붙고 출근만 하면 되었지만 살아 계신 하나님의 권능이 깨달아져 회사를 옮기려던 계획을 접었습니다(마 10:1).

이후로도 직장에서의 비굴하고 비참한 생활은 계속되었습니다. 직속 부하 직원 한 명과 직속이 아닌 부하 직원들을 데리고 어떤 프로젝트를 진행하는데, 한 직원이 자기주장이 너무 강해서 저를 힘들게 했습니다. 회의 때마다 무례한 행동을 일삼기에 한번은 참다못해 언성을 높여 꾸짖은 적이 있었습니다. 주님의 방법과 권위가 아닌 제 방법과 권위로 가르쳐서 고쳐 주려고 애를 썼지만 별 효과가 없어서 끝내 포기했습니다. 그리고 잠시 떨어져 있다가 얼마 후 그 부하 직원과 다시 같은 부서에서 일하게 되었습니다. 함께 호흡을 맞춰 가며 일은 하지만, 여전히 미워하는 감정이 앞서서 천국이 가까이 왔다고 전하고 싶은 생각은 전혀 없습니다(마 10:7). 사람을 미워하는 제가 그 과정을 잘 통과하라고 주님이 붙여 주신 부하 직원이고 복음을 전해야 할 대상인데, 이기적인 생각으로 한 영혼의 구원을 외면하고 있는 저의 죄를 오늘에야 깨닫게 됩니다.

예수님의 제자 된 자로서 한 사람의 구원을 위해 복음을 잘 전할 수 있도록 권능을 주시기를 간구합니다(마 10:1). 구원받지 못한 영혼들을 잘 섬길 수 있도록 성령님이 늘 함께하시기를 간절히 기도드립니다.

영혼의 기도

하나님 아버지, 모든 병과 모든 약함을 고치는 권능을 주셨는데도 제게는 복음을 전파하러 가지 못하는 변명이 참 많습니다. 미천하고 평범한 자들을 택하여 제자 삼으신 것처럼, 저를 부르고 보내시는 것을 알았습니다. 이제는 이스라엘 집의 잃어버린 어린 양에게 갈 수 있도록 도와주시옵소서. 교회를 다녀도 구원을 받지 못한 가족과 이웃에게 제가 받은 구원의 은혜를 전하게 하옵소서.

적극적으로 나의 시간과 물질을 드리며 천국이 가까이 왔음을 전파해야 하는데 실력이 없습니다. 저에게 주신 모든 것을 복음 전파를 위해 사용하게 하옵소서. 부와 명예가 가까이 온 것이 아니라 천국이 가까이 왔다고, 예수 그리스도 앞에 죄를 고백하고 구원받아야 한다고 간절히 전파할 수 있도록 용기를 주시옵소서.

내 안에 있는 더러운 귀신이 쫓겨 가고 내가 고침을 받아 깨끗하게 된 간증을 나누기 원합니다. 주님께 그 은혜를 거저 받았사오니 거저 주기를 원합니다. 저는 내세울 것이 없지만, 한 영혼이 천하보다 귀한 것을 압니다. 주님이 구원을 위해 헌신한 모든 것을 백배로 갚아 주시고, 영원한 생명까지 주실 줄 믿습니다. 힘 주시옵소서. 예수님 이름으로 기도하옵나이다. 아멘.

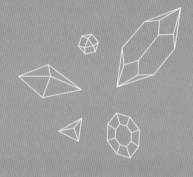

전도하려면

마태복음 10:5~15

하나님 아버지, 전도를 위해 제 삶을 드리기 원합니다.
오늘도 전도에 필요한 지혜와 태도를
말씀하여 주옵소서. 듣겠습니다.

이혼하고 우리들교회에 오신 남자 집사님의 간증입니다.

육적으로는 눈뜨고 있으나 메시아를 알지 못해 영적 맹인이었던 우리 부부는 참 어지간히도 싸웠습니다. 결혼 초에 있었던 사소한 오해가 계기가 되어, 서로 지지 않으려고 자존심을 내세워 싸우고 또 싸웠습니다. 여행을 가면서 싸우고, 여행지에서 싸우고, 오면서도 지치지 않고 싸웠습니다. 그러면서도 여행은 참 자주 다녔습니다. 영화를 보러 가서도 싸웠고, 보고 오면서도 싸웠습니다. 그러면서도 문화생활은 참 많이 했습니다.

생일이면 선물을 사다 주면서 싸웠습니다. 맞벌이를 했지만 가장으로서 의무를 다하려고 월급을 꼬박꼬박 갖다 바쳤는데, 월급을 바치면서도 싸웠습니다. 아이를 등에 업고도 싸웠고, 아이들을 차에 태우고 다니면서 애들 앞에서도 싸웠습니다.

우리의 싸움은 시공을 초월했습니다. 때와 장소가 가려지지 않았습니다. 그 덕분에 가정은 지옥이었습니다. 저는 밖으로 돌면서 술을 마셔 댔습니다.

310

교회에 안 나가는 부부도 아니고, 교회를 열심히 다니던 부부가 이토록 싸웠다고 합니다. 교회를 다녀도 해결되지 않는 갈등과 분노가 있습니다. 그래서 예수님이 열두 제자를 파송하면서 이스라엘의 잃어버린 양에게 가라고 하셨습니다. 길을 잃고 방황하는 사람들에게 천국을 전하라고 하십니다. 이미 교회에 다니고 있는 사람을 전도하라고 하십니다. 그들을 돌아오게 하려면 어떤 지혜가 필요할까요?

전도의 대상, 잃어버린 양

5 예수께서 이 열둘을 내보내시며 명하여 이르시되 이방인의 길로도 가지 말고 사마리아인의 고을에도 들어가지 말고 6 오히려 이스라엘 집의 잃어버린 양에게로 가라_마 10:5~6

마태복음은 유대인을 대상으로 쓴 책입니다. 바울도 혈육과 동족의 구원을 위해 힘썼지만 유대인들은 돌아오지 않았습니다. 예수님을 십자가에 못 박고, 동족인 크리스천들을 핍박하고 죽였습니다. 그래서 '이스라엘 집의 잃어버린 양'에게 가는 것은 죽음을 불사하고 가는 것입니다. 그만큼 힘든 사역입니다.

저는 교회의 수평 이동을 반대합니다. 교계에서도 수평 이동을 비판하는 목소리가 큽니다. 하지만 그런 현상보다 중요한 것은, 한국의 천만 크리스천 중에 잃어버린 양이 많다는 사실입니다.

외도와 이혼으로 깨어진 가정이 교회 안에 너무나 많습니다. 가정이 깨지면 대부분 교회도 떠납니다. 그런 분들이 방황하다가 우리들교회에 찾아왔을 때, 제가 수평 이동을 반대한다고 그냥 돌아가라고 하겠습니까?

　이스라엘 집의 잃어버린 양을 찾는 사역은 수평 이동과 수직 이동의 문제가 아닙니다. 상처와 오해를 안고 방황하는 사람들을 살리기 위한 처절한 몸부림입니다. 교인 수를 늘리기 위한 것이 아니라, 한 영혼이라도 구원받게 하기 위한 것입니다. 천국이 가까운 만큼 지옥도 가까운 것이기에, 목숨을 걸고 이스라엘 집의 잃어버린 양들에게 가는 것입니다.

◆ 오늘 내가 찾아가야 할 이스라엘 집의 잃어버린 양은 누구입니까? 불신결혼과 이혼으로 교회를 떠난 친구가 있습니까? '무늬만 크리스천'이어서 구원에 관심이 없는 가족이 있습니까? 그들의 구원을 위해 목숨을 내놓는 기도와 애통함이 있습니까?

전도 전략 1, 내가 살아난 간증

7 가면서 전파하여 말하되 천국이 가까이 왔다 하고 8 병든 자를 고치며 죽은 자를 살리며 나병환자를 깨끗하게 하며 귀신을 쫓아내되 너희가 거저 받았으니 거저 주라_마 10:7~8

　하나님을 아예 모르는 사람보다 알 만큼 안다고 하는 사람에게 천국이 가까이 왔다고 말하기가 더 어렵습니다. 그런 사람에게 "천국이 가까이 왔다"고 하면 "야, 그런 소리를 수십 년 들어도 예수님은 안 오시더라. 그만 좀 해라" 하면서 손사래를 칩니다. 복음을 전하려고 하면 성경 몇 구절 외우는 것으로 더 아는 척을 합니다.

그런 사람에게 들려줄 것은 내가 고침을 받고 살아난 간증밖에 없습니다. 여기서 살아났다는 것은 육적인 병이 낫고 환경이 회복됐다는 뜻도 있지만, 인격적으로 예수님을 만나 구원을 받았다는 뜻입니다.

"예수 믿었더니 사업도 잘되고 뭐든지 잘되더라." 전도할 때 이런 간증을 하라는 것이 아닙니다. 고난이 있어도 말씀으로 평안을 누리는 간증, 어떤 상황에서도 천국을 누리고 사는 간증이 바로 천국이 가까이 왔다고 증거하는 것입니다. 큰 고난이 아니어도 좋습니다. 칭찬 중독과 물질 중독의 병이 고쳐진 간증, 자존심 때문에 죽고 싶었다가 교만을 회개하고 살아난 간증, 미워할 수밖에 없는 사람을 용서하고 마음이 시원해진 간증으로 영혼 구원이 천하보다 귀하다는 것을 증거할 수 있습니다. 나를 살리는 '나눔'이 남도 살리는 것입니다.

◆ 내 음란의 병이 고쳐진 간증, 죽을 것 같던 집착에서 벗어난 간증, 무기력의 나병에서 깨끗하게 된 간증이 있습니까? 나를 드러내는 것이 싫어서 간증도 전도도 회피합니까? 거저 받은 은혜로 살아났으니 거저 주는 것이 당연하다는 것을 알고 있습니까?

전도 전략 2, 주머니를 비우라

9 너희 전대에 금이나 은이나 동을 가지지 말고 10 여행을 위하여 배낭이나 두 벌 옷이나 신이나 지팡이를 가지지 말라 이는 일꾼이 자기의 먹을 것 받는 것이 마땅함이라_마 10:9~10

전도할 때 전대를 비우라는 것은 전도할 때 재물이 필요 없다는 뜻이 아닙니다. 내가 살아난 간증으로 복음을 전했다고 보상을 바라면 안 된다는 뜻입니다. 거저 받았기에 거저 주라는 것입니다.

남에게 무언가를 바라지 말고, '내가 저 사람을 도와야지'라고 생각하는 것이 가장 완전한 영적 무장입니다. 뭔가를 기대하고 바라는 사람은 불쌍한 사람입니다. 어느 스님이 이런 이야기를 했습니다. 죽을 때 가지고 갈 것이 아니면 어떤 것도 자신의 것이 아니라는 것입니다.

예수님을 안 믿는 사람도 그런 생각을 하고 있으니, 천국을 누리는 우리는 더 수준 높은 적용을 해야 하지 않겠습니까? 자식도 돈도 명예도 지위도 죽을 때 가지고 갈 수 없기에 내 것이 아닙니다. 내가 떠나고 나서 남아 있는 나의 흔적만이 내 것입니다. 내가 남을 도왔던 관심과 사랑, 그것만이 내 것입니다. 죄가 남아서 죄만 내 것이 되지 않고, 사람들에게 베푼 시간과 재물만이 내 것이 되기를 바랍니다.

이스라엘 집의 잃어버린 양을 찾아가려면 돈의 훈련이 필수입니다. 대부분 돈 문제로 하나님을 떠나기 때문입니다. 가정 불화에도 돈이 있고, 직장에서의 갈등에도 돈이 있습니다. 그런 사람들을 전도하려면 돈을 내려놓은 모습을 보여야 합니다. "믿음, 믿음" 하면서도 내 안에 돈에 대한 집착이 있는 것을 전도 대상자들은 다 느낍니다. 내가 돈을 내려놓지 못해서 복음이 훼방을 받아서야 되겠습니까?

예수님을 만나면 당연히 재물에 대한 태도가 바뀝니다. 원어를 보면 마태가 금도 은도 동도 가지지 말라고 세 번이나 강조합니다. 마태가 특히 이 구절을 강조한 것은 자신이 세리로서 부정하게 돈을 벌었기 때문이라고 생각합니다.

예수님은 부자 청년에게 재산을 가난한 자들에게 나눠 주라고 하셨습니다. 삭개오가 소유의 절반을 내놓고 속여 빼앗은 것의 네 배를 갚겠다고 했을 때도 예수님은 받아 주셨습니다. 그런데 마태에게는 특별히 돈에 대한 언급을 하지 않으십니다. 마태에게는 돈이 우상이 아니었기 때문이라고 생각합니다.

돈에 대한 훈련은 돈의 많고 적음과 관계가 없습니다. 돈이 많아도 가난한 심령으로 주님을 좇는 마태 같은 사람이 있습니다. 돈이 없어도 늘 '돈, 돈, 돈' 하면서 집착하는 사람에게는 하나님이 돈을 내려놓으라고 훈련시키십니다.

전도할 때 전대를 비우라고 하시는데, "나는 이미 가진 것이 없으니 적용할 것도 없다"고 하면 안 됩니다. 돈이 있는 사람에게는 돈을 내놓고 선교 헌금을 하고 남을 돕는 것이 적용일 것입니다. 돈이 없는 사람에게는 돈에 대한 염려와 갈등, 뭔가가 생기기를 바라는 욕심을 버리는 것이 적용입니다.

마태는 여행할 때 지팡이도 가지지 말라고 합니다. 마가는 지팡이는 가져도 된다고 했지만, 마태는 외부 공격용으로 지팡이를 가지지 말라고 한 것입니다. 또 두 벌 옷이나 신도 가지지 말라고 합니다.

가진 것이 많은 사람은 짐도 많을 수밖에 없습니다. 여행할 때 귀중품을 잔뜩 싸 가지고 다니면 잠도 편히 잘 수 없습니다. 아무것도 없으면 편히 잘 텐데, 가진 것이 많아서 인생길이 편하지 않습니다. 가진 것 때문에 의지하고, 가진 것 때문에 염려가 많습니다.

리처드 포스터(Richard J. Foster)는 물건이나 돈에 중독된 것이 아닌지 의심스럽다면, 값나가는 것을 다른 사람에게 주는 습관을 가져 보라고 말합니다. 자신보다 그것을 더 필요로 하는 누군가가 주변에 있는지 살펴보고, 그 문제를 놓고 기도하라고 합니다. 그렇게 정직하게 자신을 돌아보면서 물질에 매여 있는 자기 모습을 깨달으면, 당장 그것을 다른 사람에게 주라는 것입니다.

네덜란드의 한 여왕은 매년 크리스마스에 자녀들에게 "다른 아이들에게 특별한 선물을 주라"고 했습니다. 그런데 아이들은 쓰다가 망가진 것, 안 쓰는 것만 주려고 했습니다. 여왕은 아이들이 가장 아끼는 것을 선물로 내놓을 때까지 계속 참견했습니다. 그러자 아이들이 스스로 좋은 것을 내놓기 시작했다고 합니다.

주님은 내가 좋은 것을 내놓고 거저 주는 인생을 살면 반드시 받는 것이 있다고 하십니다. 하나님의 일꾼이니 하나님이 마땅히 먹이십니다. 먹여 주지 않으셔서 일을 못하면 하나님께 손해입니다.

하나님이 주신 것만 먹으면 되는데, 부족하게 먹든지 과식하든지 해서 문제입니다. 사역하면서 무조건 사례를 안 받는 것이 옳은 것은 아닙니다. 스스로 감당할 수 있어서 사례를 안 받는 것은 괜찮지만, 안 받는 것 자체가 나의 의로움이 될 수도 있습니다. 어느 때 안 받고 어느 때 받아야 할지 늘 예민하게 인도함을 받는 것이 필요합니다. 하나님이 주시는 것이라는 확신이 있으면, 어떤 것을 먹여 주셔도 당당할 것입니다.

◆ 내 전대는 어떤 것들로 채워져 있습니까? 전도하러 갈 때도 사람들이 무시할까 봐 귀금속 전대와 명품가방 전대를 차고 다닙니까? 아니면 빈손으로 다니면서 대접받는 전도와 돈 받는 간증을 하러 다닙니까? "하나님이 다 먹여 주신다"고 외치면서도, 돈을 욕심내고 염려하는 마음이 있습니까? 그런 모습을 보이면서 가족에게 하나님을 믿으라고 할 수 있을까요?

전도 전략 3, 합당한 자를 분별하라

> 어떤 성이나 마을에 들어가든지 그 중에 합당한 자를 찾아내어 너희가
> 떠나기까지 거기서 머물라_마 10:11

거저 받은 것을 거저 주고 갈 때, 하나님이 도울 자를 예비해 주십니다. 인생에서 복음 전파의 사명을 감당하고자 하면, 합당한 진로와 배우자를 허락하십니다. 지금 결혼생활이나 직장이 합당하지 않아서 힘든 것이 아닙니다. 말로는 시댁이, 직장이 선교지라고 하면서 전도하지 않으니까 하나님이 훈련시키시는 것입니다.

지금의 자리가 나에게 가장 합당한 곳입니다. 주님이 떠나라고 하실 때까지 잘 머물러 있어야 합니다.

> 12 또 그 집에 들어가면서 평안하기를 빌라 13 그 집이 이에 합당하면
> 너희 빈 평안이 거기 임할 것이요 만일 합당하지 아니하면 그 평안이 너
> 희에게 돌아올 것이니라_마 10:12~13

주님은 사역자를 환대하는 가정을 만나면 평안을 빌어 주라고 하십니다. 2천 년 동안 사역자를 환대하는 가정이 없었다면 어떻게 복음이 전해졌겠습니까! 이름 없는 성도들의 환대와 섬김으로 수많은 선교지에서 복음이 전파되고 교회가 세워졌습니다.

집안에 며느리나 사위가 들어올 때도 거듭난 믿음을 가진 사람이라면 무조건 환대하십시오. 그것이 자녀에게 평안을 빌어 주는 것입니다.

혹시 내가 빌어 준 평안이 합당하지 않더라도 그 평안이 나에게로

돌아온다고 하십니다. 불신결혼으로 합당하지 않은 배우자를 만날 수 있습니다. 그랬더라도 결혼했다면 그 집에서 계속 평안을 빌어 주며 살아야 합니다. 끝까지 평안을 빌어 주면 그 평안이 나에게로 옵니다. 어떤 힘든 사건도 감당하게 됩니다. 그렇게 삶으로 평안을 보여 주는 것이 안 믿는 배우자와 가족을 전도하는 효과적인 전략입니다.

◆ 이웃과 친지의 집을 방문할 때 집 구경을 먼저 합니까? 아니면 먼저 무릎을 꿇고 기도로 평안을 빌어 줍니까? 내 기분과 취향에 합당한 사람이 아니라 전도에 합당한 사람을 찾아갑니까? 전도에 합당한 사람은 힘들고 가난한 사람인 것을 알고 있습니까? 하나님이 허락하신 지금 이 자리가 합당한 곳임을 인정하며, 날마다 예배와 기도로 평안을 빌어 줍니까?

떨어 버릴 수 없는 전도 대상자, 가족

14 누구든지 너희를 영접하지도 아니하고 너희 말을 듣지도 아니하거든 그 집이나 성에서 나가 너희 발의 먼지를 떨어 버리라 15 내가 진실로 너희에게 이르노니 심판 날에 소돔과 고모라 땅이 그 성보다 견디기 쉬우리라_마 10:14~15

내가 부지런히 전도해도 영접하지 않고 듣지도 않는 사람이 가족 중에 있습니다. 영접하지도 않고 듣지도 않는 자에게서 떠나 발의 먼지를 떨어 버리라고 하십니다. 그런데 그럴 수 없는 사람이 바로 가족입니다.

집이나 성에서 나가 발의 먼지를 떨어 버리라는 것은 가족을 떠나라는 뜻이 아닙니다. 전도가 안 된다고 가정을 떠난다면 어떻게 하나님 나라가 유지될 수 있겠습니까.

여기서 '나가고 떨어 버리는 것'은 안 믿는 식구들의 문화와 가치관에서 떠나는 것으로 적용할 수 있습니다. 배우자와 부모가 계속 복음을 거부한다면, 그들이 제공하는 안락함에서 떠나라는 것입니다. 안 믿는 남편이 주는 돈의 안락함, 안 믿는 아내가 베푸는 친절함을 과감하게 떨어 버리고, "당신이 하나님을 믿지 않으면 아무리 돈을 주고 사랑해 줘도 나는 기쁘지 않다"고 선포하는 것입니다.

말로만 해서는 안 됩니다. 삶으로 돈을 떨어 버리고 집착을 떨어 버리는 모습을 보여야 합니다. 가족이 복음을 거부한다고 떠난다면 내가 평안할 수 있겠습니까? 하나님을 인정하지 않는 내 가족이 소돔과 고모라보다 더한 심판을 받는다는데, 떨어 버리고 편할 수 있겠습니까?

영접하지도 않고 듣지도 않는 자, 믿음을 환대하지 않는 자를 배우자로 택한 것은 바로 나입니다. 내가 선택했으니 그의 구원도 내가 책임져야 합니다. 그러니 어떻게 떠나고 떨어 버리겠습니까. 그래서 결혼 전에 선택을 잘 해야 합니다. 일단 결혼하고 나면 선택의 여지가 없기 때문에, 결혼 전에 잘 깨어서 믿음에 합당한 자를 분별해야 합니다.

앞에서 말씀드린 지겹도록 싸웠다는 부부도 처음에는 너무 사랑해서 결혼했다고 합니다.

우리는 열네 살의 나이 차를 사랑으로 극복하고 결혼한 부부였습니다. 그러나 혼전 임신으로 처가의 마지못한 허락을 받았습니다. 저는 환영받지 못하는 사위였습니다.

아내는 친정 일에는 앞뒤 안 가리는, 애착이 많은 사람이었습니다. 그 애착은 자신의 형제뿐 아니라 그들이 낳은 조카들에게도 심하게 나타났습니다. 자신이 낳은 아들과 조카를 비교하며 의심이 들 정도로 차별했습니다. 저로서는 늦은 나이에 얻은 아들이라, 100일이 될 때까지 아이가 다칠까 봐 품에 안아 보지 못할 정도로 귀했습니다. 그런 내 아들인데, 아내가 조카에게 더 애정을 기울이는 것을 보고는 참 많이 고민하고 갈등했습니다.

어느 날은 농담 삼아 "우리 아이와 조카들이 물에 빠지면 누구를 먼저 구할래?" 하고 물었습니다. 그랬더니 아내는 내 질문이 너무 어리석다는 듯이 "그야 당연하지. 난 조카부터 구해"라고 했습니다. 너무 기가 막혔습니다. 그 소리가 지금도 귀에 쟁쟁할 정도로 충격이었습니다. 그때 생긴 불신으로 서로를 미워하게 됐습니다. 살아오는 동안 내내 싸움만 했습니다. 아내는 가톨릭 신자로 그 안에 예수님이 안 계셨습니다. 저는 교회를 다녀도 예수님을 영접하지 못한 맹인이었습니다. 십자가의 진리와 사랑을 모르니 아내를 믿을 수가 없었습니다. 아내는 이런 저를 이해하지 못했습니다.

지혜가 없으니 사업도 말아먹었습니다. 경제력까지 잃고 졸지에 무능한 남편으로 몰렸습니다. 결국 싸움만 하다가 17년 동안의 결혼생활을 끝내고 이혼했습니다. 아니, 이혼을 당했습니다.

집사님은 비록 이혼했지만, 이제라도 영적으로 눈뜨기를 원한다면서 불쌍히 여겨 달라고 합니다. 이 부부에게 복음이 있었다면 어떻게든 이혼은 막을 수 있었을 것이라고 생각합니다.

일단 결혼하면 떼어 버릴 수 없는 내 가족이 됩니다. 믿음이 다르고 인생의 가치관이 다른 사람과 어떻게 한길을 가겠습니까?

먼저 내 삶의 목적이 영혼 구원이 되어야 합니다. 전도를 위해 살기로 작정하고 날마다 내 욕심을 비울 때, 하나님이 가장 합당한 때에 합당한 자를 허락하실 것입니다. 꼭 남편과 아내가 아니더라도 나를 영접하고 도와줄 사람을 반드시 예비하십니다.

◆ 기회가 있을 때마다 복음을 전해도 영접하지도 않고 듣지도 않는 가족과 동료가 있습니까? 그들에게 의지했던 인간적인 기대를 떨어 버리고, 영적으로 단호한 모습을 보여 주고 있습니까? 더 이상 힘든 것이 싫어서 이혼으로 떨어 버리려 합니까? 내가 전도하지 않아서 지옥의 심판을 받을 수도 있는데, 너무 쉽게 떠나고 떨어 버리는 것은 아닙니까?

말씀으로 기도하기

예수께서 제자들을 보내시며 먼저 이스라엘의 잃어버린 양에게 가라고 하십니다. 전도하러 어디로 갈까 생각한다면 교회를 떠난 잃어버린 양을 찾아가기로 결단해 봅시다.

교회를 떠난 잃어버린 양을 찾아가야 합니다(마 10:5~6).

예수님은 제자들을 보내시며 이스라엘의 잃어버린 양에게 가라고 하십니다. 교회에 대한 상처와 오해로 방황하다가 떠난 영혼을 위해 기도하게 하옵소서. 그들의 아픔을 품으며 내가 먼저 찾아가게 해 주시옵소서.

내가 살아난 간증이 있어야 합니다(마 10:7~8).

인격적으로 주님을 만나 구원받은 간증을 하게 해 주시옵소서. 고난이 있어도 말씀으로 평안을 누리는 간증, 미워하던 사람을 용서하고 천국을 누리는 간증을 하기 원합니다. 거저 받은 은혜로 내가 살아났으니 이제 구원의 간증으로 다른 사람도 살리게 해 주시옵소서.

보상을 바라지 않고 돕는 자가 되어야 합니다(마 10:9~10).

제 전대는 돈에 대한 염려와 걱정으로 늘 채워져 있습니다. 주님의 제자로서 사명을 감당하기 위해 돈에 대한 훈련을 잘 통과하기 원합니다. 돕는 자가 되는 것이 가장 완전한 '영적 무장'이라고 하셨으니, 있는 것을 나누어 돕는 자가 되게 해 주시옵소서. 돈이 없어도 이 땅에서 천국을 누리며 주님을 전하는 자가 되게 해 주시옵소서.

전도에 합당한 자를 분별해야 합니다(마 10:11~13).

지금 내 자리가 나에게 가장 합당한 곳임을 알고 주님이 떠나라 하실 때까지 잘 머물며 전도에 합당한 자를 분별할 수 있게 해 주시옵소서. 또한 "그 집에 들어가면서 평안하기를 빌라" 하신 말씀대로 평안을 빌어 줄 수 있는 자가 되기 원합니다. 먼저 제 안에 평안이 있게 해 주시고, 주신 평안으로 믿지 않는 다른 이들을 전도할 수 있도록 인도해 주시옵소서.

복음 전파를 훼방하는 안락함에서 떠나야 합니다(마 10:14~15).

복음을 모르는 부모와 배우자, 자녀를 의지하면서 그들의 구원을 가로막는 자가 되지 않게 해 주시옵소서. 구원을 훼방하는 안락함과 편안함에서 떠나게 해 주시고, 오직 가족의 영혼 구원이 목적이 되는 삶을 살게 해 주시옵소서.

우리들 묵상과 적용

저는 불심(佛心)이 가득한 부모의 아홉 자녀 중 막내로 태어났습니다. 그러다 아홉 살 때 조실부모하여 고아처럼 자랐습니다. 하지만 고아를 불쌍히 여기시는 하나님의 은혜로 집안에서 유일하게 예수님을 믿는 새언니를 통해 청소년 시절에 주님을 만났습니다.

주님은 제자들에게 "이방인이나 사마리아인이 사는 먼 곳이 아닌, 가까이에 있는 이스라엘 집의 잃어버린 양에게로 가서 천국이 가까이 왔다고 전하라"고 하십니다(마 10:5~7). 주님은 잃어버린 양 같은 저를 불러주셔서 "거저 받은 복음을 거저 전하라"고 하시는데(마 10:8), 저는 그 사명을 잃어버린 채 세상적 욕망만 추구하며 살았습니다. 그러다 2년 전 남편이 퇴직하는 사건이 왔습니다. 30년 동안 한눈팔지 않고 열심히 일하며 임원으로 계속 승승장구할 줄 알았는데, 하루아침에 회사를 그만두게 된 것입니다. 오늘 말씀에서 "너희 전대에 금이나 은이나 동을 가지지 말라"고 하시는데(마 10:9), 저는 남편의 갑작스러운 퇴직으로 대학생인 두 자녀와 경제생활을 누리지 못하는 불편함이 있을까 봐 걱정과 불안과 두려움에 휩싸여 물질에 집착했습니다.

그러던 중 그동안 한 번도 병원에 가본 적 없던 큰딸이 대학교 2학년 때 감기 때문인지 고열에 시달려 약을 먹었는데, 수업 시간에 쓰러지는 일이 있었습니다. 응급실에 있다는 연락을 받았을 때 너무 충격이 컸습니다. 고열의 원인은 신우신염이었습니다. 두 주간 입원 치료를 받고 낫기는 했지만, 조금만 지체되었으면 평생 투석을 했을 것이라는 의사의 말에 가슴을 쓸어내렸습니다. 이렇듯 하나님이 함께하시고 때마다 붙잡아 주셨지만, 저는 여전히 '배낭이나 두 벌 옷이나 신이나 지팡이'를 가지고 싶어 했습니다(마 10:10).

또 그 무렵에 친정 언니로부터 먹음직도 하고 보암직도 한 제의를 받았습니다(창 3:6). 언니가 "사업을 시작하는데 돈을 빌려주면 은행 이자의 세 배를 주겠다"는 것이었습니다. 그동안 몇 차례 사업을 벌여 성공과 실패를 거듭한 언니였기에 그 말을 듣고는 "생각 좀 해 보겠다"고 했습니다. 그리고는 주님을 영접하지도, 듣지도 않는 자가 되어(마 10:14) 집을 담보로 대출까지 받으며 언니에게 돈을 빌려주었습니다. 잃어버린 양을 찾기는커녕 내 전대에 금, 은, 동을 채우기에 급급했습니다(마 10:6, 9). 그랬기에 심판 날이 임하여 소돔과 고모라 땅보다 더 쉽게 무너지는 사건이 왔습니다(마 10:15). 1년을 준비한 언니의 사업이 결국 망하고 만 것입니다. 말씀을 묵상하며 '언니에게 돈을 빌려주지 않았더라면 그 사업을 진행하지 못했을 텐데, 내 욕심 때문에 언니가 사업을 하게 되고 손해를 입었구나'라는 생각이 들어 깊이 회개했습니다. 이제부터라도 오직 구원의 통로가 되는 삶을 살아가기를 소망합니다.

영혼의 기도

하나님 아버지, 주님이 주신 권능으로 전도해야 하는데, 먼저 찾아갈 대상은 이스라엘 집의 잃어버린 어린 양이라고 하십니다.

교회를 다니고 하나님을 안다고 하면서도 잃어버린 양이 되어 방황하는 가족과 친구가 있습니다. 그들을 전도하기 위해 제가 살아난 간증을 전하기 원합니다. 아팠던 내가 고침을 받고, 죽을 것 같던 내가 살아났기에 당신도 하나님을 만나야 한다고, 그렇게 저의 삶으로 증거하기 원합니다.

이스라엘 집의 잃어버린 양을 찾아가려면 전대를 비우고 돈을 내려놓는 훈련이 필요함을 알았습니다. 돈이 있어서 의지하고, 돈이 없어서 염려하는 제 모습이 전도에 걸림돌이 되는 것을 알았습니다. 두 벌 옷을 입은 나의 욕심과 위선을 벗고, 나를 지키기 위한 지팡이도 내려놓게 하옵소서. 오직 말씀에 의지해서 이 땅에서도 천국을 누리는 모습을 보이게 하옵소서.

배우자와 사업 동료와 전도 대상자를 구할 때, 차별이 아닌 분별로 믿음에 합당한 자를 찾게 하옵소서. 제가 전도를 우선순위에 놓을 때 주님이 합당한 자를 허락하실 것을 믿습니다. 지금 있는 자리에서 전도하라고 가장 합당한 환경에 저를 두셨습니다. 그것을 믿고 끝까지 평안을 빌어 줄 때, 제게도 놀라운 평안이 임할 것을 믿습니다.

복음을 전해도 영접하지 않고 듣지 않는 사람에게서 떠나라고 하십니다. 하지만 그런 사람들이 제 가족으로 있으니 어떻게 떠날 수 있겠습니까. 그들이 당할 소돔과 고모라보다 더한 심판을 생각할 때 어떻게 떨어 버릴 수 있겠습니까. 떨어 버릴 수 없는 가족의 구원을 위해 저의 세상 가치관을 떨어 버리게 하옵소서. 인간적인 연민과 기대를 떨어 버리고, 영적으로 단호한 모습을 보이게 하옵소서. 내가 깨어 있음으로 소돔과 고모라의 멸망에서 구원받는 우리의 가정과 직장이 될 수 있게 하옵소서.

전도를 위해 모든 것을 드리는 인생을 살 수 있도록 은혜를 내려 주시옵소서. 예수님 이름으로 기도하옵나이다. 아멘.

18

구원을 얻으리라

마태복음 10:16~23

하나님 아버지,
주님이 베풀어 주신 구원을 끝까지 이루기 원합니다.
구원을 위해 견뎌야 할 것이 있다고 하시니
잘 견딜 수 있도록 말씀하여 주옵소서. 듣겠습니다.

아프가니스탄의 압둘 라흐만이라는 사람이 1990년대에 파키스탄의 한 NGO에서 활동하면서 기독교로 개종했습니다. 이 문제로 이혼까지 해야 했습니다. 벨기에로 망명하려다가 실패하고, 아프간으로 돌아가 사형을 기다리다가 석방되었습니다. 인구의 99%가 이슬람 신자인 아프간에서는 종교의 자유는 허락하지만 개종은 허락하지 않습니다. 그곳에서 예수님을 믿는 것은 죽음을 각오한 결단입니다. 압둘 라흐만이 그토록 원했던 구원은 어떤 것일까요? 구원을 이뤄 가는 과정에 어떤 일들이 기다리고 있을까요?

예고된 핍박과 배신

16 보라 내가 너희를 보냄이 양을 이리 가운데로 보냄과 같도다 그러므로 너희는 뱀 같이 지혜롭고 비둘기 같이 순결하라 17사람들을 삼가라

그들이 너희를 공회에 넘겨 주겠고 그들의 회당에서 채찍질하리라 18 또 너희가 나로 말미암아 총독들과 임금들 앞에 끌려 가리니 이는 그들과 이방인들에게 증거가 되게 하려 하심이라_마 10:16~18

예수님은 전도를 위해 제자들을 파송하시면서, 그들을 보내는 것이 양을 이리 가운데 보냄과 같다고 하십니다. 참으로 힘든 일이 기다리고 있음을 말씀해 주십니다.

당시에 로마는 식민 국가에 관용 정치를 폈기 때문에, 정치적으로 민감한 사안이 아니면 대부분의 영역에 자치권을 허락했습니다. 그래서 여전히 유대교 중심의 사회생활과 종교생활이 유지될 수 있었습니다.

유대인들은 철저한 율법주의자로서 자기들의 율법에 조금만 어긋나면 돌로 칠 정도로 과격했습니다. 전통과 관습으로 똘똘 뭉친 산헤드린 공회는 예수님을 나사렛 이단으로 여기며 핍박했습니다. 거기서 시작된 박해가 로마로 이어져 상상을 뛰어넘는 핍박이 있었고, 많은 순교자가 나왔습니다. 결과적으로는 핍박을 통해 세계에 복음이 전해졌지만, 그 영광을 미리 보지 못하기 때문에 핍박을 견디기가 어렵습니다.

내가 예수님을 믿고 살아난 것을 간증하며 복음을 전할 때, 모두가 같이 기뻐해 줄 것 같지만 그렇지 않습니다. 복음을 위해 가는 길에는 어쩔 수 없는 핍박이 기다리고 있습니다. 북한과 같은 공산국가나 아프가니스탄 같은 이슬람 사회에서는 문자 그대로 크리스천을 넘겨주고 채찍질하는 핍박이 행해지고 있습니다.

그런 핍박이 아니더라도 복음을 전한다는 이유로 조롱과 비웃음을 당하는 일은 얼마든지 있습니다. 사람들이 다 선하고 아름답다는 말은 전도를 한 번도 안 해 본 사람이 하는 말입니다. 나에게 잘해 주고 잘 통하던 사람도 "내가 예수님을 믿고 구원받았다. 당신도 예수님을 믿어야 한다"
고 하면 태도가 돌변합니다. 사람이 이상해졌다면서 비웃고 오해하고, 결
국 점점 멀어집니다.

그런 일들이 기다리고 있기 때문에 예수님은 "이리 가운데로 보냄
과 같도다"라고 말씀하십니다. 이 말씀에는 주님이 나를 보호하실 것이
라는 뜻이 담겨 있습니다. 복음을 전파하는 길에 핍박과 배신이 있을 것
을 알려 주십니다. 우리가 미리 알고 가게 하시는 것이 하나님의 보호하
심입니다.

◆ 복음을 전한다는 이유로 직장에서 따돌림을 당하고 책망을 받습니까? 이리
같이 강하고 무서운 가족이 교회에 못 다니게 핍박합니까? 실제로 매를 맞고
있습니까? 주님이 그 고통과 두려움을 이미 아십니다. 양처럼 연약한 나를 아
시고 보호하시는 주님을 신뢰합니까? 내가 받은 핍박이 전도의 열매로 이어
질 것을 기대합니까?

핍박에 대처하는 우리의 자세 1_ 지혜와 순결

보라 내가 너희를 보냄이 양을 이리 가운데로 보냄과 같도다 그러므로
너희는 뱀 같이 지혜롭고 비둘기 같이 순결하라_마 10:16

우리의 지혜만으로는 복음을 전할 수 없습니다. 선이 없는 지혜는
간사한 것이고, 지혜가 없는 선은 악한 세력을 이기지 못합니다. 말씀으
로 선과 악의 개념을 정립하지 않으면, 사건마다 지혜롭고 순결할 수 없

습니다.

어느 집사님의 남편이 교회 홈페이지에 이런 글을 올렸습니다.

"아내가 살림을 안 해서 일주일 내내 김치만 먹었다. 목사님께서는 가정이 먼저인지 교회가 먼저인지 알려 주시기 바란다."

물론 안 믿는 남편에게는 잠깐 성경을 보는 것도 종일 살림도 안 하고 성경만 보는 것처럼 보일 수 있습니다. 제가 외출도 안 하고 집에서 살림만 하는데도 남편은 "허구한 날 성경만 본다"고 나무라곤 했습니다. 살림을 안 해서가 아니라 성경책을 읽고 기도하는 것이 싫으니까 그런 말을 한 것입니다.

가정과 직장에서 내 할 일을 다했음에도 "성경만 본다. 교회에 미쳤다"는 소리를 듣는 것은 핍박이라고 할 수 있습니다. 정말 믿음 때문에 받은 핍박이라면, 어떤 말을 들어도 종달새의 지저귐같이 들리며 여유가 생깁니다. 그렇지 않고 내 할 일을 안 해서 그런 소리를 들었다면, 그것은 핍박이 아니라 당연히 들어야 할 말입니다. 내가 어느 쪽에 해당하는지는 자신과 하나님만 알 것입니다.

안 믿는 배우자를 전도하려면 얼마나 예민하게 깨어 있어야 하는지 모릅니다. 날마다 순간마다 어떻게 하면 저 사람이 구원받을까 생각하고 깨어 있으려면, 뱀 같은 지혜와 비둘기 같은 순결이 필요합니다.

남편이 제가 성경 읽는 것을 싫어한 것은, 산부인과 의사로서 낙태 수술을 하는 것에 대한 죄책감이 그에게 있었기 때문입니다. 생명을 없애는 수술을 하고 집에 돌아왔는데, 아내가 경건하게 앉아서 성경을 보고 기도하고 있으니 마음이 편할 수 있었겠습니까. 죽음 앞에서 그 죄를 회개하고 구원받았지만, 회개하기 전에는 늘 마음이 괴로웠을 것입니다.

그런 남편에게 무작정 복음을 들이대면서 "당신도 회개해야 해! 구원받아야 해!" 하고 비둘기 같은 순결만 강조한다면 더 강하게 거부하지 않겠습니까? 상대방에게 순결을 강조하지 말고, 내가 구원을 위해 순결한 모습을 보이면 됩니다. 돈도, 좋은 집도, 좋은 차도 아니고 오직 당신의 구원만 원한다는 것을 삶으로 보여 주는 것이 뱀같이 지혜롭고 비둘기같이 순결한 삶입니다.

◆ 전도한다고 하면서 "나는 예수 믿으니 당신들과 다르다"고 순결을 내세웁니까? "예수 믿어도 이 정도는 해도 괜찮다"고 뱀 같은 지혜로 합리화하는 그릇된 신앙을 보여 줍니까? 한 영혼이 얼마나 귀한가를 알고 매사에 조심하며, 알맞은 지혜와 순결을 행하고 있습니까? 말씀 묵상으로 내 욕심을 버리고 순결해질 때 저절로 지혜가 생기는 것을 경험합니까?

핍박에 대처하는 우리의 자세 2_ 사람을 삼가라

17 사람들을 삼가라 그들이 너희를 공회에 넘겨 주겠고 그들의 회당에서 채찍질하리라 18 또 너희가 나로 말미암아 총독들과 임금들 앞에 끌려 가리니 이는 그들과 이방인들에게 증거가 되게 하려 하심이라
_마 10:17~18

우리는 평생 사람과의 관계에서 아파하고 시간을 소모합니다. 겉모습이 종교적이고 교양과 친절함을 지녔어도 사람은 사랑의 대상일 뿐 믿음의 대상이 아닙니다. 그것을 알고 사람을 삼가야 핍박을 이길 수 있습니다. 그런데 대부분 사람을 삼가지 못해서 핍박이 아닌 고생을 자처합니다.

『결혼한 여자』라는 책에서 미국의 여성 사역자 로리 쉐린 홀의 간증을 읽었습니다.

나는 남편이 닉슨 행정부 백악관 의장대 일원일 때 그를 만났다. 선교사의 아들이었던 잭은 선교 현장에서 자라났다. 그를 만났을 때 그는 백악관 보안 허가를 갖고 있었다. 이것은 FBI가 그에 대해 철저히 뒷조사를 했다는 의미이다. 나는 단순히 그가 선교사의 집안에서 자란 배경과 그의 신원 증명이 그의 인격을 보증해 준다고 생각했다. 나뿐 아니라 내 모든 가족과 친구들도 그가 너무 멋지고 흠잡을 데 없는 남자라고 생각했다. 나는 세상에서 제일 운이 좋은 여자인 것 같았다.

결혼 후 남편은 큰 교회의 직원이 되었다. 모든 것이 잘돼 가는 것처럼 보였는데, 나는 무언가 잘못되고 있다는 느낌이 들었다.

남편이 집을 비우는 시간이 너무 많아져서 물었더니, 남편은 하나님께 드릴 시간이 필요하다고 대답했다. 남편에게 집에 머무르는 시간을 늘려 달라고 부탁하면, 그는 항상 이런저런 일들이 끝나면 상황이 좋아질 것이라고 약속하곤 했다.

하지만 그는 집에 돌아오면 너무 피곤해서 아이들과 놀아 주기는커녕 나와 이야기할 여유조차 없었다. 휴가 때조차도 시간이 없었고, 휴가 첫날부터 아프다가 휴가가 끝날 때쯤이면 좋아졌다.

나는 비참한 기분이 들었고, 목사님께 상담을 요청했다. 목사님은 내가 좀 더 순종적인 아내가 되어야 하며, 더 순종적이 된다면 하나님께서 남편을 주장하실 것이라고 했다.

그래서 나는 완벽한 그리스도인 아내가 되기 위해 많은 세미나를 다녔고, 결혼 관련 서적을 읽었으며, 신실한 아내가 되기 위해 알아야 할 모든 것들을 가르쳐 주는 성경공부 모임에 참석했다.

그들은 모두 남편이 무엇을 잘못하더라도 하나님께서는 내가 남편의 보호 아래 거하기를 원하시며 내가 그 지붕 아래 머물러 있을 때 아이들과 나는 하나님의 보호 아래 있는 것이라고 했다. 그가 무엇을 잘못하는가는 문제가 되지 않는다고 했다. 정말 문제가 되는 것은 나의 복종이라고 했다. 그리고 내게는 선택할 권리가 없다고 가르쳤다. 그럼에도 불구하고 이런 가르침들은 내 마음에 죽음과 낙담을 가져왔다.

믿었던 누군가가 나를 속였을 때의 참담함은 나 자신에 대한 신뢰조차 잃게 합니다. 로리 쉐린 홀은 남편이 포르노와 매춘에 연관되었다는 것을 알고 교회 장로들에게 도움을 청했습니다. 그때 그들은 "당신이 좀 더 좋은 아내였다면 당신 남편이 포르노를 찾았겠는가? 당신이 너무 강해서 남편이 편한 여자를 찾아다니는 것이다. 다 당신이 불순종했기 때문이다"라고 말했습니다. 남편의 배신도 감당하기 어려운데 자신의 책임만을 강조하니, 감당이 되겠습니까?

우리들교회에서도 같은 말을 할 때가 많습니다. 남편이 외도를 해도 구원을 위해 순종하고 자신의 죄를 회개하라고 가르칩니다. 말의 내용만 보면 같은 뜻으로 보이지만, 거기에 공감과 배려가 빠져 있다는 것이 문제입니다. 상대방의 고통을 공감하지 않는 가르침은 로리 쉐린 홀의 표현처럼 죽음과 낙담을 가져옵니다. "회개하라, 순종하라"는 말을 하려면 상대방의 고통에 함께 들어가서 그 고통을 나누고자 하는 마음이 있어야 합니다.

장차 형제가 형제를, 아버지가 자식을 죽는 데에 내주며 자식들이 부모

압둘 라흐만이 벨기에 망명에 실패하고 아프간으로 돌아갔을 때, 그가 돌아왔다고 신고한 사람이 부인이었다고 합니다. 다른 사람도 아니고 가장 가까운 가족이 우리를 핍박하고 배신합니다. 우리를 가장 잘 알기 때문에 가장 효과적인 방법으로 우리를 공격합니다.

다음은 로리 쉐린 홀의 글입니다.

우리와 가장 가까운 사람은 우리의 마음 상태를 안다. 그들은 우리가 어떤 부분에 상처를 받는지 알고 있고, 우리를 속이는 방법도 알고 있다. 우리가 가진 힘으로 스스로를 공격하게 할 방법을 잘 안다. 우리의 동정심, 충직, 사랑의 갈구, 우리의 지능과 능력, 우리의 타고난 신뢰는 그들에 의해 용의주도하게 짜여진 드라마 안에서 오히려 우리 자신에 대항해 작용한다. 반면 우리는 우리의 배신자를 믿기 때문에 우리가 가진 것을 몽땅 빼앗기는 것도 느끼지 못한 채 더없이 행복해한다.

인간은 대단한 지위와 학식을 가진 사람을 삼가기가 어렵습니다. 저도 남편이 믿음이 없는 것을 알면서도 의사라는 직업에 부유한 배경이 있으니 삼가지 못했습니다. 로리 쉐린 홀도 선교사 자녀이고 백악관 의장대를 할 정도로 외모가 훤칠한 남편을 삼가지 못했을 것입니다.

그렇게 내가 삼가지 못한 것 때문에 거짓말에 끌려가고 무시의 채찍질을 당할 수 있습니다. 물리적으로 매를 맞으며 비참한 경험을 할 수도 있습니다. 그럴 때 내가 삼가야 할 것은 그것을 피하고만 싶은 나의 인간적인 마음입니다. 다른 사람을 만나면 잘 살 것 같은 그 마음을 삼가야 합니다. 그것을 삼가지 못해서 새로운 사람과 새로운 환경을 좇으면, 또 다른 배신과 핍박으로 무너질 수밖에 없습니다.

우리가 당한 배신이 나를 공격하게 해서는 안 됩니다. 배신을 당했다고 낙담하고 절망하는 것은 사탄이 원하는 것입니다.

요셉은 보디발의 아내를 거절했다가 중상모략을 당해 감옥에 갔습니다. 하지만 하나님은 요셉을 통해 감옥을 형통하게 하셨습니다. 사도 바울은 동족에게 핍박을 받으며 죄수의 몸으로 아그립바 왕 앞에 끌려갔습니다. 죄수의 몸이었기에 자기 돈 하나도 들이지 않고 그토록 원하던 로마에 갈 수 있었습니다. 죄수의 몸이 아니면 만날 수 없는 왕을 만나서 복음을 전했습니다.

내 몸처럼 여긴 배우자와 자녀와 부모와 형제가 나를 배신할 수 있습니다. 가까운 지체들이 나를 모략하고 등을 돌릴 수 있습니다. 그래도 하나님은 나를 보호하십니다. 어떤 배신과 핍박 속에서도 형통의 길을 열어 주십니다. 배신의 훈련으로 사람을 삼가는 지혜를 얻을 때, 복음으로 사람을 얻는 지혜가 저절로 생깁니다.

◆ 배우자의 외도와 거짓말로 원망과 자책의 채찍질을 당하고 있습니까? 동업자의 배신으로 빚에 끌려 다닙니까? 나를 속인 그들을 삼갈 것이 아니라, 하나님보다 그들을 의지했던 나의 어리석음을 삼가야 합니다. 이해타산을 버리고 전도를 위해 관계를 맺을 때 사람을 삼가는 분별력이 생기는 것을 알고 있습니까?

핍박에 대처하는 우리의 자세 3_ 말씀

19 너희를 넘겨 줄 때에 어떻게 또는 무엇을 말할까 염려하지 말라 그
때에 너희에게 할 말을 주시리니 20 말하는 이는 너희가 아니라 너희 속
에서 말씀하시는 이 곧 너희 아버지의 성령이시니라_마 10:19~20

무서운 사람 앞에 서면 저절로 거짓말이 나올 때가 있습니다. 두려
움 때문에 잘못이 없어도 괜한 변명을 합니다. 두려움이 없어야 진실을
말할 수 있습니다. 나를 세상에 넘겨주는 일이 있어도 두려워하거나 염려
하지 말 것은, 고난의 때나 화평의 때나 성령님이 말씀을 주시기 때문입
니다.

남편이 천국에 갔을 때 하나님은 저에게 에스겔 18장의 말씀을 주
셨습니다.

"그러나 악인이 만일 그가 행한 모든 죄에서 돌이켜 떠나 내 모든 율
례를 지키고 정의와 공의를 행하면 반드시 살고 죽지 아니할 것이라 그
범죄한 것이 하나도 기억함이 되지 아니하리니 그가 행한 공의로 살리라
주 여호와의 말씀이니라 내가 어찌 악인이 죽는 것을 조금인들 기뻐하랴
그가 돌이켜 그 길에서 떠나 사는 것을 어찌 기뻐하지 아니하겠느냐"(겔
18:21~23).

남편이 자기 죄를 회개한 것이 공의를 행한 것이라고, 몸은 죽어도
영은 살아난 것이라고 말씀하셨습니다. 아들이 입시에 실패했을 때도, 딸
이 붙었을 때도 말씀을 주셨습니다. 말씀이 있어서 아이들도 떨어졌다고
낙심하지 않고 붙었다고 교만하지 않으며 결과를 잘 받아들였습니다.

평신도 사역을 할 때도 성령님이 주시는 말씀이 있었기에 목회자 세

미나와 신학교 집회에서 감히 강사로 설 수 있었습니다. 20여 년 동안 남편의 구원을 간증해도 에스겔 말씀이 있었기에 듣는 사람들도 지루해하지 않았습니다. 그렇게 인생의 때마다 말씀을 주신 것은 언제 어디서나 십자가를 지라고 주신 것입니다. 잘난 척하라고 주신 적은 한 번도 없습니다. 남을 가르치라고 주신 것이 아니라 항상 나 자신을 보라고, 내 삶의 목적을 깨달으라고 말씀을 주셨습니다. 그 말씀으로 저만 살아나는 것이 아니라 다른 사람도 살아나게 하셨습니다.

성령님이 주시는 말씀은 지혜롭고 순결한 것입니다. 흑백논리로 잘잘못을 따지는 것이 아니라 서로를 살리는 생명의 처방입니다.

◆ 다른 종교를 믿는 시댁 식구들, 크리스천을 혐오하는 직장 상사가 두려워 교회 다니는 것도 숨기고 있습니까? 내 말로는 그들을 설득할 수 없기에 때마다 성령의 도우심을 구합니까? 신학 지식보다 내 삶에 적용한 성경 한 구절에 전도의 영향력이 있음을 알고 있습니까?

견디는 자는 구원을 얻습니다

또 너희가 내 이름으로 말미암아 모든 사람에게 미움을 받을 것이나 끝까지 견디는 자는 구원을 얻으리라_마 10:22

여기서 '구원'은 그리스도의 십자가에서 단번에 이뤄진 죄 사함의 구원이 아니라, 천국 가는 날까지 이뤄야 할 구원입니다. 이 세상에서 구원을 얻을 이름은 예수님밖에 없습니다. 예수님을 믿는다는 것은 십자가를 지는 삶입니다. 세상은 십자가를 알 수 없기에 예수 믿는 사람을 미워합니다. 악하고 음란한 세상에서, 세상과 타협하지 않고 사는 것은 미움받을 일입니다. 그것이 힘든 것을 아시기에, 주님은 끝까지 견디는 자는 구원을 얻으리라고 약속하십니다.

> 이 동네에서 너희를 박해하거든 저 동네로 피하라 내가 진실로 너희에게 이르노니 이스라엘의 모든 동네를 다 다니지 못하여서 인자가 오리라_마 10:23

고린도전서 10장 13절에 보면 "사람이 감당할 시험밖에는 너희가 당한 것이 없나니 오직 하나님은 미쁘사 너희가 감당하지 못할 시험 당함을 허락하지 아니하시고 시험 당할 즈음에 또한 피할 길을 내사 너희로 능히 감당하게 하시느니라"고 합니다(고전 10:13).

'피할 길'은 예수님뿐입니다. 우리가 피할 곳은 환경이 아닙니다. 우리가 가장 안전하게 피할 곳은 하나님 나라와 예수님뿐입니다.

제가 결혼 초에 시집살이를 하면서 견디기 힘들었던 이유는, 제게 능력이 있었기 때문입니다. 이혼해도 피아노 레슨을 하면서 돈 벌면 잘 살 것 같았습니다. 재혼도 할 수 있을 것 같았습니다. 내 힘으로 할 수 있다고 생각하니 견디기가 힘들었습니다.

이혼으로 피하고 싶었지만, 그것은 피할 길이 아니었습니다. 대학원에 가서 음대 교수의 길로 피하고 싶었지만, 그것도 피할 길이 아니었습니다. 오직 예수님만이 저의 피할 길이 되어 주셨습니다. 때마다 말씀을 주셔서 견디게 하시고, 남편의 구원을 이뤄 주셨습니다.

자녀에게 가장 큰 선물은 호적을 더럽히지 않는 것입니다. 알코올중독자이든 마약중독자이든 부부가 이혼 안 하고 끝까지 산 것이 혼인 예단 1호입니다. 그만큼 결혼생활을 지키는 것이 힘든 것입니다. 힘든 일을 모두 견디고 같이 살았다는 것만으로도 존경받아야 합니다.

"모든 동네를 다 다니지 못하여서 인자가 오리라"는 말씀은 재림의 긴박성을 강조하기보다는, 재림 이전에는 온전한 구원을 이루지 못함을 표현한 것입니다.

내가 아무리 견디고 노력해도 이 땅에서 가족의 구원을 못 보고 갈 수 있습니다. 그래서 할 수만 있다면 때를 얻든지 못 얻든지 복음을 전해야 합니다. 그 일을 위해서 용서할 수 없는 사람을 용서하고, 사랑할 수 없는 사람을 사랑하고, 나중까지 견디는 것이 예수님께 피하는 것입니다. 구원 때문에 참을 수 없는 일을 참는 것이 이 시대의 순교입니다.

◆ 이를 악물고 견뎌야 할 핍박과 고난이 있습니까? 나의 인간 승리가 아니라 구원을 위해 견딜 때 감당할 힘을 주시는 것을 경험합니까? 견디기 싫어서 여행과 쇼핑과 이혼으로 피하는 나 때문에 구원이 늦어지는 것은 아닙니까? 혼자서 견딜 수 없기에 매일 큐티로, 예배로, 소그룹 모임으로 피하고 있습니까?

...

내가 아무리 견디고 노력해도
이 땅에서 가족의 구원을 못 보고 갈 수 있습니다.
그래서 할 수만 있다면 때를 얻든지 못 얻든지 복음을 전해야 합니다.
그 일을 위해서 용서할 수 없는 사람을 용서하고,
사랑할 수 없는 사람을 사랑하고, 나중까지 견디는 것이
예수님께 피하는 것입니다.
구원 때문에 참을 수 없는 일을 참는 것이 이 시대의 순교입니다.

...

말씀으로 기도하기

구원을 위해 견뎌야 할 것이 있습니다. 핍박과 배신을 견디기 위해 지혜와 순결로 사람을 삼가 조심하고 말씀을 읽으며 구원을 이루어 가야 합니다.

복음을 전하는 길에 예고된 핍박과 배신이 있습니다(마 10:16~18).

복음을 위해 가는 길에 핍박이 있다고 하시니 두렵습니다. 그러나 수많은 핍박을 통해 세계에 복음이 전해진 것을 기억하게 하옵소서. 내가 받을 고통으로 두려워하기보다 구원이 이루어지지 못할까 두려워하는 믿음을 가지게 해 주시옵소서.

지혜와 순결이 있어야 합니다(마 10:16).

복음을 전하기 위해 매 순간 깨어 구원을 선택하는 지혜를 허락해 주시옵소서. 내 욕심을 내려놓고 헌신하는 순결한 자가 되게 해 주시옵소서. 상대방에게 순결을 강요하지 않고 구원을 위해 내가 먼저 순결을 지키며, 뱀과 같은 지혜로 핍박에 대처하게 해 주시옵소서.

사람을 삼가야 합니다(마 10:17~18, 21).

사람의 겉모습과 배경에 미혹되어 고생과 핍박을 자처하는 저를 불쌍히 여겨 주시옵소서. 더 좋은 것을 누리기만 바라기에 사람에게 속고 배우자에게도 원망의 채찍을 휘두르는 것을 깨달았습니다. 사람을 믿음의 대상으로 삼지 않고 주님을 증거해야 할 사랑의 대상으로 바라보게 해 주시옵소서.

말씀을 붙들어야 합니다(마 10:19~20).

인생의 때마다 주시는 말씀으로 나의 십자가를 잘 지게 해 주시옵소서. 고난의 때나 화평의 때나 오직 성령님이 주시는 지혜롭고 순결한 말씀을 붙들며 나도 살고 남도 살리는 인생이 되게 해 주시옵소서.

예수님에게 피해야 견딜 수 있습니다(마 10:22~23).

악하고 음란한 세상에서 예수님을 믿는 것이 미움받을 일이라는 것을 알게 해 주셔서 감사합니다. 세상에서 미움을 받을수록 예배와 주님의 말씀으로 피하여 견디게 해 주시옵소서. 구원 때문에 용서할 수 없는 사람을 용서하고 참을 수 없는 일을 참으며 복음을 전하는 때를 얻도록 인도해 주시옵소서.

우리들 묵상과 적용

어려서 가난했던 저와 달리 아내는 결혼하기 전에 서울에 있는 안정된 직장에 다니고 있었습니다. 날씬한 외모에 직장을 마치면 영어 학원까지 다니며 자기계발에도 열심이었습니다. 억척스러운 장모님을 닮아 살림도 잘하고, 돈도 잘 벌 것 같아서 선뜻 결혼했습니다. 그런데 막상 결혼하고 보니 아내는 살림도 못하고, 억척스럽지도 않고, 날씬하지도 않아 실망이 컸습니다. 그때부터 저는 아내가 미워져 조기 축구회에 열심히 나가고, 직장 동료들과 밖으로 나돌았습니다. 그러자 이런 저를 힘들어하던 아내는 교회에 다니기 시작했습니다. 아내가 교회에 열심히 다닐수록 저는 세상 밖으로 더 열심히 돌아다녔습니다. 그러던 중 아내가 운영하던 족발 가게가 망하는 사건을 계기로 저도 아내를 따라 교회를 다녔습니다. 그런데 저는 아내가 집안일도 내팽개치고 너무 열심히 교회를 섬기는 것이 못마땅해서 '아내에게 창피를 줘서 교회를 못 다니게 복수해야겠다'고 생각하고, 교회 홈페이지에 이런 글을 올렸습니다.

"아내가 살림을 안 해서 일주일 내내 김치만 먹었다. 목사님은 가정이 먼저인지, 교회가 먼저인지 알려 주시기 바랍니다."

그리고 직장에 있는 아내에게 연락해서 "교회 홈페이지에 올린 글을 보라"고 했습니다. 글을 본 아내는 즉시 저에게 전화를 해서 "글을 내리지 않으면 직장을 그만두고 집에서 살림만 하겠다"고 했습니다. 저는 아내가 진짜로 직장을 그만둘까 봐 무서워서 얼른 그 글을 지웠습니다. 그런데 그사이에 9명의 성도가 그 글을 보았는데, 그중에 담임 목사님이 있었습니다. 그리고 주일설교 때 담임 목사님은 제 글을 인용하시며, 아내에게 "진짜 살림을 안 해서 남편에게 박해를 받는 것인지, 주님을 위해서 박해를 받는 것인지 자신과 하나님은 알 것입니다. 가정 회복을 위해 스스로 적용을 잘 하시라"고 하셨습니다.

무려 12년 전의 일입니다. 그때는 정말 믿음도 없고, 말씀을 들어도 무슨 뜻인지도 잘 몰랐습니다. 지금도 저는 여전히 문제 많은 남편이고, 아버지입니다. 아들이 학교 부적응으로 힘들어 자퇴하려고 할 때도 저는 아내에게 모든 걸 맡기고 수수방관했습니다. 여기저기 다니며 "아내가 살이 너무 쪘다"고 불평을 해 댔습니다. 그리고 아들이 아파서 병원에 다니며 쓰는 돈을 아까워하기도 했습니다. 예수님은 제자들을 파송하시며 "양을 이리 가운데로 보냄과 같도다"라고 하십니다(마 10:16). 말씀을 보니 이 말씀 속의 '이리'가 바로 저였던 것 같습니다. 양 같은 아내를 20년이 넘도록 헐뜯고 미워하고 비방했습니다. 이제야 비로소 아내를 힘들게 한 죄가 깨달아집니다. 미움과 박해에도 불구하고, 저의 구원을 위해 오래 참고 견디고 기다려 준 아내가 너무나 고맙습니다(마 10:22~23).

영혼의 기도

하나님 아버지, 예수님을 믿는 것이 이 땅에서는 박해받는 삶인 것을 알았습니다. 그 핍박이 가까운 사람들에게 당하는 것이기에 더 아프고 힘듭니다. 하지만 끝까지 견디는 자는 구원을 얻으리라고 하시니, 그 약속을 믿고 걸어가기 원합니다. 저의 모든 환경이 복음을 전할 환경으로 쓰임받게 하옵소서. 이를 위해 낙심하지 않도록 힘주시옵소서.

주님이 저를 이리 가운데 보낸 것을 아시고 보호하심을 믿습니다. 박해를 이기기 위해 뱀같이 지혜롭고 비둘기같이 순결한 삶을 살게 하옵소서. 말씀으로 잘 분별하고 가기 원합니다. 내 힘으로는 사람을 삼갈 수 없습니다. 내 욕심과 감정으로 사람을 삼가지 못했기에 비참한 사건이 찾아온 것을 인정하기 원합니다. 내가 사람을 삼갔는데도 박해가 왔다면, 그것으로 복음이 널리 전해지고 구원이 이뤄질 것을 믿음으로 바라보게 하옵소서.

끝까지 견디기가 힘들기에 피할 길을 준다고 하십니다. 그러나 피할 길은 환경을 피하는 것이 아니라 예수님뿐임을 알기 원합니다. 내 삶에서 십자가 지는 것만이 피할 길입니다. 때마다 예배와 말씀으로 피하게 하시고, 견딜 수 있는 힘을 주시옵소서.

반드시 구원을 얻는 우리의 가정과 교회와 나라가 되게 하옵소서. 예수님 이름으로 기도하옵나이다. 아멘.

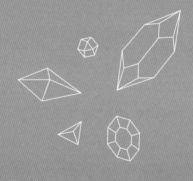

19

두려워하지 말라

마태복음 10:24~33

하나님 아버지, 인생의 시기마다
수많은 두려움이 있습니다.
두려워하지 말라는 주님의 음성을 들으며
두려움을 이길 수 있도록
말씀하여 주옵소서. 듣겠습니다.

우리들교회의 정 집사님에게 두려운 일이 생겼습니다.

남편이 드디어 교회에 나와서 부부 소그룹 모임과 주일예배에 참석하겠
다고 했습니다. 그런데 2주 정도 부부 소그룹 모임에 참석하더니, "내가
왜 거기 가서 힘든 이야기를 들어야 하는 거야! 나같이 아무 문제없는 사
람이 왜 망하고 아픈 이야기를 듣고 있어야 하냐!"고 소리를 질렀습니다.
그래도 일주일 동안 기분을 맞춰 주고, 주일 아침에 같이 교회에 가자고
부드럽게 권면했습니다. 그래도 안 간다고 해서 아이들만 데리고 나섰습
니다. 그러자 남편은 "애가 감기에 걸렸는데 어딜 데려가! 그 교회는 건물
도 없이 학교에서 예배를 드리잖아. 세균이 득실거리는 데를 왜 데려가!"
하면서 무섭게 화를 냈습니다.
그동안 "교회에 미쳤다"는 폭언에 시달리기도 하고 멱살을 잡히기도 했
습니다. 그 모든 것을 견뎌서 드디어 교회에 오게 됐다고 기뻐했는데, 남
편은 전혀 달라지지 않았습니다.

두려워할 수밖에 없는 이런 상황에서도 주님은 두려워하지 말라고 하십니다. 우리가 두려워하지 말아야 할 이유를 말씀으로 알려 주십니다.

주님이 본을 보이셨기에 두렵지 않습니다

24 제자가 그 선생보다, 또는 종이 그 상전보다 높지 못하나니 25 제자가 그 선생 같고 종이 그 상전 같으면 족하도다 집주인을 바알세불이라 하였거든 하물며 그 집 사람들이랴_마 10:24~25

예수님은 마태복음 5장의 산상수훈을 통해 복 있는 사람은 가난하고 애통하고 의를 위해 박해받는 자라고 가르치셨습니다. 예수님을 믿음으로 곧 박해가 예고된 인생임을 알려 주신 것입니다.

악하고 음란한 세상에서 믿음을 지키면 박해는 당연히 옵니다. 오늘도 바리새인들은 예수님에게 '귀신의 왕 바알세불'이라고 합니다. 우리의 선생이고 상전이고 주인이신 예수님도 그런 모욕을 당하셨는데, 나라고 박해와 모욕을 피할 수 있겠습니까? 예수님이 억울한 대접을 받으셨는데, 나를 대접해 주지 않는다고 원망할 수 있습니까?

어느 주간지에서 칼럼 한 편을 읽었습니다.

불행한 부부는 서로를 잘 모른다. 배우자가 무슨 색깔을 좋아하는지, 어느 친구를 가장 신뢰하는지, 친척 중 누굴 가장 싫어하는지, 어떤 경험이 가장 자랑스러웠는지, 꼭 이루고 싶은 꿈이 무엇인지 등을 모를 뿐 아니라, 알려고 관심조차 갖지 않는다.

몇 달 전 60대 부부가 상담을 받으러 왔다. 표면상의 이유는 남편의 의처증 때문이었는데 아내의 일거수일투족을 감시한다는 이 남편은 놀랍게도 '사랑의 지도' 검사에서 빵점을 받았다. '사랑의 지도' 검사란 가트맨 연구소에서 개발한 것으로 배우자를 얼마만큼 아는가를 측정하는 질문이다. 그 남편은 20개 질문 가운데 단 한 가지도 못 맞혔다. 첫 상견례 때 입었던 옷을 기억 못하는 것쯤이야 눈감아 준다 하더라도 심지어 40년 가까이 함께 살아온 아내가 어떤 음식을 가장 좋아하는지조차 몰랐다. "아내는 특별히 좋아하는 음식이 없다"고 답한 것이다.

"그렇습니까?" 하고 아내에게 물으니 한참 머뭇거리던 아내는 목멘 소리로 "난 멸치 국물에 말아먹는 국수를 제일 좋아한다"면서 눈물을 떨구었다. 어딜 가도 자기가 좋아하는 음식만 시킬 줄 알았지, 아내에게 뭘 먹고 싶은지 한 번도 물어본 적이 없다고 흐느끼는 것이다.

_ 최성애, "열애의 지속 기간은 2년?"《위클리 조선》, 1898호

제 남편도 저를 감시하듯 하고 외출도 못 하게 했지만, 정작 저에 대해서는 아는 것이 없었습니다. 남편은 저를 사랑한다고 생각했지만, 제가 뭘 싫어하고 좋아하는지도 몰랐습니다. 그러니 저는 전혀 대접을 못 받고 살았습니다.

어려서는 아들을 기다리던 어머니에게 넷째 딸로 태어나서 대접을 못 받았습니다. 시집을 가서도 살림을 못 한다고 대접을 못 받았고, 가사 도우미에게도 무시를 당했습니다. 목사가 된 뒤에는 여자 목사라는 이유로 종종 대접받지 못 하는 일이 있습니다. 그렇게 시기별로, 종류별로 대접을 못 받게 하셔서 하나님만 사모하게 된 것이 저에게는 감사의 제목입니다.

남편이 내가 좋아하는 음식을 기억하고 대접해 준다고 행복하겠습니까? 어떤 대접을 받아도 믿음으로 말이 통하지 않으면 만족이 없습니다. 그것을 깨달으면서 사람은 의지의 대상이 아니라는 것을 점점 배워가는 것입니다.

세상이 이해할 수 없는 하나님 나라의 원리를 삶으로 보여 주려니 이 땅에서는 대접을 못 받는 것이 정상입니다. 세상에 나가서 대접을 받는지 못 받는지가 내가 세상에 속했는지 아니면 하나님 나라에 속했는지를 보여 줍니다.

집안의 가장인 아버지의 사업이 망하면 온 가족이 같이 망하는 것입니다. 자식도 허리띠를 졸라매고 절약해야 합니다. "아빠는 망했지만 빚을 내서라도 너를 공부시키고 좋은 옷을 사 입히겠다!" 이러는 것은 사랑이 아닙니다.

나의 주인이신 예수님이 바알세불이라고 조롱받으셨으니, 나도 조롱받는 것이 당연합니다. 예수님이 핍박을 받으셨으니 그분을 따르는 나에게도 핍박이 오는 것이 당연합니다.

> 그런즉 그들을 두려워하지 말라 감추인 것이 드러나지 않을 것이 없고 숨은 것이 알려지지 않을 것이 없느니라_마 10:26

선생이고 주인이신 예수님이 박해받는 본을 보이시기에 두려워하지 말라고 하십니다. 오늘 말씀에 "두려워하지 말라"는 표현이 세 번 나옵니다. 28절에서는 하나님만 두려워하라고 말씀하십니다.

우리는 왜 두려워하지 말아야 할 대상을 두려워할까요? 내 욕심 때문입니다. 남편이 일에는 집중을 안 하고 주식에 빠져 있으면, 언제든 망할 수 있다는 것을 예비하고 가야 합니다. 그런데 망하지 않기를 바라는 욕심 때문에 두려움이 생깁니다. 자식이 공부를 안 하면, 대학에 떨어질 수 있다는 것을 예비하고 가야 합니다. 자식이 공부를 안 하는데도 대학에 붙기를 바라는 그 욕심 때문에 떨어질까 봐 두려운 것입니다.

힘든 배우자와 문제아 자녀를 섬기면서 참고 살았어도, 내가 욕심으로 참았는지 구원을 위해 참았는지는 언젠가 드러납니다. 내가 어떤 마음으로 살았는지, 감춰진 것이 드러나지 않을 것이 없습니다.

제가 남편을 사랑하지 않으면서 구원을 위해 목숨을 내놓고 기도할 수 있었겠습니까? 사랑 없이 겉으로만 구원을 원했다면, 갑작스러운 남편의 죽음 앞에서 너무나 두려웠을 것입니다. 진심으로 남편을 사랑하고 그의 구원을 원했습니다. 그랬기에 쓰러진 남편을 붙들고 "당신이 회개하고 천국 가지 않으면 내가 살 소망이 없다"고 부르짖을 수 있었습니다.

감춰진 욕심으로 한 것은 때가 되면 드러납니다. 아무도 내 헌신을 알아주지 않고 숨어서 산 것 같아도, 구원을 위해 한 일은 반드시 드러나게 하십니다.

"감추인 것이 드러나지 않을 것이 없고 숨은 것이 알려지지 않을 것이 없느니라"는 말씀은 구원을 위해 참는 사람에게는 소망의 구절이고, 욕심으로 하는 사람에게는 두려움의 구절일 것입니다.

◆ 내 시간과 물질을 들여서 전도하는데, 아무도 나를 대접해 주지 않는다고 속상해합니까? 주님이 받으신 모욕과 박해를 생각할 때 내가 받는 칭찬과 대접이 분에 넘치는 것임을 인정합니까? 지금은 알아주는 이가 없어도, 구원을 목적으로 섬기는 모든 것이 언젠가 열매로 나타날 것을 믿습니까?

말씀이 있어 두렵지 않습니다

내가 너희에게 어두운 데서 이르는 것을 광명한 데서 말하며 너희가 귓
속말로 듣는 것을 집 위에서 전파하라_마 10:27

아무리 어두운 처지에 있어도 주님이 이르시는 말씀이 있으면 두렵
지 않습니다. 우리에게는 각자 '어두움'이 있습니다. 몸이 아픈 어두움, 돈
이 없는 어두움, 배반당한 어두움……. 그 어두움 가운데서 주님이 말씀
하십니다. 어두움의 시간을 보낼 때 달고 오묘한 말씀을 깨닫습니다. 그
말씀을 잘 듣고 있으면 광명한 데서 전파할 때가 옵니다.

저야말로 어두운 데서 말씀을 듣던 사람인데, 이제 이렇게 광명한
데서 전파하게 되었습니다. 복음 전파는 비밀스럽게 하는 것이 아닙니다.
비밀스럽게 자신들의 정체도 잘 안 밝히면서 꼭 와 봐야 한다고 하는 것
이 이단의 특징입니다. 내가 어두운 데서 말씀을 들었어도 그 말씀이 나
를 살렸기 때문에 광명한 데서 말씀을 전파합니다. 그것이 다른 사람을
살리는 약재료가 되는 것입니다.

몸은 죽여도 영혼은 능히 죽이지 못하는 자들을 두려워하지 말고 오직
몸과 영혼을 능히 지옥에 멸하실 수 있는 이를 두려워하라_마 10:28

모든 두려움의 밑바닥을 들여다보면 거기에 '목숨'이 있습니다. 우
리는 내 목숨을 유지시켜 주는 것을 잃을까 봐 두려워합니다. 돈과 명예
와 남편과 건강과 직장 상사가 내 목숨을 지켜 주는 줄 알고 그것들을 잃
을까 봐 두려워합니다. 하지만 그것들은 내 목숨을 어쩌지 못합니다. 건

강을 잃고 병에 걸려서 죽는다고 해도 몸이 죽는 것이지 영혼을 죽이지는 못합니다. 암이 무섭고 사고가 무서워도 그것들이 나를 지옥에 보낼 수는 없습니다.

두려워하지 말아야 할 대상과 두려워해야 할 대상을 잘 분별해야 합니다. 무엇을 두려워하라고 하십니까? 몸과 영혼을 능히 지옥에 멸하실 수 있는 하나님을 두려워하라고 하십니다. 무엇을 두려워하지 말라고 하십니까? 몸은 죽여도 영혼은 죽이지 못하는 질병과 권위와 돈을 두려워하지 말라고 하십니다.

> 29 참새 두 마리가 한 앗사리온에 팔리지 않느냐 그러나 너희 아버지께서 허락하지 아니하시면 그 하나도 땅에 떨어지지 아니하리라 30 너희에게는 머리털까지 다 세신 바 되었나니 31 두려워하지 말라 너희는 많은 참새보다 귀하니라_마 10:29~31

'한 앗사리온'은 가난한 노동자 하루 품삯의 십육분의 일입니다. 보잘것없는 가치의 참새 한 마리라도 주님이 떨어지지 않게 지키십니다.

고(故) 옥한흠 목사님이 개척교회를 세우던 시절에, 강대상에 종종 쥐가 올라왔다고 합니다. 그래서 쥐를 쳐다보면서 이러셨답니다.

"네가 강대상에 아무리 올라와도 하나님을 알겠느냐. 그렇다고 기도를 하겠느냐, 찬송을 하겠느냐. 그저 먹고 새끼 낳는 것밖에 모르는데 하나님이 너를 먹이시는구나."

이렇게 쥐도 먹이시고 참새도 먹이시는 하나님인데, 하물며 우리를 귀하게 여기지 않으시겠습니까? 왜 그렇게 염려와 두려움이 많습니까?

서울 강남에 사는 한 주부가 생각난다. 그를 보면 깔고 앉은 집값과 행복은 별 상관이 없음을 느낀다. 비싼 집에 살지, 남편도 돈 잘 벌고 건강하지, 애들도 활달하고 공부 잘하지, 뭐 하나 아쉬울 게 없어 보인다. 그런데도 늘 초조하고 불안하다. 옆에 있는 사람들이 짜증 날 정도다.

단적인 예로 그는 애들을 한시도 가만두지 않는다. 문제지 다 풀었냐, 숙제 다 했냐, 학원엔 안 늦었냐…… 끝없이 확인한다. 거실에서 연속극을 보면서도 안테나는 애들 방으로 가 있다. 아이가 시험을 앞두고 있으면 엄마의 불안은 절정에 이른다. 애들은 태연한데 엄마는 죽을 지경이다. 잠도 못 잔다. 큰애 중학교 입학을 앞두고는 원형탈모증에 걸려서 머리가 한 움큼씩 빠지기도 한다.

큰애가 유치원생일 때부터 그랬다. 계속 다른 집 애들과 비교하면서 이 학원 저 학원을 섭렵했다. 맹모삼천지교를 실천하듯 일산에서 목동으로, 목동에서 대치동으로 옮겨 왔다.

문제는 말로만 닦달을 한다는 점이다. 애들을 딱 휘어잡고 이끌어 가느냐 하면 그렇지도 못하다. 아이에게 도움이 되는지도 의문이다. 뭔가를 집중해서 할 시간을 주지 않아 오히려 방해가 되는지도 모른다. 이건 애들을 위한 게 아니다. 자기 불안감을 달래려고 확인하는 것뿐이다. 애들도 그걸 안다. "엄마, 제발 좀 그만 종종거려!"

어려서부터 성격도 활달하고 사교성 있던 그가 왜 이렇게 됐을까? 그에게는 잠재적인 콤플렉스가 있었다.

친정 형제들은 다 공부를 잘했는데 그녀만 좀 처졌다. 어차피 그쪽으로는 틀렸다 싶어서 그랬는지 능력 있는 남자와 일찍 결혼을 했고, 결혼과 동시에 직장도 그만두고 완벽한 가정을 꾸리는 데 매진했다.

그러나 마음 바닥에 깔려 있는 불안과 열등감은 쉽게 지워지지 않았다.

그녀가 가장 초조해질 때는 아이가 뭔가에 금방 답을 못할 때다. 애들은 어른보다 머리가 빨리 돌아가지 않는 게 당연하다. 어른과 전혀 다른 방향으로 독창적인 생각을 하기도 한다. 그래서 어른이 기대하는 답을 얼른 내놓지 못하거나 엉뚱한 답을 하기도 한다. 그녀는 이럴 때마다 '혹시 내가 옛날에 공부를 못해서 애도 그런 게 아닐까?' 불안해진다고 한다. 자기가 자신감이 없으니 애를 자꾸 다그치게 된다.

그의 남편도 힘들어하고 있다. 집에 가 봐야 애들은 아내가 밀착 수비를 하고 있으니 자기가 끼어들 여지가 별로 없다. 괜히 끼어들어 봤자 애들에게 스트레스만 더 주거나 애 엄마에게 모르는 소리 말라고 타박 받기 쉽다. 그래서 주말이면 골프장으로 직행하는데, 쿨(cool)하게 사는 것 같지만 사실은 콜드(cold)하다.

_ 우종민, "불안한 엄마, 불행한 가족"《한겨레 21》, 제559호

열등감 때문에 두려움이 많은 엄마에게 리더십이 있겠습니까? 환경이 좋으면 그것에 만족하고 감사해야 합니다. 그런데 과거의 열등감에서 벗어나지 못하고 종종거리니, 자식들도 엄마를 무시합니다. 매사에 욕심이 많아 두려워하기 때문에 매력 없는 엄마, 매력 없는 아내가 된 것입니다.

저의 친정어머니는 교회에서 살았다고 해도 과언이 아닐 정도로 열심히 섬기다가 돌아가셨습니다. 새벽예배 때마다 교회 화장실 청소를 하려고 남들보다 일찍 가셨습니다. 전도하려고 남의 집 빨래도 해 주고 김치까지 담가 주셨습니다. 교회 행사와 겹쳐서 제 졸업식에 안 오신 적도 있습니다.

저는 그런 엄마 밑에서 학부모의 지원이 절대적으로 필요한 피아노

를 전공했습니다. 모든 것을 스스로 알아서 했습니다. 레슨 선생님도 제가 알아보고 부탁해서 수업을 받았습니다. 저에게 믿음이 없었다면 엄마가 적극적으로 보살펴 주지 않은 것이 상처가 되었을 것입니다. 요즘 엄마들 기준에 비춰 보면 우리 엄마는 빵점을 넘어서서 마이너스 백 점 엄마입니다.

그러나 하나님은 저희 네 자매를 모두 좋은 학교에 보내 주셨습니다. 엄마가 종종거리며 공부하라고 잔소리하지 않았어도, 과외 한번 못 받았어도 다들 좋은 학교에 들어가서 자리를 잡았습니다. 지금도 자매들이 모이면 우리가 대학에 간 것은 정말 하나님의 은혜라고 입을 모읍니다. 하나님이 엄마의 진심을 보시고 저희를 키워 주셨기 때문입니다. 내자식만 끼고돌지 않고 교회와 다른 사람들을 섬긴 엄마의 삶이 있었기에, 평범하게 자란 저희 자매들이 선교사와 교육자로 각자의 위치에서 사람들을 섬기고 있습니다.

28절에 나오는 '지옥'은 헬라어로 '게헨나'입니다. 유다 왕 아하스가 자기 아들을 우상의 제물로 바친 '힌놈의 골짜기'와 같은 어원입니다. 아하스는 자기 명예를 위해 아들을 불 사이로 지나가게 하며 우상의 제물로 바쳤습니다(대하 28:3). 자식을 성공 우상과 돈 우상에 바치는 것이 지옥입니다. 자식을 위해서가 아니라 부모의 욕심으로 자식을 들들 볶는 것이 바로 지옥입니다.

머리털까지 세시는 하나님이 내 자식을 키워 주십니다. 참새 한 마리와는 비교할 수 없는 나와 내 자녀를 창조주 하나님이 책임지십니다. 하나님이 키워 주시는 사람이 일등입니다. 그것을 믿고 내가 다른 사람을 섬기면, 하나님이 그 섬김을 다 갚아 주십니다. 부모가 삶으로 모범을 보이는 것이 일류 교육입니다.

◆ 나의 어두운 사건 속에서 들려주신 말씀이 있습니까? 그 은혜가 너무 감사해서 두려움 없이 증거하고 있습니까? 입시가 두렵고 취업이 두려워서 '예배보다 공부가 우선'이라고 자식을 학원으로 내몰지는 않습니까? 이 땅에서 참새 같은 평범한 존재로 살아도 생명의 주인이신 하나님을 알게 하는 것이 최고의 교육인 것을 알고 있습니까?

주님이 나를 시인하시니 두렵지 않습니다

32 누구든지 사람 앞에서 나를 시인하면 나도 하늘에 계신 내 아버지 앞에서 그를 시인할 것이요 33 누구든지 사람 앞에서 나를 부인하면 나도 하늘에 계신 내 아버지 앞에서 그를 부인하리라_마 10:32~33

사람이 마음으로 믿어 의에 이르고, 입으로 시인해서 구원에 이른다고 했습니다(롬 10:10). 조오련 선수는 현해탄을 건널 수 있지만, 아무리 수영을 잘해도 태평양은 건널 수 없습니다. 태평양은 비행기를 타야 건널 수 있습니다. 천국에 가려면 예수님 비행기를 타야 합니다. 예수님이 나를 시인해 주셔야 천국에 들어갈 수 있습니다.

사람들 앞에서 주님을 시인하는 것은 나를 부인하는 것입니다. 세상과 나는 간 곳 없고 구속한 주님만 보이게 하는 것입니다. 어떻게 나를 부인할까요? 내가 옳다는 생각을 버리고 상대방을 인정하는 것입니다. 내 혈기와 자존심을 내려놓고 미안하다는 말 한마디를 하는 것이 나를 부인하는 것이고, 사람들 앞에서 주님을 시인하는 것입니다.

앞에서 말씀드린 정 집사님은 아이를 데려간다고 화를 내며 소리 지르는 남편을 두고 교회에 왔습니다. 두려움으로 마음이 어두웠지만, 예배 드리고 설교를 들으면서 마음이 밝아졌습니다.

며칠 뒤 시댁에 제사가 있었습니다. 남편에게 "내가 변하지 못해서 미안하다"고 문자를 보냈습니다. 남편은 보기 싫다며 제사에도 오지 말라고 답장을 보냈습니다.

집사님은 지체들에게 중보기도를 요청하고, 아침에 묵상한 말씀을 생각하면서 시댁으로 갔습니다. 열심히 음식을 준비하다가 "네가 있으면 제사에 안 간다"는 남편의 연락을 받았습니다. 시어머니께 자초지종을 말하고 집으로 돌아왔습니다. 제사가 끝날 시간에 맞춰 다시 시댁에 가서 상을 치우고 할 일을 마무리하고 돌아왔습니다.

우리는 예수님만큼 수준이 높지 못해서 '바알세불'이라는 소리는 듣지 않습니다. 순교자들처럼 대단한 핍박을 받지도 않습니다. 그럼에도 두려운 것은 내 욕심과 자존심 때문입니다. 자존심이 상해서 미안하다는 말 한마디를 하기가 죽기보다 싫은 것입니다.

어느 똑똑한 새댁이 결혼 일 년 만에 이혼하겠다고 저에게 상담하러 왔습니다. 이혼하더라도 남편과 시어머니 앞에서 한 번만 용서를 빌어 보라고 했더니 질색합니다. 왜 자기에게 빌라고 하느냐고, 저를 이상한 사람으로 취급합니다. 사과 한 번 하기가 그렇게 어렵습니다. "잘못했다, 미안하다" 이 한마디를 못해서 다들 이혼하고 가정이 깨집니다.

사람 앞에서 나를 시인하고 내가 옳다고 하기 때문에 주님이 나를 부인하시고, 배우자와 자녀가 나를 부인합니다. 내가 주님을 시인해야 주님도 나를 시인한다고 하셨습니다.

2개월째 항암 치료를 받고 있는 어느 집사님이 이렇게 고백했습니다. "나 같은 무지렁이에게 고액의 치료비와 생활비를 주며 사랑으로 고통을 분담하는 남편을 보면, 저절로 겸손해질 수밖에 없습니다."

　이것이 나를 부인하고 주님을 시인하는 고백입니다. 내가 얼마나 욕심과 두려움이 많은지, 내가 얼마나 내세울 것 없는 존재인지 알고, 어떤 일에도 미안하다고 말할 수 있는 것이 주님이 인정하시는 믿음입니다.

◆ 가정과 공동체에서 나의 연약함을 시인합니까? '그럼에도 불구하고' 나를 사용하시는 주님의 은혜를 시인합니까? "내가 옳다"고 나를 시인하느라 주님을 부인하고 복음을 훼방하지는 않습니까? 나를 부인하고 주님을 시인하는 "미안하다"는 말 한마디를 실천해 보십시오.

•••

내 혈기와 자존심을 내려놓고
미안하다는 말 한마디를 하는 것이 나를 부인하는 것이고,
사람들 앞에서 주님을 시인하는 것입니다.

•••

말씀으로 기도하기

주님의 제자로 살아가기로 결단해도 인생의 시기마다 두려움이 있습니다. 그러나 주님은 두려워하지 말라고 하십니다. 주님이 이미 구원을 위해 핍박받는 본을 보여 주셨기 때문입니다. 때마다 말씀을 주시며, 십자가 길을 걸어가는 나를 지키고 보호하시기 때문입니다.

주님이 이미 본을 보이셨기에 두렵지 않습니다(마 10:24~26).
전도하면서도 대접받기 바라는 마음이 있는 것을 회개합니다. 예수님을 믿음으로 핍박이 예고된 인생이지만 예수님이 먼저 핍박 받는 본을 보여 주셨기에 두렵지 않습니다. 이 땅에서 대접받지 못해도 주님이 내 헌신을 아시니, 구원의 열매로 응답하실 것을 믿고 기다리는 자가 되게 해 주시옵소서.

말씀이 있어 두렵지 않습니다(마 10:27~31).
아무리 어려운 처지에 있어도 주님이 이르시는 말씀이 있으면 두렵지 않다고 하십니다. 그럼에도 내가 두려워하는 것은 죄와 욕심에 종노릇하기 때문입니다. 나의 머리털까지 세신 바 되신 주님이 나를 기르고 지켜 주실 것을 믿으며, 내가 집착하고 염려하는 것들을 내려놓게 해 주시옵소서.

주님이 나를 시인해 주시니 두렵지 않습니다(마 10:32~33).

내가 옳다는 생각을 내려놓고 상대방을 인정하며 나를 부인하는 것이 사람들 앞에서 주님을 시인하는 것이라 하십니다. 내가 얼마나 욕심과 두려움이 많은지, 얼마나 비천한 존재인지를 깨닫게 해 주시옵소서. 먼저 내 죄를 회개하며 "미안하다" 말할 수 있는 믿음을 갖게 해 주시옵소서.

우리들 묵상과 적용

저희 부모님은 제가 초등학교 4학년 때 이혼하셨습니다. 그 후 저는 어머니와 살게 되면서 더 이상 아버지를 만날 수 없었고, 아버지에 대해 궁금한 것이 있어도 어머니에게 묻지 않은 채 어른이 되었습니다. 외할머니는 제가 어릴 때부터 "너희 아버지는 딸들이 몸 파는 여자가 되어도 상관하지 않겠다고 했다"는 말을 반복적으로 하셨습니다. 저는 오히려 그런 말을 하시는 할머니로부터 더 큰 상처를 받았습니다. 어머니는 언니와 저를 유학까지 보내며 두 딸의 성공에 모든 것을 걸고 외롭고 힘든 삶을 사셨습니다.

저는 어머니의 기대를 부담스러워하면서도 그것을 제대로 채워 드리지 못한 자책감 때문에 죽고 싶었습니다. 그 무렵 교회로 인도되어 설교를 듣는데, "고난은 예수님을 만날 수 있는 가장 좋은 환경이다. 예수 믿게 해 준 부모가 최고의 부모다"라는 말씀이 들렸습니다. 온 가족이 구원의 대상인 것을 알게 되었음에도 '가족을 저버린 아버지는 무조건 악하고, 가족을 책임진 어머니는 무조건 선하다'는 고정관념이 있기에 저는 어머니만을 부모로 여기며 살았습니다. 아버지 없이 살아온 세월이 워낙 길어서 제 머릿속에 담긴 '부모'라는 개념에는 아버지가 포함되어 있지 않았습니다. 그래서 말씀을 들으면서도 아버지의 구원에는 전혀 관심이 없고, 누가 저의 아버지 이야기를 꺼내는 것도 싫었습니다. 어떤 분은 "어쩌면 아버지도 아주 힘들었을 것이다"라고 했지만 그런 말을 들으면 더욱 참기 힘들었습니다.

그러나 주님은 말씀으로 저의 고정관념을 깨뜨리셨습니다. 예수님이 죽은 나사로를 살리시는 말씀을 묵상하며, 나사로의 무덤을 가로막고 있던 돌처럼 제 앞을 가로막고 있는 두려움의 돌이 옮겨졌습니다(요 11:38~44). 그리고 제게는 이미 죽은 사람이나 다름없는 아버지였지만 '가서 깨워야겠다'는 생각이 들었습니다(요 11:11). 이후 저는 SNS로 아버지를 찾았습니다. 그리고 2016년 겨울, 30년 만에 아버지를 만났습니다. 결국 이 만남을 구원의 일로 여기게 되면서 아버지에게 복음을 전했습니다(마 10:27).

그러나 몰래 아버지를 만난 것을 어머니가 알게 될까 봐 두려웠습니다. 그러나 주님은 "드러나지 않을 것이 없고 숨은 것이 알려지지 않을 것이 없느니라"고 하셨습니다(마 10:26). 사실을 숨긴 지 거의 1년 만에 이 말씀을 깨닫고 어머니에게 솔직히 고백할 수 있었습니다(마 10:32~33). 그렇지만 지금은 30년의 공백이 아무것도 아닌 것처럼 일방적으로 다가오는 아버지가 두려워져 연락을 차단한 상태입니다. 언젠가는 아버지를 두려워하지 않고, 저의 부모 중 한 분임을 인식할 수 있기를 소망합니다(마 10:28). 상처 많은 가족사로 인한 두려움을 잘 직면하고, 온 가족의 구원을 위해 담대히 나아가기를 기도합니다.

영혼의 기도

하나님 아버지, 주님을 믿으면서도 많은 두려움이 저에게 있습니다.

주님을 사랑하고 복음을 전하고 싶지만, 박해받기는 싫고 응답받기만 원하는 것을 용서해 주시옵소서. 제자가 선생보다 높지 못하다고 말씀하셨습니다. 박해받기 싫어하는 것이 내가 예수님보다 높아지려 하는 것임을 알게 하옵소서.

하나님은 속지 않으십니다. 모든 감춰진 것과 숨은 것을 드러내십니다. 감춰진 욕심을 버리게 하시고, 구원을 위해 인내할 수 있도록 도와주시옵소서. 어떤 어두움 가운데 있어도 주님의 말씀이 있기에 두려워하지 않기를 원합니다. 나의 어두운 사건에서 이르신 주님의 말씀을 광명한 데서 전파하며, 다른 사람을 살리는 일에 쓰임받기를 원합니다.

참새 한 마리도 떨어지지 않게 지키시는 주님, 나의 머리털까지 세시는 주님을 신뢰하기 원합니다. 주님이 저를 지키시고 자녀를 키우십니다. 제가 염려하고 집착하는 것들을 내려놓게 하옵소서.

나의 연약함을 시인하며 나를 부인하는 것이 사람들 앞에서 주님을 시인하는 것임을 알았습니다. 어떤 경우에도 하나님을 믿는 제가 먼저 사과하며, 미안하다는 말 한마디를 하기 원합니다. 자존심을 내려놓고 미안하다고 말하는 것이 얼마나 용기가 필요한 일인가 생각합니다.

주님이 힘 주셔서 사람을 두려워하지 않고 하나님을 두려워하기 원합니다. 날마다 내 죄를 고백하기 원합니다. 예수님 이름으로 기도하옵나이다. 아멘.

20

주께 합당한 제자

마태복음 10:34~42

하나님 아버지,
주님께 합당한 제자가 되기 원합니다.
저희의 부족한 부분을
말씀하여 주옵소서. 듣겠습니다.

교회를 다니는 엘리트 부모님 밑에서 확실한(?) 신앙 교육을 받고 자란 자매가 있습니다. 사실 자매의 부모님이 확실하게 가르친 것은 "네 부모를 공경하라"는 성경 구절 한 가지였습니다. 자매가 바라본 부모님은 못 가지고 못 배운 사람은 무시하고, 가지고 배운 사람에게는 비굴한 모습이었습니다. 집에 오면 아빠는 엄마를 때리고, 엄마는 아빠를 저주했습니다. 그러면서 자식들에게 무조건 순종을 강요했습니다.

초등학교 때 이미 자살 충동을 느낄 정도로 우울한 자매였습니다. "너밖에 없다"는 엄마의 집착을 뿌리치지 못해 열심히 공부했습니다. 결국 일류 대학에 들어갔습니다. 대학 때 하나님을 만나면서 교회만 출석하던 신앙에서 벗어나 선교사로 헌신하겠다고 결단했습니다. 그런 자매의 바람을 알고 있던 어머니는 안 믿는 집안에 들어가서 죽어지고 썩어지는 것도 선교라고 하면서 유능한 국제변호사와 결혼을 시켰습니다.

이것이 주님께 합당한 헌신일까요? 어머니의 권유대로 결혼한 자매가 주님께 합당한 삶을 살았을까요?

합당하지 않은 가족

내가 세상에 화평을 주러 온 줄로 생각하지 말라 화평이 아니요 검을 주러 왔노라_마 10:34

주님은 세상에 화평이 아닌 검을 주러 왔다고 하십니다. 전도를 위해 제자를 파송하시면서 박해와 미움받을 일을 예고하십니다. 그 중심에 나를 죽음에 넘겨주는 가족이 있습니다. 그래서 한집안에 복음이 들어가려면 화평이 깨지는 일이 반드시 생깁니다.

이 말씀에서 '화평'은 본질적인 화평이 아니라 일시적인 화평입니다. 믿음으로 하나가 되는 본질적인 화평을 위해 깨져야 할 화평이 있습니다. 무조건 좋은 게 좋다고 일시적인 화평을 지키려고 하면 본질적인 화평을 이룰 수 없습니다.

자매가 부모님께 순종해서, 집안의 화평을 위해 불신결혼을 한 것은 용광로에 뛰어드는 선택이었습니다. 제자로 헌신하고자 할 때 가장 현실적인 문제는 가족입니다. 가족을 너무 사랑해도, 반대로 너무 소홀히 해도 제자로서 합당하지 않습니다. 목사와 선교사의 가정에도 불화가 있을 수 있습니다. 하나님을 안 믿는 사람이라도 화목하게 잘 살 수 있습니다. 그러나 믿음과 관계없는 화평은 깨져야 할 화평입니다. 진정한 화평을 이루려면 일시적인 화평을 깨야 할 때가 있는 것입니다.

35 내가 온 것은 사람이 그 아버지와, 딸이 어머니와, 며느리가 시어머니와 불화하게 하려 함이니 36 사람의 원수가 자기 집안 식구리라_마 10:35~36

청주여자교도소의 여성 무기수 45명을 대상으로 조사해 보니, 반수가 남편을 살인한 죄로 들어왔다고 합니다. 그다음으로 부모, 형제, 자매, 친척, 애인 순입니다.

이렇게 죽일 정도로 미운 원수가 자기 집안에 있습니다. 유난히 '핏줄 타령'을 하는 한국에서도 식구들끼리 죽이고 다투는 사건이 날마다 뉴스에 나옵니다. 바로 그 '핏줄 타령' 때문에 불화가 생긴다는 것을 알아야 합니다. 인간적인 화평을 원하면서 가족에게 집착하고 기대하기 때문에, 기대했던 것만큼 분노하고 죽이고 싶을 정도로 미워하는 것입니다.

아버지나 어머니를 나보다 더 사랑하는 자는 내게 합당하지 아니하고 아들이나 딸을 나보다 더 사랑하는 자도 내게 합당하지 아니하며_마 10:37

예수님보다 사랑하는 대상으로 부모와 자식을 말씀하십니다. 부부는 말씀하지 않으셨습니다. 왜 그럴까요? 부부는 혈육이 아니기 때문입니다. 그만큼 핏줄에 연연하는 것이 인간의 본성입니다. 부부는 이혼해서 안 보고 살기도 하지만, 자식만은 끝까지 지키려고 하는 것을 볼 수 있습니다.

구약 시대에 자식을 우상의 제물로 바친 '힌놈의 골짜기'가 지옥과 같은 어원입니다. 자식에게 집착하고 성공만 부추기다가 부모도 자식도 지옥을 사는 것입니다. 그래서 문제아는 없고 문제 부모만 있습니다. 자녀 공부도 내 욕심으로 시키고, 결혼도 내 체면을 위해 시키기 때문에 모든 결혼 문제의 배후에는 문제 부모가 있습니다. 잘못된 결혼의 책임은 100% 부모에게 있습니다.

◆ 가족 모임에서 복음을 전했다가 다툼이 일어났습니까? 일시적인 화평을 지키려고, 주일을 어기는 배우자나 자녀를 못 본 체합니까? 그러다가 마지막에 천국과 지옥으로 갈라지는 원수가 될 수도 있다는 것을 알고 있습니까? 백 마디 듣기 좋은 말보다 한마디 복음이 진정한 사랑의 표현인 것을 알고 있습니까?

합당한 십자가

> 또 자기 십자가를 지고 나를 따르지 않는 자도 내게 합당하지 아니하니라 _마 10:38

부모나 자녀를 예수님보다 더 사랑하는 사람도 합당하지 않고, 십자가를 지지 않는 사람과 예수님을 따르지 않는 사람도 합당하지 않다고 하십니다. 가족보다 주님을 더 사랑하는 것, 주님을 위해 목숨까지 내놓는 것은 십자가를 지지 않고는 할 수 없는 일입니다. 십자가는 자기 부인입니다. 힘든 내 가족의 십자가를 지고 주님을 따르려면 먼저 자기를 부인해야 합니다.

나의 분신 같은 자녀를 주님보다 사랑하지 않으려면 자기 부인이 필요합니다. 자녀는 주님이 우리 가정에 맡기신 생명입니다. 나의 소유가 아니라, 내가 청지기가 되어서 양육해야 할 주님의 소유입니다.

자녀의 품질(?)이 좋으면 자꾸 내 것으로 생각하고 싶어집니다. 공부 못하고 속 썩이는 자녀는 저절로 주님께 드리게 됩니다. 주님이 책임져 달라고 합니다. '어쩌다 저런 자식이 나왔나' 하면서 자기 부인이 저절로 됩니다. 하지만 공부도 잘하고 외모도 잘생기고 게다가 말도 잘 듣는 자녀는 주님께 드리기가 어렵습니다. 다 나를 닮아서 똑똑하고 잘났다고 하기 때문에 그런 자녀를 보면서는 자기를 부인하기가 너무 어렵습니다.

그래서 자식은 부모 속을 적당히 썩여야 합니다. 내가 낳고 키웠는데도 내 뜻대로 안 되는 자녀를 보면서, 하나님 앞에 죄인인 내 모습을 보기 때문입니다. 그렇게 자기 부인이 이뤄지는 것입니다.

> 자기 목숨을 얻는 자는 잃을 것이요 나를 위하여 자기 목숨을 잃는 자는 얻으리라_마 10:39

저마다 목숨처럼 귀한 것이 있을 것입니다. 누군가에게는 자녀가 목숨처럼 귀하고, 누군가에게는 배우자나 돈이나 명예가 목숨처럼 귀할 것입니다. 그러나 목숨보다 귀한 것은 구원입니다. 구원을 위해 나의 목숨을 잃고, 목숨처럼 귀한 것을 잃는 사람은 영원한 생명을 얻을 수 있습니다.

목숨을 잃는 것이 무엇입니까? 구원을 위해서 일시적인 화평을 포기하는 것입니다. 배우자와 자녀와 부모와 형제에게 욕을 먹어도 그들의 구원을 위해 복음의 검을 들고 가는 것입니다. 복음을 전해서 집안에 갈등이 일어나고, 생활비가 끊기고, 핍박이 시작된다고 해도 목숨을 걸고 복음을 들려주는 것이 십자가를 지는 삶입니다.

◆ 돈을 많이 주는 시부모, 공부를 잘하는 자녀, 주일을 지키지 못하게 하는 상사…… 이들과의 일시적인 화평을 포기하고 복음을 전합니까? 그것이 죽을 만큼 힘들어도 그들의 구원을 위해 내 집착을 내려놓기로 결단합니까?

하나님 때문에 대접받는 인생

너희를 영접하는 자는 나를 영접하는 것이요 나를 영접하는 자는 나를
보내신 이를 영접하는 것이니라_마 10:40

내가 가족을 내려놓고 십자가를 지고 주님을 따르기로 결단했더니,
주님이 "너희를 영접하는 자는 나를 영접하는"자라고 하시며 나와 예수
님을 동일하게 대해 주십니다. 얼마나 황송한 일입니까! 가족이 나를 알
아주지 않고 영접하지 않아도, 내가 십자가를 지고 묵묵히 주님을 따르면
어디에 가든 영접하는 자를 예비하십니다.

41 선지자의 이름으로 선지자를 영접하는 자는 선지자의 상을 받을 것
이요 의인의 이름으로 의인을 영접하는 자는 의인의 상을 받을 것이요
42 또 누구든지 제자의 이름으로 이 작은 자 중 하나에게 냉수 한 그릇
이라도 주는 자는 내가 진실로 너희에게 이르노니 그 사람이 결단코 상
을 잃지 아니하리라 하시니라_마 10:41~42

선지자를 영접하는 자는 선지자의 상을, 의인을 영접하는 자는 의인
의 상을, 제자를 영접하는 자는 제자의 상을 받게 됩니다.

사람들은 하나님의 아들이신 예수님도 못 알아보고 십자가에 못 박
아 돌아가시게 했습니다. 그런데 내가 선지자와 의인과 제자를 알아보고
영접할 수 있을까요? 그들이 외치는 십자가의 메시지를 제대로 들을 수
있을까요?

당연히 어렵습니다. 그들을 대접하는 것이 너무나 어렵기 때문에 영

접만 해도 똑같은 상을 주십니다. 그러니 힘들어도 선지자와 의인과 제자를 영접하는 것이 가장 확실한 노후 보장입니다.

우리가 외모로 사람을 차별하는 것은, 작은 자에게 냉수 한 그릇 대접하는 것이 얼마나 큰 상을 받을 일인지 모르기 때문입니다. 초라한 선지자보다는 돈과 지위를 가진 사람을 영접하려고 하기 때문에, 나중에 망하고 나면 오갈 데 없는 신세가 되는 것입니다.

부모에게 순종하려고 유능한 변호사를 만나 불신결혼을 한 자매는 우리들교회가 자신을 영접해 준 유일한 곳이라고 말합니다.

우상 종교를 믿는 시댁에서 자란 남편은 밤에 손톱을 깎는다고 혼내고, 북쪽으로 머리를 둔다고 화냈습니다. 남편이 14대 종손이기에 온갖 제사를 다 드리는데, 절을 안 한다고 구박을 받았습니다. 시댁이 늘 찾아가는 점쟁이가 "아내 복이 없다"고 해서 집안의 미움을 받았습니다.

무엇이든 싫증을 잘 내는 남편은 물건과 옷과 차와 집을 수시로 바꾸더니 다른 여자와 바람을 피웠습니다. 결벽증이 있어서 냉장고 위의 먼지를 쓸어 보며 트집을 잡아 자매를 때렸습니다. 미국에서 결혼생활을 했는데, 옆집에서 경찰에 신고할 정도로 폭력을 휘둘렀습니다. 첫딸을 낳고 둘째도 또 딸을 낳았다고 때렸습니다. 아이들에게도 잔인하게 대했습니다.

친정 부모에게 이런 사정을 말하고 하소연하면 "네 주제에 어떻게 저렇게 유능한 남편을 만나겠느냐. 네가 맞을 짓을 했으니 맞는 것이다. 한국 여자들은 다 그러고 산다"는 말만 들었습니다. 교회를 다녀도 세상 가치관으로 가득 찬 부모님이었기에, 자매의 힘든 상황보다는 주변의 시선이 더 중요했습니다.

그렇게 어디에서도 영접해 주지 않는 자매에게 우울증이 찾아온 것은 어쩌면 당연한 일이었습니다. 극심한 스트레스로 입에서 침이 질질 흐르고, 말이 어눌해지면서 눈동자의 초점을 잃었습니다. 일주일 동안 기억 상실 증세도 나타났습니다.

자매의 기억상실과 우울증을 빌미로 남편은 집요하게 이혼을 요구 했습니다. 친정에서는 그런 유능한 남편을 어디서 얻겠느냐며 절대 이혼 하지 말고 버티라고 강요했습니다. 그러다가 친정아버지와 오빠의 막대 한 빚보증을 선 남편은 그것을 빌미로 이혼을 강요했습니다. 위자료도 받 을 수 없었습니다. 아이들도 그대로 두고, 13년의 결혼생활 끝에 쫓겨나 듯 나왔습니다.

친정에서는 이혼을 당하고 온 자매를 창피하다고 외면했습니다. 교 회 목사님께 상담을 드렸다가 "정신이 온전하지 못해 이혼을 당했다"는 수군거림에 시달렸습니다. 열두 해 동안 수치 가운데 살며 공동체에도 들 어갈 수 없었던 혈루증 여인처럼, 가정과 교회에서 상처투성이가 되었습 니다. 다시 깊어진 우울증을 치료하러 갔다가 병원 원장님의 권유로 우리 들교회에 오게 되었다고 합니다.

그렇게 작은 자의 모습으로 우리들교회에 왔기에, 자매에게는 모든 말씀이 은혜가 되었습니다. 귀신 들린 자가 나와도 기억을 상실할 정도 로 정신이 혼미했던 자기 이야기이고, 나병환자가 나와도 무기력하게 살 았던 자기 이야기이고, 맹인이 나오고 벙어리가 나와도 모두가 자기 이야 기라고 했습니다. 하나님이 말씀으로 자신을 대접해 주신다고 했습니다. 40년 동안 억울하기만 했던 인생이 하나님의 축복으로 받아들여진다고 했습니다.

자신의 이야기를 공개했을 때 자연스럽게 받아들인 지체들의 사랑 도 큰 힘이 되었습니다. 워낙 사연 많은 사람이 모이는 우리들교회이다 보니 매를 맞았다고 하면 "나도 맞았다"고 하고, 이혼했다고 하면 "나도 이혼했다"고 하고, 우울증이 있다고 하면 "나도 치료받고 있다"고 합니다. 그래서 어떤 이야기도 자유롭게 꺼내 놓을 수 있고 들어 줄 수 있는 교회가 되었습니다.

우리들교회에서 사랑과 기도의 대접을 받은 자매는, 자신이 받은 그 대접으로 부모님을 영접했습니다. 늘 당하는 입장이어서 자기 죄를 보기 힘들었던 자매가 말씀을 통해 자신의 교만함을 회개했습니다. 그러고 나니 교회는 오래 다녔어도 하나님을 만나지 못한 부모님에게 긍휼한 마음이 생겼습니다. 전에는 두려워서 순종했지만, 이제는 사랑하는 마음으로 부모님을 섬겼습니다. 그랬더니 43년 만에 처음으로 부모님이 미안하다는 말을 하셨습니다. 그 한마디에 모든 것이 눈 녹듯 풀어지고 화평이 찾아왔다고 했습니다. 사랑과 용서로 서로를 영접하면서 진정한 화평을 이룬 것입니다.

자매를 합당한 제자로 쓰시기 위해서 많은 고난을 지나가게 하셨다고 생각합니다. 전에는 해석되지 않던 고난이 말씀으로 해석되었습니다. 이제는 십자가를 지고 주님께 합당한 삶을 살게 하실 것입니다.

이혼하고, 관계에 실패하고, 질병과 장애를 가진 사람이라도 외면하지 마십시오. 자매처럼 작은 자의 모습으로 오는 사람들을 환대하고 영접하십시오. 그래서 결단코 상을 잃지 않는 우리의 가정과 교회가 되기를 주님의 이름으로 축원합니다.

◆ 오늘 적극적으로 대접해야 할 제자와 의인과 선지자는 누구입니까? 젊은 목사님도 어른처럼 대접하고, 낯선 새가족도 내 식구처럼 대접합니까? 길에서 전도하는 이들에게 음료수라도 대접합니까? 그들을 대접한 만큼 나에게 상 주실 것을 믿습니까?

♦♦♦

목숨을 잃는 것이 무엇입니까?
구원을 위해서 일시적인 화평을 포기하는 것입니다.
배우자와 자녀와 부모와 형제에게 욕을 먹어도
그들의 구원을 위해 복음의 검을 들고 가는 것입니다.
복음을 전해서 집안에 갈등이 일어나고, 생활비가 끊기고,
핍박이 시작된다고 해도 목숨을 걸고
복음을 들려주는 것이 십자가를 지는 삶입니다.

♦♦♦

말씀으로 기도하기

주님의 합당한 제자가 되려면 내가 먼저 일시적인 화평에서 떠나 진정한 화평을 이루는 적용을 해야 합니다. 내게 합당한 십자가를 지고 나를 부인하며 주님을 따를 때 하나님 때문에 대접받는 인생이 될 것입니다.

구원을 위해 일시적인 화평이 깨져야 합니다(마 10:34~37).

민음으로 하나 되는 본질적인 화평을 위해 깨져야 할 화평이 있다고 하십니다. 집안의 평화를 이룬다는 미명하에 불신 가치관을 은근히 용납해 온 죄를 용서해 주시옵소서. 진정한 가족 사랑은 예수를 알게 해 주는 것임을 알고 목숨 걸고 복음을 전하는 자가 되게 하옵소서.

자기 십자가를 지고 주님을 따르는 자가 합당한 자입니다

(마 10:38~39).

부모나 자녀를 예수님보다 더 사랑하는 것도 합당하지 않다고 하십니다. 돈 잘 벌어다 주는 배우자, 품질 좋은 자녀를 예수님보다 의지하면서 가족 구원을 막고 있는 저를 불쌍히 여겨 주시옵소서. 내 가족보다도 내 목숨보다도 주님을 더욱 사랑하기 위해 나를 부인하며 자기 십자가를 지고 주님을 따르게 해 주시옵소서.

주님을 영접하는 자를 주님도 영접해 주십니다(마 10:40~42).

　선지자를 영접하는 자는 선지자의 상을, 의인을 영접하는 자는 의인의 상을, 제자를 영접하는 자는 제자의 상을 받게 된다고 하십니다. 돈과 지위를 가진 사람은 환대하면서 초라해 보이는 선지자에게는 냉수 한 그릇도 대접하지 않는 저의 악함을 용서해 주시옵소서. 사람을 외모로 차별하지 않고 작은 자의 모습으로 오는 사람들을 영접함으로 주께 상받는 자가 되게 해 주시옵소서.

우리들 묵상과 적용

어릴 적 저희 가정은 종종 가정예배를 드렸습니다. 부모님이 하자시니 당연한 것으로 여겼고, 그것이 가정의 화평을 가져다주는 줄로 여겼습니다 (마 10:34). 하지만 저의 이혼과 주식으로 망하는 사건이 찾아오면서 그런 것들이 무시가 되었습니다. 그래서 "오늘 큐티했니?" 하시는 부모님의 말씀이 가장 듣기 싫었습니다. 누군가가 "집에서 가정예배를 드린다"고 하면 거부감이 들면서 '애들이 싫어할 텐데 왜 억지로 드리는 거지?'라는 생각이 들었습니다.

한번은 명절에 본가 식구들과 여행을 가서 예배를 드리는데 '이런 형식적인 걸 왜 할까?' 하는 생각이 들고, 그 시간이 빨리 지나가기만을 바랐습니다. 이후 몇 년간 저희 집에서는 가정예배가 없었습니다.

오늘 예수님은 "화평이 아닌 검을 주러 왔다"고 하시며 "하나님보다 부모를 더 사랑하는 것이 합당하지 않다"고 하십니다(마 10:34~37). 진정한 화평은 하나님과의 화목에서 온다고 하십니다. 그동안 제가 생각한 가정예배의 목적은 하나님과의 화목보다는 가정의 화목을 이루는 데 있었습니다. 그러다 보니 저의 화평을 위해 가족들에게 신앙을 강요하고, 늘 '내가 옳다'고 여기며 가족들을 정죄했습니다. 이혼으로 가정이 파괴되는 사건이 찾아오고, 말씀으로 욕심을 내려놓고 나서야 내 열심으로 가정의 화평을 지키려는 저의 죄를 깨닫게 되었습니다(마 10:36).

몇 달 전에는 부모님과 동생과 가족 여행을 다녀왔습니다. 어머니와 동생은 이곳저곳을 돌아다니며 구경하는 것을 좋아합니다. 반면 아버지와 저는 방에서 편히 쉬는 것을 좋아합니다. 이렇게 각자 여행 스타일이 달라 다툼이 일어나지는 않을지 걱정되었습니다. 둘째 날까지는 '여행을 왔다'는 기쁨에 별 탈 없이 다녔습니다. 하지만 이후 한쪽은 피곤하여 쉬고 싶고, 다른 한쪽은 놀고 싶어 하는 마음으로 서로 기분이 상했습니다.

그럼에도 그 이튿날 여행지에서 몇 년 만에 가정예배를 드렸습니다. 그날 큐티 본문을 읽고 묵상한 후 나눔을 시작했습니다. 어머니는 "가족들에게 내가 하고 싶은 걸 너무 강요했다. 쉬엄쉬엄 여행을 즐기겠다"고 말씀하셨습니다. 아버지는 "여행지에 와서까지 TV 켜 놓고 스포츠를 보려 한 나를 돌아보게 되었다"고 하셨고, 동생은 여행 중간에 짜증 낸 것을 고백했습니다. 저는 제 기준대로만 행동하려 한 잘못을 인정했습니다. 어색한 분위기에 서로 몇 마디 하지 않고 예배를 끝내던 과거와는 확연히 달라진 모습이었습니다. 이후 저희 가족은 서로의 배려 속에 여행을 기쁘게 할 수 있었습니다.

가족끼리 한자리에 모이면 생색과 욕심으로 싸울 일밖에 없었는데, 매일 큐티하며 말씀의 검으로 서로 자기 죄를 보게 되니 화목이 절로 이루어졌습니다(마 10:34). 가족 간의 화목보다 하나님과의 화목을 위한 예배를 드릴 수 있게 하시니 감사합니다.

영혼의 기도

하나님 아버지, 주님께 합당한 제자가 되려면 생각하지 말아야 할 화평이 있다고 하십니다. 일시적인 화평을 위해 타협하지 말고, 복음의 검으로 구원을 위한 영적 싸움을 치르기 원합니다. 위장된 화평이 아닌, 믿음으로 하나가 되는 진정한 화평을 이루게 하옵소서.

부모와 자녀를 주님보다 더 사랑하지 않는 것이 그들을 외면하는 것이 아니라, 그들에 대한 집착과 기대를 버리는 것임을 알았습니다. 내 만족을 위해서가 아니라 구원을 위해서 십자가로 주신 가족인데 잘나면 잘나서 의지하고, 못나면 못나서 버리고 싶어 합니다. 그런 저 때문에 가족의 구원이 늦어지는 것을 알고, 회개하며 애통해하기 원합니다.

날마다 내 십자가를 지고 나를 부인하며 주님을 따라야 하는데, 십자가 지기가 싫어서 합당하지 않은 삶을 살아가는 저입니다. 십자가의 인내와 사랑이 없으니 선지자와 의인과 제자를 알아보지 못하고 영접하지 못합니다. 냉수 한 그릇도 아까워하는 저 때문에 가족들이 더욱 원수가 되어 원망과 다툼이 일어납니다.

주님, 이렇게 합당하지 않은 저의 모습을 불쌍히 여겨 주시옵소서. 이제부터 최선을 다해 영접하게 하옵소서. 외모로 사람을 차별하지 않고, 주님이 가정과 교회에 보내 주신 작은 자 한 사람을 진심으로 끌어안고 섬기게 하옵소서. 그래서 주님이 주시는 상을 잃지 않는 저와 우리 가족이 될 수 있도록 도와주시옵소서. 예수님 이름으로 기도하옵나이다. 아멘.

새 말씀 새 부대 새 노래

초판 발행일 ㅣ 2006년 10월 11일

개정증보2판 발행일 ㅣ 2023년 12월 11일

지은이 ㅣ 김양재

발행인 ㅣ 김양재

편집인 ㅣ 김태훈

편집장 ㅣ 정지현

편집 ㅣ 김윤현 진민지 고윤희

디자인 ㅣ 디브로(주)

발행한 곳 ㅣ 큐티엠

주소 ㅣ 경기도 성남시 분당구 판교공원로2길 22, 4층 큐티엠 (우)13477

편집 문의 ㅣ 070-4635-5318   **구입 문의** ㅣ 031-707-8781

팩스 ㅣ 031-8016-3193

홈페이지 ㅣ www.qtm.or.kr   **이메일** ㅣ books@qtm.or.kr

인쇄 ㅣ (주)정현씨앤피

총판 ㅣ (주)사랑플러스 02-3489-4300

ISBN ㅣ 979-11-92205-60-1

큐티엠(QTM, Quiet Time Movement)은 '날마다 큐티'하는 말씀묵상 운동을 통해
영혼을 구원하고, 가정을 중수하고, 교회를 새롭게 하는 일에 헌신합니다.